ジェンダード・イノベーションの可能性

The Potential of Gendered Innovations

小川眞里子＋鶴田想人＋弓削尚子 編著
OGAWA Mariko + TSURUTA Soto + YUGE Naoko

ロンダ・シービンガー
隠岐さや香
標葉隆馬
佐々木成江
村瀬泰菜
伊藤公雄
熊谷晋一郎
綾屋紗月
池田美奈子
渡部麻衣子

明石書店

ジェンダード・イノベーションの可能性　◇　目次

第I部　ジェンダード・イノベーションへ向けて

研究の全段階を向上させる

セックス分析

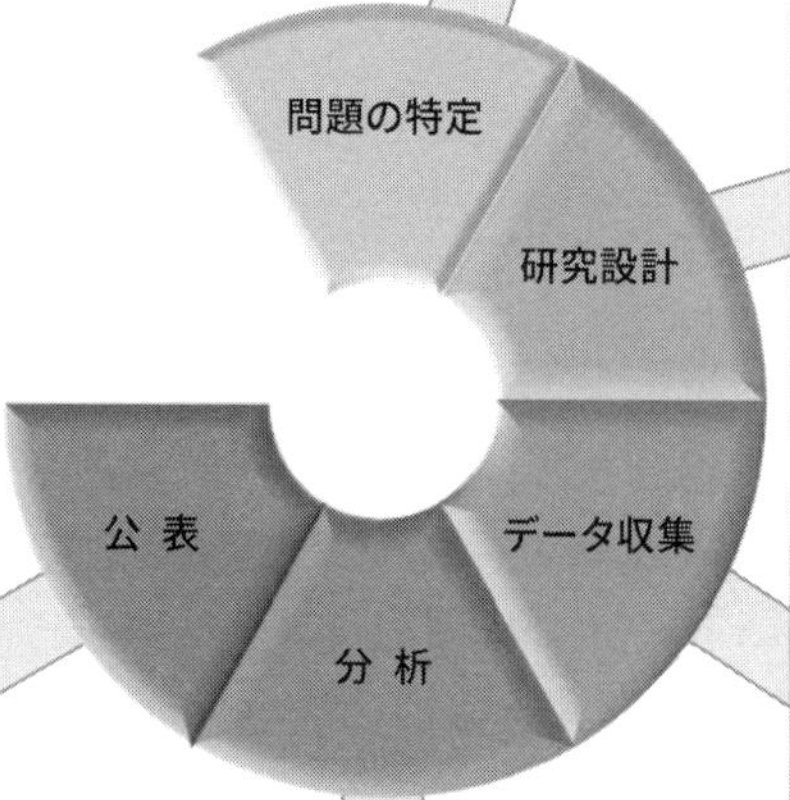

問題の特定

・ヒトやヒト以外の動物を扱うすべての研究において、セックス（性別）は違いを生み出しうる
・自身の研究にセックスがどう関わるかを特定するため、文献レビューを行う
・セックスが共変数・交絡因子・説明変数のいずれであるかを考慮する
・自身の研究にどんなセックスに関する特性が関わるかを考慮する（例：遺伝・生理・ホルモン・体格・生体力学・傷害閾値・疼痛耐性水準など）
・セックスに関する因子がジェンダー・民族・年齢・社会経済的地位・ライフスタイルなどとどう相互作用するかを考慮する
・セックス分析を怠ることで、これまでどんな機会が見過ごされてきたかを考慮する

研究設計

・セックスは直接的な説明因子として、あるいは他の関連因子との潜在的な調整役として機能しうる。因果関係図を描くことで隠れた前提を明るみに出すことができる
・実験系の研究では、セックスに基づく比較に必要とされるサンプル数を減らすため、因子分析を考慮する
・データ収集の際、セックスがどう概念化されるべきかを考慮する。自身の研究は生理・ホルモン・体格・生体力学などの側面に関わるか
・縦断的研究では、妊娠・出産歴が調査対象のコホート（集団）にどう影響するかを考慮する。例えば研究期間中に女性／雌が妊娠した場合、データ取得に影響はあるだろうか

データ収集

・インターセックス（男女いずれでもない）の被験者や雌雄同体の動物に関する情報をどのように収集するかを考慮する
・研究のサンプルには十分な数の女性／雌と男性／雄、また必要ならインターセックスやさまざまな組み合わせの両性具有／雌雄同体を包摂する
・性別と交差する因子についての情報を記録する（例：年齢・ライフスタイル・社会経済的地位など）
・実験では研究者の性別が研究結果にどう影響するかを考慮する
・サーベイ型の研究では、ジェンダーに関する問いは出生時の性別に関する問いの代わりとして用いられてはならない
・製品やシステムの設計時のデータ収集の際は、性別により変化する体格・生体力学・生理などの因子に注意する

分析

・さまざまなセックス集団の間での重なりや差異を検討する
・環境・遺伝・ホルモン・体格などの因子を含め、観察された性差の原因を考慮する
・性差を検討する際は、交差し交絡する可能性のある因子（例：年齢）のために調節する。交絡因子を見過ごすと、性差が強調されすぎてしまうおそれがある
・縦断的研究では、観察された性差が時間の経過とともにどう展開するかを検討する
・観察された性差が、年齢・民族・社会経済的地位などの因子によってどう変化するかを分析する

公表

・単性（男女／雌雄いずれかのみ）の研究であっても、研究対象の性別を報告する
・細胞・動物・人間の被験者の性別分布を報告する
・性別に関する情報をどのように入手したかを報告する
・報告された結果を性別で分けて集計する
・表・図・結論において性差が適切に視覚化されるよう保証する
・性差を強調しすぎないようにする。観察された性差は実践的意義をもつか
・陽性・陰性・不明を問わず、すべての結果を報告する
・SAGERの出版ガイドラインの遵守を検討する

（https://genderedinnovations.stanford.edu/methods/gender.html より作成）

研究の全段階を向上させる
ジェンダー分析

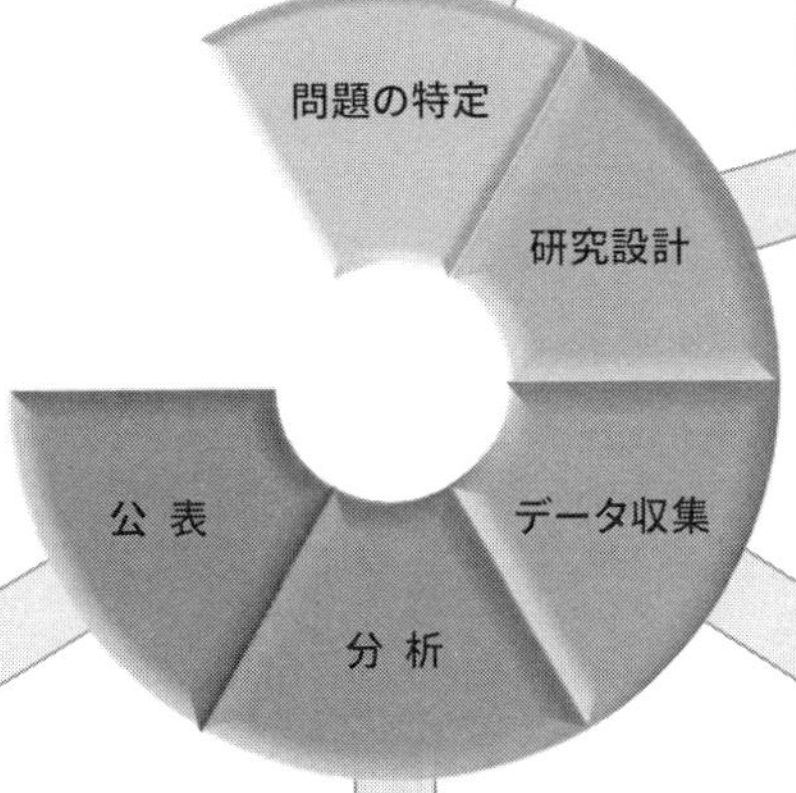

問題の特定
- 人間を扱うすべての研究に対し、ジェンダーは影響を与えうる
- 「ジェンダー」と「セックス（性別）」について適切な用語で文献調査をする
- プロジェクトがさまざまな性自認・ジェンダー規範・ジェンダー関係に関わるかを考慮する
- ジェンダーと交差する関連因子を考慮する（年齢・社会経済的地位・民族など）
- プロジェクトとの関連で自身のジェンダーに関する前提について反省する
- ジェンダー分析や交差因子の分析を怠ることで、どんな機会が見過ごされうるかを考慮する

研究設計
- 包摂的な解答を確保するために、プロジェクトのライフサイクルに研究の被験者とエンドユーザーの多様な集団をどう巻き込むかを考慮する
- 自身のプロジェクトに関わるジェンダー的側面を検討するのにどちらのモデル（質的／量的）が適切かを考慮する
- ジェンダー比較に適切なサンプル数を用いる
- サーベイ型の研究でジェンダーを計測する際には、自身の道具が目的集団において心理測定的に有効とされたものであるようにする
- 自身の分析概念・カテゴリー・理論モデルに誤ったあるいはステレオタイプの前提がないか点検する
- 関連する集団をステレオタイプ化または排除してしまう危険を考慮する

データ収集
- 複数のジェンダー特性（例：性規範・性自認・ジェンダー関係など）や交差因子にまたがってデータを収集する
- サーベイ型の研究では、二段階アプローチを用いて性自認と出生時の性別に関するデータを収集する。参加者全員が安心して自身のジェンダーを開示できるようにする
- 女性・男性・多様なジェンダーの個人に対し、平等なアクセスを保障する。多様なジェンダーの参加者を十分な数確保するために、サンプルを採りすぎることは必要か
- 研究者と参加者との間のジェンダー関係がデータ収集にどう影響する可能性があるかを考慮する

分析
- ジェンダー規範・性自認・ジェンダー関係に関連する因子の分析を実施する
- 既存のデータを用いる際は、潜在的なジェンダーバイアスがないか、データが生成された文化的・制度的文脈を考慮する
- （男性、女性、多様なジェンダーの個人などの）集団間の類似点、そして集団内の差異を検討する
- 観察された女性・男性・多様なジェンダーの個人間の差異が、性ジェンダー規範やジェンダー関係にどう関係しているかを検討する
- 観察されたジェンダー差が年齢・民族・社会経済的地位などの因子によりどう変化するかを検討する
- 縦断的研究では、観察されたジェンダー差が時間の経過とともにどう展開するかを検討する
- ジェンダー規範・性自認・ジェンダー関係などが交差して人々の経験・機会・実践をどう形作るかを考慮する

公表
- ジェンダー・性別・関連する交差変数ごとにサンプルの特性を報告する
- 性自認に関する情報をどのように入手したかを報告する
- 報告された結果を性別とジェンダーで分けて集計する
- 陽性・陰性・不明を問わず、すべての結果を報告する
- 表・図・結論においてジェンダー差が適切に視覚化されるようにする
- ジェンダー差を強調しすぎないようにする。観察された差は実践的意義をもつか
- SAGERの出版ガイドラインの遵守を検討する

（https://genderedinnovations.stanford.edu/methods/sex.html より作成）

序論

「ジェンダード・イノベーション」とは

小川眞里子

はじめに[*1]

二〇二三年の五月連休明けのこと、受信箱に「【J―GLOBAL】利用者よりお問い合わせが届いています」というメールがあり、[*2]開いてみると理美容・エステ・ネイルなどの美容業界情報誌『ザ・ビューレック』編集室からの取材の申し込みでした。それが電話ではなくJ―GLOBAL経由の詳細なメールで届いたこと、発行部数五万部の月刊業界誌が「ジェンダード・イノベーション（Gendered Innovations：GI）」に大きな関心をもっていることに驚きました。ここは若い人の感性が大事と思って、本書の共編者のお二人に登場していただくことにしました（鶴田・弓削 二〇二三）。完成した誌面は編集部の勉強ぶりが窺《うかが》える大変に充実した内容で、「働き続ける女性――男性バイアス・女性バイアスのボーダレス化」という特集が組まれ、多様化する女性の働き方や「ＯＢＮ」（オールド・ボーイズ・ネットワーク）などの記事に加え、井関農機、ロート製薬、アイリスオーヤマなどの企業がＧＩに関連して開発した製品の事例紹介もあり啓発的でした。

二〇二二年にお茶の水女子大学に「ＧＩ研究所」が創設されてからというもの、ＧＩの知名度は大いに高まりました。その用語は、スタンフォード大学のロンダ・シービンガー教授によって二〇〇五年に創案されたのですが、最初の一〇年間ほどの認知度はきわめて低く、彼女の来日によって大学などの研究機関でやや知られるようになった程度でした。それが今や美容業界誌でも特集が組まれるほど身近なものになり、「フェムテック」といった言葉と共に大きなブームを巻き起こしています。まず、ここに至る経緯を少し紹介しておきたいと思います。

二〇一六年三月に科学技術振興機構（ＪＳＴ）東京本部で、予定していた一二〇名をはるかに上回る聴衆を前に「性差に基づく新しいイノベーション論」と題してシービンガーの講演が行われました。[*3] これがＧＩに関する本邦初の講演会でしたが、残念ながらこれはＧＩが広く知られる契機とはなりませんでした。当時の一般的関心は科学知識や技術に含意される性差やジェンダー差よりは、女性研究者をいかに増加させ、研究継続を可能にするかといった人材問題にあったからです。

翌二〇一七年になると、日本で開催されることになった国際会議「ジェンダー・サミット(GS)10」および、二〇一八年には「GS10フォローアップ・シンポジウム」の基調講演者として彼女が来日することになったので、GIに対する日本での認識の広がりに期待しました*4(シービンガー二〇一七、二〇一八)。欧米や韓国、台湾での熱い取り組みに比べますと、GIに関して数年の遅れがあることは否めませんでした。そしてコロナ・パンデミックの時代に入ってしまったこともあり、低迷状態が続くことも致し方なく思われました。しかしいくつかのリモート講演会が開催され、GIは少しずつ認知されるようになりました。*5

1. GIという用語のわかりにくさ

初めてこの用語に出会ったとき、筆者はやや戸惑いを感じました。読者の中にも同じような気持ちを抱く方がおられるかもしれません。戸惑いというのは以下のようなものです。これまでフェミニストたちは、男女の同等、とりわけ女性が劣るとされてきた理工系の能力について、素質に本質的な差があるわけではないと主張してきました。ところが、なぜここに来て両性の違いが強調されるのだろうかという思いが頭をよぎるのです。後にそれが浅薄な理解であったことを悟ることになるのですが。

名詞のジェンダーでもわかりにくいのに、ジェンダード・イノベーションではこれが動詞の過去分詞形となってイノベーションを形容しています。スタンフォード大学のＧＩのウェブサイトには、最初にWhat is Gendered Innovations? とあり、「ＧＩは、発見とイノベーションのために、性差分析・交差性分析の創造的な力を活用します。セックスやジェンダー、交差性を考慮することで、研究に価値ある視点を加えて新たな方向に導くことができるかもしれません」と説明されています。しかし、これは効用であって定義ではありませんから、いまいちＧＩが何を指しているのかはわかりづらいかもしれません。伊藤公雄は、ジェンダーという言葉の概念変遷を丁寧に跡付けた後、ＧＩを「生物学的・生理学的性差への配慮と共に、社会的に構築された性別の双方にきちんと目配りすることで新たな技術を生み出すこと」とし、加えて「性差による差別や排除、不利益や不平等が生じない社会をどう作り出すかもまた課題として設定」と述べておられます（伊藤 二〇一八：四七）。わずか二単語のこの用語に深い意味合いを付与し、とくに課題として付け加えられた部分は、ＧＩが最終的に科学・技術の倫理性向上を目指していることから考えて、きわめて適切な読み込みです。

わかりにくさのさらなる原因は、その抽象性にあります。科学とジェンダーを問題にするとき、シービンガーは改善策として、①女性数の増加、②組織や制度の整備、③知識の再検討の三点を挙げます。①は人材の問題であり、②は女性が研究を継続できる環境整備です（先に述べた二〇一六年頃の関心はまさしく①と②）。この二点は具体的ですが、③は知識の問題で抽象的なため想像しにくいのです。シービンガーは科学と技術に埋め込まれたジェンダーバイアスの克服を目指しており、その中心をなすのがＧＩだというのです。

ここで「差異のフェミニズム（difference feminism）」とＧＩとの違いに触れておきましょう。ジェンダーの不平等が知識の創出と構造に組み込まれてきたことを明らかにした点で、差異のフェミニズムは一定の役割を果たしたと言えますが、安易に女性一般を措定することは危険です（シービンガー 二〇〇二：一一）。わが国でも今世紀に入って女性研究者の増加が目指されたとき、女性の参加によって「これまで欠けていた女らしい視点を科学に付け加える」ということが謳《うた》われました。しかし、女性ということで一括《くく》りにできるような資質はなく、それによってイノベーションがもたらされるとするのは楽観的過ぎるように思われます。

また科学・技術のジェンダー分析と、女性の参加や成功を混同することは望ましくありません。たしかにこれまで参加が少なかった女性研究者が、科学に埋め込まれたジェンダーバイアスに気づき、その解消に貢献する可能性は少なくないかもしれません。ただし、それはダイバーシティの問題で、性差分析とは別に論じるべき問題です。

2. GI誕生の背景、さらに世界へ

GIの具体例の紹介に入る前に、GIというアイデア誕生の背景について説明しましょう。ジェンダー研究は人文学や社会科学の内部で発展してきており、過去半世紀にわたってそれらの学問分野を大きく作り変えてきました。それでは客観的、普遍的とされる科学分野で、ジェンダーはどのような意味を持つのでしょうか。たしかに文系のジェンダー研究に比べ一〇年ほどの遅れはありますが、ようやく一九八〇年代後半から科学の歴史をジェンダーの視点から見直す動きが始まり、分析が蓄積されてきています（小川 二〇二〇）。こうした研究に先鞭をつけたのは、エヴリン・F・ケラーですが、GIというアイデアを創案したシービンガーは、科学史分野におけるジェンダー研究で圧倒的人気を誇ってきた第一級の歴史家です。

実際に過去の科学（主に生物学や医学）をジェンダーの視点から分析しますと、驚くばかりのバイアスに満ちていたことが明らかになっています。たとえば動物分類名は動物学的根拠に基づいていると思われるでしょう。ところが、マンマリア（哺乳綱 *Mammalia*）という分類名は一八世紀後半に、当時の女性に期待されていた社会的な性別役割に配慮して考案された分類名であったことを、シービンガーは詳細な資料調査で明らかにし、世界の科学史家を魅了しまし

た（シービンガー 二〇〇八）。[*6] こうした優れた分析研究事例の蓄積から、科学といえどもジェンダーと無縁ではなく、時代やその社会のジェンダーに強く拘束された面をもつことは、今日共通の理解になっています。

やがてシービンガーの関心は過去から現代へ転じ、[*7] ジェンダー分析という手法を過去だけではなく、現在進行中の科学や工学の研究に応用しました。社会的に構築された性差のみならず、生物学的に規定される性差であるセックスの分析も加え、慎重に性差分析を行うことによって、無意識のバイアスを取り除き、より良い科学や工学の創造を目指したのです。これこそがＧＩの始まりであり、これが二〇〇五年のことです。ＧＩを通して、科学や工学の恩恵を、すべての人びとに平等に行き渡らせようというのです。[*8]

二〇〇五年にシービンガーはＧＩをテーマに国際ワークショップを開催し、後に書籍も刊行しましたが（Schiebinger 2008）、今日のような性差分析事例のスタイルはまだ明確ではありませんでした。大きな展開は意外なところからもたらされました。彼女は二〇一一年の「国連女性の地位委員会（ＣＳＷ）」第五五会期のバックグラウンド文書作成の機会を与えられ、前年秋にパリで行われた専門家会合で「ジェンダーと科学・技術」と題して熱のこもった講演を行い、[*9] ⑴科学・技術にジェンダー分析を行うこと、⑵科学・技術のカリキュラムにジェンダーの視点を統合することの二点を盛り込んだ決議文を採択に導きました。ここに、科学・技術分野でのジェンダー分析と、その教育の必要が国連レベルで是認されたのです（Schiebinger 2014a）。

これを機会に彼女の活動は欧州に広がりました。二〇一一～一二年に欧州委員会R＆I総局は、シービンガーを委員長、マーストリヒト大学のI・クリンゲを書記長に、欧米（カナダを含む）の幅広い分野から六〇名を超える研究者を指名して専門家グループ「ジェンダーによるイノベーション」を組織しました。彼女らは欧州委員会からの資金提供を受けて世界各地でワークショップを開催し、GIを強力に後押ししました。これによって科学・技術分野での性差分析事例は飛躍的に増大し、二〇一三年に『GI――ジェンダー分析はいかに研究に貢献するか』となって結実しました（Schiebinger and Klinge 2013）。二〇一一年一一月には欧州委員会との共同でGIのホームページが開設され、*10 日進月歩の科学・技術の進展に対応するとともに、わかりやすいフローチャート形式という事例研究の紹介スタイルが定まりました。

3. 具体的なGIの事例

次に、具体的なGIの事例研究について説明しましょう。スタンフォード大学のGIウェブサイトで公開している事例は、科学、保健と医療、工学、環境の四分野で、二〇一四年現在、五〇近くの事例研究が掲載されています。これらの代表的なものは、第Ⅲ部のロンダ・シービンガー講演録でご覧になれます。ここでは二〇一九年に発表された総説論文（以下『ネイチャー150』）も参照しつつ紹介してみましょう（Tannenbaum et al. 2019）[*11]。

　生物医学研究におけるGIの重要性が説かれるようになってからも、薬の服用量が大人と小人で違うにせよ男女で異なる表記は見たことがなく、筆者には今一つ得心がいきませんでした。筆者の視野が大きくひらけたのは、カナダのカラ・タンネンバウムによる「すべての細胞に性別があり、すべての人はジェンダー化されている」（Every cell is sexed. Every person is gendered.）という表現に出会ってからです。生殖器官と性ホルモン以外では男女の身体はほぼ同じといった従来の認識は大きな誤りで、小指の先まで女性は女性、男性は男性なのです。ブラウン大学の医師アリソン・マグレガーはすべての細胞に存在する性染色体は生涯働き続けているといいます[*12]。男性で治験を行って開発された医薬品が女性に深刻な影響をもたらす場合は少なからずあり、また臓器移植の適合も、当然ながら臓器提供者《ドナー》の性別と提供を受ける人《レシピエント》の性別とで四つの組み合わせがあり、それぞれで評価されるべきなのです。移植の実現を可能にする提供者数には若干ジェンダー差があることがわかっています。

　また、生殖サイクルによってデータに揺れが生じるという理由から、女性やメスは実験から除外される傾向にあり、細胞や組織であっても長らくオス由来の材料が使用されてきました。医薬品の開発や診断基準（虚血性心疾患など）が男性中心に進められてきた弊害も、性差分析によって改善が図られつつあります。[*13] そして実際のところ、男性やオスの身体がより均質で安定とは限らないことも指摘され、研究は片方の性だけでは済まなくなってきています（Tannenbaum et al. 2019: 138）。

『ネイチャー150』の論文では、これを研究の再現可能性という視点からまとめています。性別も含めて実験材料の由来が明確であることが、科学研究の信頼性を考える上で重大な要素です。ＳＴＡＰ細胞の例を出すまでもなく、誰もが定められた手順に従って追試ができること、すなわち再現性は科学的発見の保証に必須です。ところが、試料の性別に無頓着であったり、データを性別集計しなかったりすることで、明らかになるはずの重大な事実が覆い隠されてしまうことがあるのです（Tannenbaum et al. 2019: 137）。

地球温暖化問題についても、性差分析は必要です。爬虫類の一部では孵卵時の温度が性決定に影響するため、温度変化は明らかにそれらの性比に大きく影響します。また魚類の一部でも、稚魚の成育温度が性決定に影響して性転換する場合があり、それらは温暖化で今世紀末までに、オスに偏った個体数になると見られています。また、二酸化炭素濃度の上昇による海洋酸性化が進めば、それによって性比に変化を来すものも少なくないようです。性決定が社会的に媒介される海産魚では、雄性先熟あるいは雌性先熟の両性具有体から性転換を行うので、海洋性の食品生産や生物多様性の観点から人間にとって重大な問題を孕むことになります。環境問題の研究にも、性差分析は不可欠なのです（Tannenbaum et al. 2019: 139）。

生物・医学分野のみならず工学においても、性差分析の重要性は高まっています。『ネイチャー１５０』では、「より安全な製品」「人工知能（ＡＩ）におけるジェンダーバイアスの軽減」「ステレオタイプと闘う」の三つに分けて論じられています。自動車のシートベルトとエアバッグは男性身体モデルを規範として製造されたため、小柄な女性や妊婦には安全ではないことが知られ、改善を図って、安全がより平等に行き渡る技術が目指されています。

なかでも現在大きな注目を集めているのはＡＩとロボット工学分野です。ＡＩとロボットはそれぞれソフトウェアとハードウェアの問題に対応し、前者でとくに議論されるのはアルゴリズム・バイアスです。機械学習の過程で忍び込んだジェンダーバイアスは、想像を超えるスピードで拡散し、現在のバイアスが将来世代へと引き継がれることも深刻な問題です。「ＧＳ10フォローアップ・シンポジウム」で総合司会を務めた松

奥の細道むすびの地記念館（岐阜県大垣市）入り口の案内嬢
［2018 年筆者撮影］

尾由賀利（法政大学理工学部教授）は、「過去のデータに蓄積された無意識のバイアスが最新技術によって増幅される可能性」に衝撃を受けたと述べておられます（松尾 二〇一八：三）。

ロボットの活躍は長らく工場内限定でしたので、原則ジェンダーレスで問題はありませんでした。しかし近年開発が進んだソーシャル・ロボットは問題含みです。たとえ製作者がジェンダー中立なロボットを作ろうとしても、利用者の意識する、しないに関係なく、ロボットはジェンダー化されます。受付や介護には女性ロボット、警備は男性ロボットとなると、現状の性別役割分担をさらに拡大再生産することになりかねません。

最先端の技術開発にはＥＬＳＩ（Ethical, Legal and Social Issues：倫理的、法制度的、社会的課題）をあらかじめ検討することが今日求められていますが、ジェンダー分析もまさしくそうした検討事項の一つであるにちがいないのです。

4．世界的な広がりの中で

欧州委員会Ｒ＆Ｉ総局は二〇一八年に再度シービンガーを委員長、クリンゲを書記長におよそ二五名で第二期専門家グループを組織し、二〇一三年の『ＧＩ』の続編として『ＧＩ２――包摂的分析はいかに研究とイノベーションに貢献するか』を二〇二〇年に出版しました（Schiebinger and Klinge 2020）。この間の大きな違いは副題に示されていて、『ＧＩ』では「ジェンダー分析」であったのが、『ＧＩ２』の方では「包摂的分析」となったことです。研究を進める中で性差分析だけでは不十分で、インターセクショナルな分析（後述）こそ取り組まれるべきことが明らかになったのです。

このような欧州委員会との協同が実を結び、シービンガーは世界有数の理系雑誌にジェンダー研究者として寄稿するようになります。[*14] 特筆すべきは、前掲『ネイチャー１５０』の「性差分析は科学と工学を良くする」です。さらにヨーロッパの一流の研究所や大学、助成機関が近年こぞって彼女を講演者あるいは助言者として招いています。ロンドンのフランシス・クリック研究所のＥＤＩＳシンポジウム、[*15] ケンブリッジ大学の「知の未来のためのリーヴァーヒューム・センター」、[*16] ウェルカム財団、スウェーデンのカロリンスカ研究所、ドイツのゲッティンゲン大学などで、ジェンダー研究者が、最先端の科学にイノベーションを起こすべく奮闘しているのです。カナダ衛生研究所、欧州委員会Ｒ＆Ｉ総局、米国国立衛生研究所、ドイツ研究財団など世界の名だたる研究資金提供団体は、応募者に研究計画の性差分析を義務付けています。さらに、論文の受理について『ネイチャー』や『ランセット』やエルゼビア社傘下の学術雑誌も、性差分析の要件を盛り込むようになりました。

性差分析が有効な分野は広いものの、科学の全領域ではありません。先に言及した『ネイチャー150』の論文では、質問事項に順次イエスかノーで回答するロードマップを掲げ、研究者が性差分析の対象となる分野を正確に把握する配慮がされています（Tannenbaum et al. 2019: 141–142）。

そして、最近のもっとも大きな変化は、先に述べたインターセクショナリティ（交差性）の観点が導入されていることです。ＧＩは性差分析から始まりましたが、分析が進むと当初は想定されていなかった差別の生じる源泉が次々と明らかにされるようになりました。すなわち、人はジェンダーやセックスだけではなく、人種に関わって皮膚の色の濃淡、年齢や体重、障がいの有無など、数えきれないほどの要素を交差してもっており、科学・技術の分析にはそれらも考慮されるべきと考えられるようになりました。わかりやすいのは肌の色で、たとえば最新の顔認証機器やパルスオキシメーターは、肌の色の濃い人にはうまく作動しなかったり、測定値が不正確だったりすることが問題になりました。誰一人取り残すことなく、科学・技術の恩恵が平等に行き渡るためには、交差性分析もなされるべきであり、ＧＩは、今やインターセクショナル・イノベーションとも呼ぶべきものへと発展を遂げているのです。

「誰一人取り残すことなく」と言えば、誰もが国連の「持続可能な開発目標（ＳＤＧｓ）」を思い浮かべることと思います。シービンガーは、二〇二三年の第六七会期の国連女性の地位委員会のバックグラウンド文書の執筆を再び依頼されました。第六七会期の優先テーマが「ジェンダー平等とすべての女性と女児のエンパワメントの達成のためのイノベーション、技術変革、デジタル時代の教育」ということで、彼女と南アフリカのアリソン・ジルウォルド（ＩＣＴアフリカ・ネットワーク常任理事）が指名されました（小川 二〇二三）。国連のグテーレス事務総長の言葉を借りれば、デジタル化は気候変動と並ぶ二一世紀を決定づける要素です。シービンガーの本書の特別寄稿でも交差性の要素として「インターネット接続」が挙がっています。デジタル時代において情報源へのアクセスの可否は、格差を左右する重大な要素なのです。

携帯電話が低中所得国（ＬＭＩＣｓ：Lower Middle Income Countries）の女性たちにどんなに大きな力を与えてきたかは、計り知れないものがあります。インターネットでは『モバイル・ジェンダーギャップ報告書』を二〇一八年までさかのぼって閲覧できます。携帯電話を手に働く女性たちの笑顔が印象的な報告書です。単に通話ができる携帯電話の普及はまずまずですが、低中所得国におけるインターネットに接続可能な携帯の普及が今後のカギです。アフリカのサハラ以南では、そうした携帯を持てるのは女性のわずか三二％、ジェンダーギャップは三六％、南アジアでは前者が四六％、ジェンダーギャップは四一％にも上ります

『モバイル・ジェンダーギャップ報告書』

(GSMA 2023: 33, Figure 9)。ＳＤＧｓの観点から、携帯電話の価格は重要ですが、デジタル教育のジェンダー格差も克服すべき重要課題です。

おわりに

ＧＩは、世界的な大きな広がりをもって推進されつつあります。「ジェンダード・イノベーション」として始まりましたが、今日では「インターセクショナル・イノベーション」とも言うべき研究の広さと深さを持つようになったことは、すばらしいことです。これからは目先の経済的な利益に囚われることなく、ＳＤＧｓの達成も強く意識して進められることが重要です。創始者のシービンガーは環境保全について強い関心をもち続けています。そのことは、彼女の最近の大きな関心事が月経カップの普及（特別寄稿参照）であることにもよく表れていると思います。

最後に本書の構成を簡単に説明して、本稿を閉じたいと思います。

本書を企画するにあたり実に多彩な執筆者からのご協力を得ることができました。その専門領域をあげると、科学史・ジェンダー史をはじめ、科学技術社会論、生物学、社会学、障がい学、デザイン学などで、執筆者の年齢の幅も広く、ＧＩと出会った経緯もさまざまです。

まずはシービンガーの特別寄稿として「ＧＩの新展開」を掲載します。シービンガーは本書の出版企画を知って、日本でも大いにＧＩの議論が活発になることを期待し、日本の読者に向けて論考を寄せてくれました。

続く第Ｉ部では、「ＧＩへ向けて」として、ＧＩを支える理論やＧＩへつながる諸研究が論じられます。正義論やフェミニズム、多様性の概念や「責任ある研究・イノベーション（ＲＲＩ）」に踏み込み、生物・医学分野における性差研究や性差分析を要件とする研究推進政策も取り上げます。

第Ⅱ部では、「ＧＩをひらく」と題して、ＧＩの具体的な科学技術を考察するとともに、女性だけではなく、男性や障がい者にも視線を投じることで拓かれる、ＧＩの発展可能性を提示します。多様な当事者像を前提とすることはイノベーションの鍵であり、インターセクショナリティ（交差性）を重んじる視点が不可欠です。身近なテクノロジーへの眼差しから男性学や当事者研究の知見を経て、さまざまな立場にある人びとがデザインや社会全体を変えてゆくイノベーションの提案に関わるなど、ＧＩは今後、新たな領域と結びつくことが期待されるのです。

第Ⅲ部では、これまでシービンガーが日本で行ったＧＩの講演記録を再録しました。

本書の執筆者は、わかりやすい表現に努め、読者に語りかけるような口調で書いています。科学者や技術開発者といった専門家だけではなく、ふだんの生活で科学技術製品を利用する一般の人びとや一〇代の若い人びとにもＧＩに関心をもってもらいたいという思いからです。また、これまで理工系研究者から注目されることの多かったＧＩに対して、歴史的、哲学的、倫理的な側面から考察を加えたことも本書の特徴です。

多様なバックグラウンドをもつ日本の研究者が集まり、ＧＩの可能性について論考を寄せた試みは、本邦初のことだと思います。本書によって、日本のユニークなＧＩ推進が進むことを願っています。

注

＊1　本稿は『科学』九〇巻八号（二〇二〇）に掲載された拙稿「Gendered Innovations とは」を大幅に加筆修正したものである。

＊2　科学技術振興機構が運営する総合的学術情報データベースで、サービスの一環として当該の研究者宛に第三者からのメールを仲介するもの。

＊3　https://www.jst.go.jp/diversity/activity/report/report07.html; https://scienceportal.jst.go.jp/columns/highlight/20160323_01.html　以下、ウェブサイトはすべて二〇二三年九月二五日に最終閲覧。

＊4　ＧＳ10とフォローアップでの講演内容は『学術の動向』に掲載。本書第Ⅲ部2 3参照。

＊5　名古屋大学（二〇二一年）と東海ジェンダー研究所（二〇二二年）での講演は、本書第Ⅲ部4 5参照。

＊6　日本語の哺乳綱という分類名からは、その命名の奇妙さが伝わりにくいが、ラテン語の字面通りに訳すと、「乳房綱」とか「おっぱい綱」となり、「マンマリア」の印象は大変奇妙である。この著作は科学社会学学会（通称４Ｓ）のフレック賞を受賞。

＊7　ジェンダー視点に基づく歴史研究三冊、フェミニズムの現代科学への貢献を論じた一冊を成した後、彼女は二〇〇四年にスタンフォード大学に移り、女性研究者支援政策に専念。同大学のミッシェル・クレイマン研究所長として、研究者カップル（dual career academic couples）の問題をはじめ、現代の女性科学者・工学者の問題へと関心を移し、その過程でＧＩのアイデアも生まれた。

＊8　シートベルトや医薬品の開発で女性が科学技術の恩恵から外れている例、ＡＩで顔認証システムが皮膚の黒い女性にはうまく作動しない例など、科学技術の恩恵は必ずしも公平に行き渡ってきたわけではない。

＊9　「国連女性の地位委員会」のイベントは、基本的に三月が中心で、専門家会合のことはほとんど報道されない。時間的経緯を補足すると、当該会期の優先テーマが決まって、バックグラウンド文書の執筆者が確定すると、会期前年の秋に専門家会合が通常ニューヨークで行われる。ただし第五五会期のもう一つのバックグラウンド文書はユネスコからの報告であったので、本部があるパリでの開催となった模様。

＊10　https://genderedinnovations.stanford.edu/

＊11　二〇一九年に『ネイチャー』が創刊一五〇周年を記念して特集した論文の一つで、世界的な科学雑誌がＧＩを評価したことは意義深い。

＊12　https://www.ted.com/talks/alyson_mcgregor_why_medicine_often_has_dangerous_side_effects_for_ women?language=ja

＊13 虚血性心疾患とは逆に、診断の基準が女性中心であった骨粗しょう症については、男性患者の見落としが問題となり、男性の診断基準が後に作られた。

＊14 『ネイチャー150』として言及した論文の他に、Zou and Schiebinger（2018）、Schiebinger（2004b）。

＊15 *EDIS Symposium on Inclusive Research and Experimental Design*, Francis Crick Institute, London, UK, September 2019. ＥＤＩＳは「科学と保健における公平と多様性と包摂性」を意味する頭字語。科学や医学分野の一流の研究者を集めた会議を主催している。

＊16 リーヴァーヒューム・センターは人工知能社会での倫理を課題とするシンクタンク。詳細はシービンガーの履歴書参照。https://web.stanford.edu/dept/HPS/schiebinger.html

参考文献

伊藤公雄（二〇一八）「変容するGender概念——社会科学とGendered Innovation（性差研究に基づく技術革新）」『学術の動向』二三巻一二号、四四〜四八頁。

松尾由賀利（二〇一八）「表紙の画」『学術の動向』二三巻一二号、三頁。

小川眞里子（二〇二〇）「科学とジェンダー」藤垣裕子責任編集『科学技術社会論の挑戦２　科学技術と社会——

具体的課題群』東京大学出版会、八五〜一〇五頁。

小川眞里子（二〇二三）「ＣＳＷ67とジェンダード・イノベーション」『国際女性』三七号、五四〜六〇頁。

シービンガー、ロンダ（二〇〇二）『ジェンダーは科学を変える!?――医学・霊長類学から物理学・数学まで』小川眞里子・東川佐枝美・外山浩明訳、工作舎。

シービンガー、ロンダ（二〇〇八）『女性を弄ぶ博物学――リンネはなぜ乳房にこだわったのか？』小川眞里子・財部香枝訳、第二刷、工作舎。

シービンガー、ロンダ（二〇一七）「自然科学、医学、工学におけるジェンダード・イノベーション」小川眞里子訳、『学術の動向』二二巻一一号、一二〜一七頁。

シービンガー、ロンダ（二〇一八）「医学、機械学習、ロボット工学分野における「性差に基づく技術革新」」小川眞里子訳、『学術の動向』二三巻一二号、八〜一九頁。

鶴田想人・弓削尚子（二〇二三）「注目されるジェンダード・イノベーション」『The Beautrec』六月号、六〜七頁。

GSMA (2023) *The Mobile Gender Gap Report* 2023, www.gsma.com/r/gender-gap.

Schiebinger, Londa, ed. (2008) *Gendered Innovations in Science and Engineering*, Stanford: Stanford University Press.

Schiebinger, Londa (2014a) "Following the Story: From *The Mind Has No Sex? to Gendered Innovations*," in P. Govoni and Z. A. Franceschi eds., *Writing about Lives in Science: (Auto)biography, Gender, and Genre*, Göttingen: V&R Unipress, 43–54.

Schiebinger, Londa (2014b) "Scientific research must take gender into account," *Nature* 507: 9.

Schiebinger, Londa and Ineke Klinge, eds. (2013) *Gendered Innovations: How Gender Analysis Contributes to Research,* Luxembourg: Official Office of the European Union.

Schiebinger, Londa and Ineke Klinge, eds. (2020) *Gendered Innovations 2: How Inclusive Analysis Contributes to Research and Innovation,* Luxembourg: Official Office of the European Union.

Tannenbaum, Cara, Robert P. Ellis, Friederike Eyssel, James Zou, and Londa Schiebinger (2019) "Sex and gender analysis improves science and engineering," *Nature* 575: 137–146.

Zou, James and Londa Schiebinger (2018) "AI can be sexist and racist—it's time to make it fair," *Nature* 559: 324–326.

特別寄稿

ジェンダード・イノベーションの新展開

ロンダ・シービンガー

はじめに

ジェンダード・イノベーション（Gendered Innovations：ＧＩ）は世界中でめざましく展開しています。二〇二二年にはお茶の水女子大学に「ＧＩ研究所」が設立され、[1]韓国では二〇一六年に「科学技術研究におけるＧＩセンター」が設立されました。[2]ＧＩのウェブサイトは二〇一一年の開設以来、一八五か国に及ぶ二〇〇万人以上の人びとに利用されてきました。[3]世界水準の科学技術に貢献するためには、性差分析・交差性分析[*1]を研究とイノベーションのデザインに組み込むことが欠かせません。事例研究が示すように、そのような分析を研究に組み込むことで研究に新たな視点が得られ、新たな問いが生まれ、新たな領域が拓かれ、創造性が刺激されるのです。

二〇二二年八月に、ＧＩはスタンフォード大学で米国国立科学財団（National Science Foundation：ＮＳＦ）[*2]の助成を受けたワークショップを行いました。「ロボット工学」、「環境科学」、「コンピュータ科学のカリキュラム」という三分野で新たな事例研究を開発するためで、それらの領域の専門家を一八人招集しました。宇宙旅行の事例研究も準備するはずでしたが、時間と資金が足りませんでした。今後に乞うご期待です。

1．ロボット工学——家庭用ロボット

家庭用ロボットの事例研究は、以前行ったソーシャル・ロボットのジェンダー化に関する事例研究を発展させたものです。以前私たちは次のように問いました。何がロボットにジェンダーを付与するのか。支援ロボットは利用者の期待に応えることで、より効果的になるのか。利用者の期待に応えることで、今ある文化的ステレオタイプを強化してしまわないか。ロボット工学者はどうすれば社会的公正を（損ねるのではなく）高めるようなロボットを設計できるのか。最善の解決策は、ロボットはロボットとして設計すること、すなわちロボットを人間社会

の規範に合わせて作らないことかもしれないと論じました。[4]

新しい事例研究は、家庭用ロボットを開発しているスタンフォード大学の研究室から事例を得ています。家庭用ロボットとは、台所を片付けてくれたり、衣服をたたんでくれたり、育児や介護を手伝ってくれたり、特別な事情や障がいのある家族の相手をしてくれたりと、家庭の切り盛り全般を助けてくれるように設計されたロボットです。[5] 家庭用ロボットが多様な家庭のインターセクショナルな（交差性に基づく）ニーズや好みを踏まえておくことは重要です。たとえば家族構成。一人暮らしでしょうか、子どもや高齢者のいる家庭でしょうか、ルームメイトはいるでしょうか。社会復帰のための中間施設《ハーフウェー・ハウス》や、共同施設で暮らしているのでしょうか。家族構成員の年齢、身長、体重、民族、言語、文化的な価値観はどうでしょうか。考慮すべきペットや植物はあるでしょうか。[6]

二日間のワークショップを通じて、スタンフォード大学の研究室からの参加者は、ロボットの動作指示のために彼らが用意した訓練用ビデオに登場する家庭がどれもプール付きの家であることに気がつきました。スタンフォード大学のあるカリフォルニア州では、それは裕福な家庭であることを示します。もちろん家庭用ロボットの恩恵を最初に受けられるのは裕福な人たちかもしれません。しかしGIが機械翻訳の事例で指摘したように、テクノロジーは一度基本的なプラットフォームが作られてしまうと、修正や適応が困難になりがちです。[7] 目指すべきは最初から正しく設計することです。結局、スタンフォード大学の研究室は、多種多様な家庭を含むように訓練用ビデオを拡張しました。

しかし家庭用ロボットは家庭の中に入り込むため、問題は物理的な動作指示に留まりません。専門家チームが指摘したように、ロボットの機能と家族構成員との間で価値観の擦り合わせが必要になるのです。専門家チームは次のように明言しています。

ロボットの活動、行動、コミュニケーション、データ処理は、個々の家族構成員の価値観（家庭空間〔他者に踏み込まれたくない家庭の領域〕の感覚や、プライバシー、自律、平等、整理整頓、自己効力感〔ある行動や課題を達成できると考える自信〕の期待水準）や、その家庭の規範（集団的責任や力関係など）と擦り合わせられなくてはなりません。

さらに家庭内のロボットは意図するとしないとにかかわらず、家族構成員の人間関係に影響を与えます。ワークショップに参加した専門家は虐待の例を持ち出しました。もし子どもがロボットに向かって、虐待を受けているとか、家庭内の大人が他の大人を殴ったなどと報告した場合、ロボットはどうするようにプログラムされるべきでしょうか。これは以前、家庭内のバーチャルアシスタント[*3]を研究した際にも直面した問題です。答えは出ていませんが、おそらく各家庭が上記のような問題に対するそれぞれの価値観に合わせて、ロボットの設定を変更できるのがよいでしょう。

製品設計チームにインターセクショナルな（交差性）因子を考慮してもらえるように、ＧＩは設計段階の初期に使用できる『交差性デザインカード』を作りました[8]（図1）。このカードを用いることで、シリコンバレーその他の企業は偏りがあって有害な製品を発売し、市場から撤収し、開発をやり直し、再発売するといった事態を避けられます。デザインカードの目的は、

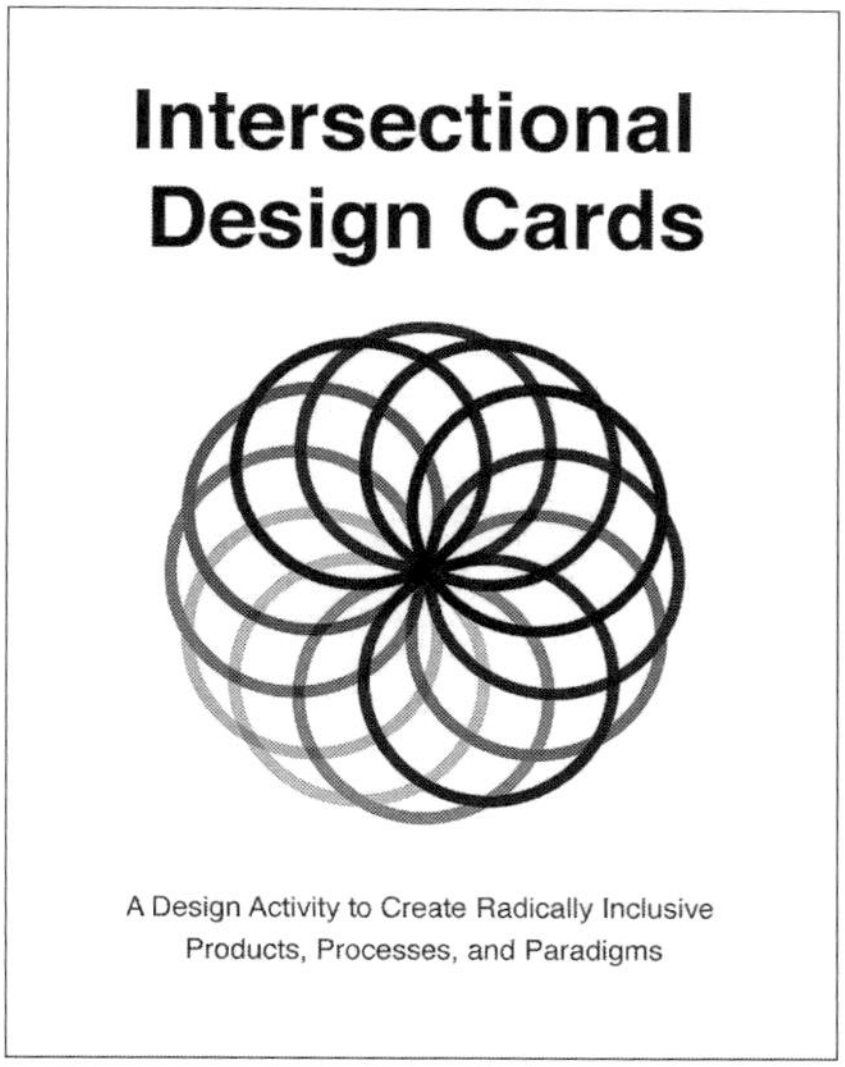

図１　交差性デザインカード

社会的に責任ある製品を作るのを手助けすることです。

このカードは、交差性デザインにおいて重要となる以下の一二の因子を定義しています。

- 年齢
- 地理的位置
- 障がい
- 人種
- 学歴
- セックス（性別）
- エスニシティ（民族）
- セクシュアリティ
- 家族構成や家族形態
- 社会経済的地位
- ジェンダー
- 持続可能性

各製品にとって特に重要となる因子を設計チームが追加できるよう、白紙のカードも用意しています。

興味深いことに、アップル社もまた「あらゆる人に力を与え《エンパワー》、喜ばれる」製品の設計を手助けするために、以下の「多様な軸の交差」を独自に開発しました。[9]

- 階級
- 性的指向

- 文化
- エスニシティ（民族）
- 言語
- 教育
- 政治的信条
- 哲学的信念
- 宗教
- 人種
- ジェンダー
- 年齢
- 能力
- 障がい
- 利《き》き手
- 身体のサイズ
- 環境
- 位置
- インターネット接続
- テクノロジーへのアクセス

特におもしろいのは「利き手」です。私の近所に世界的な外科医がいますが、彼女は左利きでありながら右手で手術することを学ばなければなりませんでした。手術器具がもし彼女のために〔左利き用に〕設計されていて、彼女が〔右利き用の〕器具に適応する必要がなかったとしたら、彼女がどれだけいっそう活躍できたかを想像してみてください。

交差性因子についてまず言っておくべきは、それらが文化によって異なるということです。

上記のいずれの因子群もアメリカの文脈で開発されたものです。たとえばヨーロッパ人は、人種を含めることはできないと言います。第二次世界大戦後、多くのヨーロッパ政府は人種やエスニシティに関するデータの収集を禁止したためです。しかし企業や研究者は世界中の顧客に向けて〔製品を〕デザインするので、グローバルな文脈で関連する交差性因子は考慮すべきです。

二つ目の注意点として、研究チームは各製品にもっとも関連する因子を選択する必要があります。あらゆる因子を考慮することはできないため、設計者は重視すべき因子を取捨選択しなければなりません。どんな研究プロジェクトでもそうですが、設計者は広いところから始めて、テーマを絞っていきます。その際に重要なのは、設計者が無意識のデフォルトに頼ることなく、交差性因子を意識することなのです。

2. 環境科学——交差性ライフサイクルアセスメント

ＧＩは環境の領域にもますます踏み込んでいます。この気候的破局の時代において、持続可能性は最優先事項でなくてはなりません。ジェンダー分析や交差性分析はその解決に向けた洞察をもたらしてくれるでしょうか。以前、私たちは月経カップに関するＧＩの事例研究を紹介しました。[10] 証拠の示唆するところでは、月経用品を変えることは国連の二〇三〇年までの「持続可能な開発目標（Sustainable Development Goals：ＳＤＧｓ）」の五番目「ジェンダー平等を実現しよう」と六番目「安全な水とトイレを世界中に」を達成する一助となりえます。[11] 以前も報告したように、私はフランス人の共同研究者と三か国（アメリカ、フランス、インド）における六種類の月経用品（有機／非有機ナプキン、有機／非有機タンポン、月経カップ、月経用下着）の持続可能性を比較しました〔第Ⅲ部5の図を参照〕。月経カップと月経用下着が、たとえ併用された場合でも（実際、月経中には併用されることが多いのです）もっとも持続可能性が高いことがわかりました。[12]

スコットランドでは世界で初めて、「生理の貧困」〔経済的な理由で生理用品を購入できないこと〕を克服するために月経用品が無償で配布されました。[13] 月経中の人が生物学的に必要とする製品について、費用を負担したり課税されたりするべきではないという考えからです。すばらしいことです。ただ、彼らはどんな製品を配布しているのでしょうか。現在、スタンフォード大学でも同じ取り組みを行っています。つまりジェンダー平等への一歩として、大学内のトイレに月経用品を置いているのです。しかしそれらはすべて使い捨ての、再利用できない製品です。私は上述の研究結果を大学に提供して、トイレに月経カップや月経用下着、再利用可能なナプキンを置いてもらうよう申し入れています。多くの学生はナプキンやタンポンの環境負荷を知らないため、貴重な教育の機会になるだろうと思うからです。学生たちはこの機会に再利用可能な月経用品を使ってみて、それが学生たちの行動を今後二五年にわたって変えるかもしれません。環境を守るのに何とよい方法でしょうか。しかしこれまでのところ、私の訴えは実を結んでいません。来年のＧＩ講義の受講生に、これを実現してもらうようグループワークを課してもよいかもしれません。

ＧＩはまた欧州連合のマリー・スクウォドフスカ＝キュリー・ポスドク研究員のエレーナ・ジッシを、スタンフォード大学ホプキンス臨海実験所の客員研究員に迎えました。ジッシは海洋生物が気候変動に対し、性別によっていかに異なる反応をするかを研究しています。これまであまりにしばしば見過ごされてきたことです。彼女は性別による気候変動の影響の違いについて理解を深めることが、気候による生物多様性の喪失を食い止めるために必要だということを示しました。[14]

二〇二二年八月のワークショップでは、ジッシはさまざまな産業が環境と社会に与える影響とその相互作用を理解するために、新たに交差性ライフサイクルアセスメント（ライフサイクルアセスメントは Life Cycle Assessment：ＬＣＡ）[*4]の開発に取り組むグループを率いました。環境ＬＣＡが製品やシステムのライフサイクル全体における環境の持続可能性を考慮するのに対し、社会ＬＣＡは製品や開発プロセスのライフサイクル全体における労働者、地域コミュニティ、

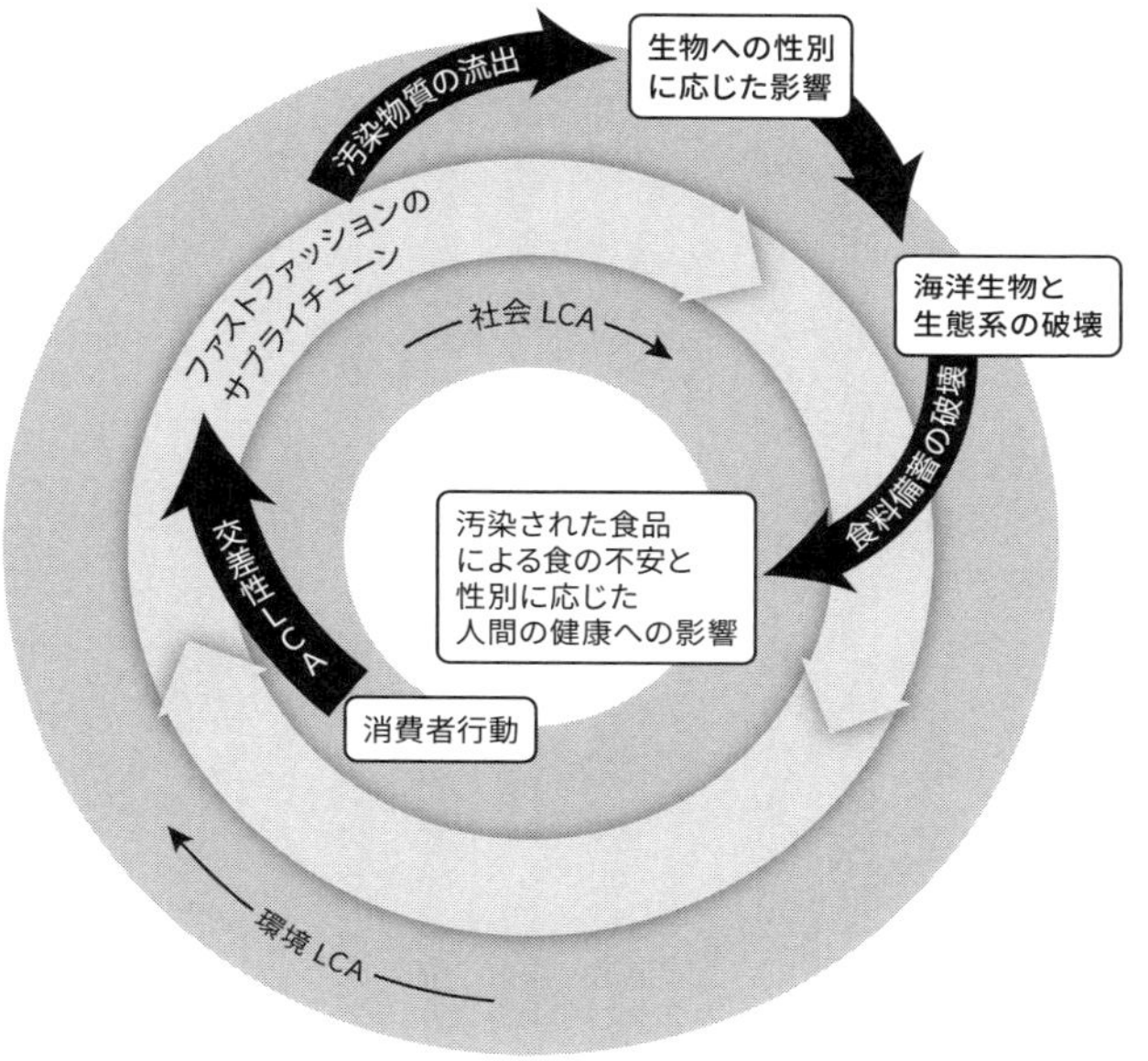

図 2　環境 LCA と社会 LCA とをつなぐ交差的なフィードバックの環

そして社会への社会経済的影響を考慮します。この二種類のアセスメントは別々に行われることが多いのですが、交差性ＬＣＡは環境／社会ライフサイクルがどのように交差するかを分析することでこの環を閉じ、物理的環境と人間社会双方にわたる影響をよりグローバルな視点から理解しようとします。図２は環境ＬＣＡと社会ＬＣＡとをつなぐ交差的なフィードバックの環を示しています。安い製造費、消費者の衝動的な購買行動、低品質な衣類からの収益に依存するファストファッション〔サステナブルファッションやスローファッションに対して、大量生産・大量消費型のファッション〕を例に、そのサプライチェーンと食のサプライチェーンとをつなぐ因果関係の経路を描いたものです。[15] 目指すべきは持続可能性の高い（サステナブル）ファッションを普及させることなのです。

二〇一八年以来、GIは交差性アプローチを取り入れてその方法と事例研究の数々の側面を更新してきました。[16] たとえば性別（セックス）と年齢がどのように交差するかを分析して、衝突実験用ダミー人形の事例研究を更新しました。アメリカのデータでは、高齢者はほぼすべての種類の自動車衝突事故で重傷を負いやすいことが示されています。高齢者は骨密度が低いため胸郭〔胸椎、肋骨、胸骨からなる胸部の壁〕を痛めやすく、負傷リスクが高くなるのです。すると、骨粗しょう症にかかりやすい高齢女性が骨折のリスクがもっとも高いということになります。[17]

さらに、多様な集団を包摂することで心臓病の事例研究も更新しました。この研究では、トランスジェンダーの人が（自身の身体を性自認に近づけようとして）行うことの多いホルモン治療が、心臓病のリスクを増大させることがわかりました。ホルモン治療（エストロゲンの補充など）はまた静脈血栓塞栓症《そくせん》のリスクをも増大させる可能性があります。臨床研究にトランスジェンダーの人びとを包摂することは、よりよいリスク予測とケアを可能にするうえで重要です。[18] 現在は慢性疼痛の事例研究を、性差分析と人種／エスニシティ分析、そしてこの研究に関連する他の社会的属性との交差性を考慮することで更新しているところです。

3．コンピュータ科学のカリキュラム——「埋め込まれた倫理」

GIはまた、研究設計に性差分析・交差性分析を組み込むよう研究者、査読者、編集者、助成機関を動機づけるべく、「科学」、「保健と医療」、「工学」、「環境」の四つの領域におけるインフラの三本の柱〔すなわち「助成機関」、「査読付きジャーナル」、「大学」〕のポリシーへの取り組みも続けています。[19]

研究プロセスの序盤では、助成機関は申請者に対し、提案された研究がどのように性差分析・交差性分析を取り入れているかの説明を求めることができます。この領域はめまぐるしく進展しています。まず、欧州委員会（European Commission：EC）は二〇二二年に「ジェンダー平等計画」を実施しました。この計画は「ホライズン・ヨーロッパ」*5への参加を希望するEU（欧州連合）加盟国から準加盟国までのあらゆる公的機関、高等教育機関、研究組織に対する一連の必須要件として定義されます。そこには、助成申請者は研究設計に性差分析・交差性分析を取り入れるか、さもなければそれが不要である旨を説明するという要件が含まれています。[20] 税金が使われるからには、研究は社会全体のあらゆる人を益するものでなくてはならないからです。
二〇一二年には、ＧＩは共同研究者と共に世界中の二二の公的助成機関のポリシーについてレビュー論文を出版しました。[21] 各国に特有の文化や規制状況に適するように仕立てられた標準的実践は、協働の可能性、グローバルな公正、研究の卓越性を高めます。この仕事の一環として、私たちはポリシーの実施と評価のための枠組みを開発しました。それは研究における性差分析・交差性分析を促進する公的助成機関の取り組みの、以下の五つの側面にわたります。⑴用語の定義、⑵申請者への申請用ガイドライン、⑶評価者への手引き、⑷申請者、評価者、スタッフの訓練、⑸ポリシー実施の評価です。ＧＩのウェブサイト上でその対話型ロードマップをご覧いただけます。[22]
研究プロセスの終盤すなわち出版の段階では、査読付きジャーナル（学術雑誌）の編集者が出版や学会発表のために論文を採択する際に、洗練された性差分析・交差性分析を求めることができます。この領域もまためざましく進展しています。二〇一〇年代にジャーナルがそうしたポリシーを最初に採用しはじめたとき、いち早くそれを実施したのは保健と医療分野のジャーナルでした。現在では自然科学や工学分野のジャーナルがその取り組みに加わっています。二〇二三年には、エルゼビア社が二三〇〇ものジャーナルにおいて著者ガイドラインを導入しました。少し誌名を挙げるにしても *Information and Software Technology*, *Engineering*

Failure Analysis, Environmental Development, Journal of Molecular Spectroscopy, Artificial Intelligence など枚挙にいとまがありません。そして重要なことに、ネイチャー・ポートフォリオ〔総合科学雑誌『ネイチャー』などを発行する、シュプリンガー・ネイチャー社の出版部門〕もまた、人種やエスニシティその他、研究に関連する社会的属性のための著者ガイドラインを導入しました。[23]

科学インフラの三本目の柱、すなわち未来の科学者を養成する大学においても変化は起こりつつあります。何十年もの間、世界中の多くの大学が医学教育に性差問題を取り入れようとしましたが、あまりうまくいきませんでした。二〇二二年になって、スイスの高等教育機関の医学生・看護学生への教育に性差問題を組み込むために、「スイスの大学のジェンダーと医学ネットワーク」が必修科目を始めました。[24] さらに多くの医学部がこれに続くことを願っています。

大学においてもっとも躍進を遂げたのはコンピュータ科学のカリキュラムです。二〇一七年以来、ハーバード大学は学生の要求に応じて「埋め込まれた倫理（Embedded EthiCS〔ethics の cs に Computer Science が埋め込まれている〕）」の概念を切り拓いてきました。これはコンピュータ科学の必修科目に社会的分析〔すなわち性差分析・交差性分析〕を組み込むものです。[25] このアプローチは現在ではスタンフォード大学をはじめ、アメリカやヨーロッパ各国の大学で採用されています。目指すべきは学生が専門スキルを身につけると同時に、コンピュータの責任ある使用についても学べるようにすることです。これは全米アカデミーズ〔米国科学アカデミーなどの四つの組織からなる学術機関〕の要求するところでもあります。[26] 新たな事例研究では、こうしたプログラムやアプローチの数々を要約しています。[27]

最後になりますが、産業界はジェンダーの最先端の視点を取り入れることで、新たな市場を開拓し、製品、開発プロセス、サービス、インフラにおけるイノベーションを生み出すことができます。複雑で多様な利用者集団のニーズに応じることで、製品は国際的な競争力と持続可能性を高めます。産業界が製品、サービス、インフラを設計する際に最初から性差分析・交差性分析を組み込もうとするならば、ご紹介した『交差性デザインカード』は有用な道具となるはずです。

おわりに

なすべきことはたくさんあります。イノベーションこそが世界を動かすのです。発見と科学技術の卓越性を促すために、研究者は交差性分析の洗練された手法を学ばなければなりません。大学はこれらの手法をカリキュラムに盛り込まなければなりません。助成機関は専門的研究に社会的因子を組み込むよう動機づけをしなければなりません。ＧＩの領域で日本がなしつつある進展を楽しみに見守っています。特にお茶の水女子大学のＧＩ研究所は、産学交流のために新たな道を拓きつつあります。今後も日本の共同研究者との有意義な協働をぜひ続けていきたいと思います。ＧＩの最新情報をお知りになりたい方は、ぜひ私たちのメールマガジンにご登録ください[28]。

（翻訳：鶴田想人・小川眞里子）

原注

1 https://www.cf.ocha.ac.jp/igi-en_test/index.html.（二〇二三年五月二九日最終閲覧）〔日本語版ウェブサイトは https://www.cf.ocha.ac.jp/igi/〕

2 http://www.kofwst.org/eng/activities/gendered_innovations.php?ckattempt=1.（二〇二三年五月二九日最終閲覧）

3 http://genderedinnovations.stanford.edu/.〔お茶の水女子大学による日本語版ウェブサイトは https://genderedinnovations-ochanomizu-univ.jp〕

4 http://genderedinnovations.stanford.edu/case-studies/genderingsocialrobots.html#tabs-2.〔第Ⅲ部5も参照〕

5 専門家チームは以下の通り。Inger Gustafsson, Monroe Kennedy III, Mark Neerincx, Selma Šabano, Katie Seaborn, Ruohan Zhang. 所属は以下を参照。http://genderedinnovations.stanford.edu/people.html.

6 http://genderedinnovations.stanford.edu/case-studies/domesticrobots.html.

7 http://genderedinnovations.stanford.edu/case-studies/nlp.html#tabs-2.〔第Ⅲ部2も参照〕

8 『交差性デザインカード』は以下のウェブサイトでオンライン上で使用するか、実物を原価で購入いただける。https://intersectionaldesign.com/.

9 https://developer.apple.com/videos/play/wwdc2021/10304/.（二〇二三年五月二九日最終閲覧）

10 http://genderedinnovations.stanford.edu/case-studies/menstrualcups.html.〔第Ⅲ部5も参照〕

11 http://genderedinnovations.stanford.edu/case-studies/menstrualcups.html.

12 Fourcassier, S., M. Douziech, P. Pérez-López, and L. Schiebinger (2022) “Menstrual products: A comparable Life Cycle Assessment,” *Cleaner Environmental Systems* 7, 100096.

13 https://www.bbc.com/news/uk-scotland-scotland-politics-51629880.

14 Gissi, E., L. Schiebinger, R. Santoleri, and F. Micheli (2023) “Sex analysis in marine biological systems: insights and opportunities,” *Frontiers in Ecology and the Environment* 21(7): 324–332.

15 http://genderedinnovations.stanford.edu/case-studies/sustain.html#tabs-2. 専門家チームは以下の通り。Elena Gissi, Felicia Gustafsson, Kirsi Niinimäki, Michael Lepech, Chandra Vadhana Radhakrishnan.

所属は以下を参照。http://genderedinnovations.stanford.edu/people.html.

16 http://genderedinnovations.stanford.edu/methods/intersect.html.

17 http://genderedinnovations.stanford.edu/case-studies/crash.html#tabs-2.

18 http://genderedinnovations.stanford.edu/case-studies/heart.html#tabs-2.

19 Tannenbaum, C., R. P. Ellis, F. Eyssel, J. Zou, and L. Schiebinger (2019) "Sex and gender analysis improves science and engineering," *Nature* 575: 137–146.

20 http://genderedinnovations.stanford.edu/sex-and-gender-analysis-policies-major-granting-agencies_8_6_21.html.

21 Hunt, L., M. W. Nielsen, and L. Schiebinger (2022) "A framework for sex, gender, and diversity analysis in research," *Science* 377, 1492–1495.

22 http://genderedinnovations.stanford.edu/sex-and-gender-analysis-policies-major-granting-agencies.html.

23 http://genderedinnovations.stanford.edu/sex-and-gender-analysis-policies-peer-reviewed-journals.html.

24 http://genderedinnovations.stanford.edu/sex-and-gender-analysis-policies-curriculum.html.

25 以下に四分半の紹介動画がある。https://embeddedethics.seas.harvard.edu. コースモジュールは以下。https://embeddedethics.seas.harvard.edu/module. 論文は以下。Grosz, B. J., D. G. Grant, K. Vredenburgh, J. Behrends, L. Hu, A. Simmons, and J. Waldo (2019) "Embedded EthiCS: Integrating Ethics Across CS Education," *Communications of the ACM* 62(8): 54–61.

26 National Academies of Sciences, Engineering, and Medicine (2022) *Fostering Responsible Computing Research: Foundations and Practices*, The National Academies Press.

27 http://genderedinnovations.stanford.edu/case-studies/curriculum.html#tabs-2. 専門家チームは以下の通り。Jenna Donohue, Pratyusha Ria Kalluri, Crystal Lee, Cynthia Lee, Diana Acosta Navas, Stephanie Adams. 所属は以下を参照。http://genderedinnovations.stanford.edu/people.html.

28 ＧＩの最新情報をお届けするメールマガジンには、以下からご登録いただける。https://mailman.stanford.edu/mailman/listinfo/genderedinnovations.

訳注

＊1 性差分析に関しては巻頭の図を参照。交差性（インターセクショナル）分析に関しては後述。

＊2 米国国立科学財団はアメリカにおける科学技術の振興を目的とした中心的な機関であり、ＧＩは二〇一二年以来助成を受けている。

＊3 シリ（Siri）、アレクサ（Alexa）やコルタナ（Cortana）などのＡＩアシスタント。事例研究は以下を参照。http://genderedinnovations.stanford.edu/case-studies/virtual.html　また、第6章も参照。

＊4 ライフサイクルアセスメントとは、もともと製品やサービスの環境負荷を定量的に評価する方法だが、以下ではそれが社会、そして交差性を考慮した方法へと拡張される。

＊5 ＥＵの「ホライズン２０２０」の後継プログラム。「ホライズン２０２０」については第3章、第5章を参照。

第 I 部

ジェンダード・イノベーションへ向けて

第１章

「責任」としてのジェンダード・イノベーション
――無知学からヤングの責任論へ

鶴田想人

はじめに

ジェンダード・イノベーション（以下、ＧＩ）とは、科学史家のロンダ・シービンガーによって創始された、公正で持続可能な科学技術の実現に向けた研究プログラムです。[*1] ＧＩは研究開発のあらゆる段階に性差分析を組み込むことで、生み出される知識や技術の偏りをあらかじめ防止しようとします。本章ではＧＩの意義について、私たち一人ひとりが担う「責任」

の観点から考えてみたいと思います。

GIを推進するにあたって、以下の三つの疑問を解消しておくことは有益でしょう。(1)そもそも知識や技術の偏りとは何か、(2)それを是正する責任は誰が負うべきなのか、(3)それを是正するために、私たち一般市民には何ができるのか。以下の各節ではシービンガーも関わりの深い無知学(アグノトロジー)や政治哲学者アイリス・マリオン・ヤングの責任論などを参照しながら、これらの問いに答えていくことにします。

1．無知学――バイアスが生み出す無知

まず、GIが是正しようとする知識や技術の偏りとはどのようなものでしょうか。それを考えるために、科学史の一つのアプローチである無知学を参照したいと思います。科学史とは、これまで人類の知識や技術がどのようにして作られてきたかを明らかにする学問です。ガリレオやニュートンからアインシュタインを経て現代に至る物理学、そして近年の生物医学の目覚ましい発展によって、私たちは宇宙や生命の仕組みを知るだけでなく、医療やテクノロジーなどの形でその恩恵を直接受けてきました。

しかし私たちが知ってきたことの歴史の裏側には、私たちが知ってこなかったことの歴史も

あるのではないでしょうか。無知学とは、一言でいえばそのような私たちの「無知」の歴史を探究する学問です。無知学はシービンガーと科学史家ロバート・プロクターの編著『無知学』(Proctor and Schiebinger 2008) によって提唱されました。無知学をはじめとする無知研究 (ignorance studies) は、今や学際的な盛り上がりを見せています。日本でも雑誌『現代思想』の二〇二三年六月号で特集が組まれるなど、注目を集めつつあります。[*2]

私たちには、単に(まだ)知らないことに加え、あえて知らされていないこと――すなわち作られた無知――もあることを無知学は明らかにしてきました。たとえばプロクターは、社会からがんが(医療の進歩にもかかわらず)なくならない原因を追究する中で、タバコ業界などの業界団体によって発がん性物質に対する人びとの無知が意図的に作られてきたことを見出しました(プロクター 二〇〇〇)。「疑念こそわが社の製品である」というあるタバコ会社の内部文書にも表れているように、業界団体はタバコという商品を売り続けるために、その発がん性を示唆する科学研究に「疑念」を投げかけたり、タバコ以外の発がん性物質の危険性を強調したりして、タバコの健康リスクから人びとの注意を逸らせようとしてきたのです。実際にプロクターが法廷に立ってタバコ会社の不正を証言してきたことからもわかるように、無知学は無知を作り出した「黒幕」を突き止め、彼らに対して責任を追及することを可能にすることに一役買ってきました。

図　マリア・シビラ・メリアンの描くオウコチョウ（1705 年）

しかし作られた無知の中には必ずしも誰か「黒幕」がいて、その人たちのいわば悪意によって作られたのではないような無知も存在します。シービンガーはそうした非意図的な無知の象徴的な事例を、ヨーロッパに伝わらなかったカリブ海地域の「奴隷」の中絶薬の知識に見出しました（シービンガー 二〇〇七）。一八世紀当時、ヨーロッパの植民地であったカリブ海地域の女性奴隷たちは、ヨーロッパ人奴隷主への身を賭した抵抗として、オウコチョウという植物を用いて中絶を行っていました（図）。[*3] 子どもを産めば、奴隷主に新たな奴隷を提供することになるからです。大航海時代以来、植民地からさまざまな有用植物（トマトやジャガイモ、トウモロコシ、さらにマラリア特効薬の原料キナノキなど）を得ていたヨーロッパが、中絶薬には手をつけなかったのはなぜでしょうか。それには当時の社会規範（性規範）が関係しているとシービンガーは論じます。当時ヨーロッパでは重商主義の旗印のもと人口増加が奨励され、女性には多産であることが期待されていました。そのため（ほとんどが男性であった）医師たちは、そうした風潮に逆らうような中絶薬の開発におのずと手を染めなかったというのです。こうしてヨーロッパ人（女性）は、有効かつ安全であったかもしれない中絶薬を手に入れる機会を逃したのです。

このように、特定の人びとの利害関心や社会の集合的バイアスが科学を歪めることで、私たちの知識が偏ったり無知が生まれたりすることを無知学は示してきました。注意すべきは、これらの事例において科学は受け身ではなく、能動的な役割を果たしてもきたということです。

ここでは科学とバイアスの関係を見ておきましょう。[*4] シービンガーをはじめとするフェミニスト科学史家が明らかにしてきたのは、科学の「客観性」・「価値中立性」は神話に過ぎないということでした。シービンガーは第一作『科学史から消された女性たち』で、科学が制度化の過程で女性を排除しつつ、その中で生み出された偏った知識（たとえば「女性は科学に向かない」など）を女性の排除の正当化のために利用する「自己強化的」なシステムをなしてきたことを喝破しました（シービンガー 二〇二二）。さらに第二作『女性を弄ぶ博物学』では、たとえば「哺乳類（*Mammalia* ＝乳房類）」のような一見「科学的」な命名にも、同時代の社会規範（「女性は母乳で子どもを育てるべき」など）が反映されていたことを鮮やかに示しました（シービンガー 二〇〇八、本書序論も参照）。これらの例からは、科学はバイアスから自由であるどころか、むしろジェンダーバイアスを作り出し、強化することさえあることがわかります。

そうしたバイアスは、知識の偏りのみならず無知をも生み出してきました。フェミニスト哲学者のナンシー・トゥアナは、生殖につながらない女性の性（性的快楽など）に関する知識が、男性の性についての知識に比べて著しく不足していることを指摘しています（Tuana 2008）。生殖を正常とみなす社会規範の中で、女性の性的快楽は逸脱と見なされ、科学的に研究されてこなかったためです。先ほどの中絶薬の場合と同様、これは意図的でない無知の事例と言えるでしょう。つまり個々の科学者はおそらく通常の道徳心や良識を備えていたにもかかわらず、いや、むしろそのために、彼らの研究（あるいは研究しないこと）は社会の性規範を再生産し、女性の性の抑圧につながってきたのです。シービンガーは、このように科学とバイアスの悪循環によって生み出される無知を「系統的な」無知と呼んでいます（Schiebinger 2020）。このタイプの無知は多くの場合意図的ではなく、したがってそこには明確な悪意を持った「黒幕」は存在しないのです。

2.「責任」としてのGI——知識の壁を壊す

◆ヤングの責任論

しかし、「黒幕」がいないからといって、このような知識の偏りや系統的な無知への責任は誰にもないのでしょうか。先に見たように、しばしば明確な悪意のない、それどころか通常の

ヤングの責任論

帰責モデル（従来）	社会的つながりモデル（ヤング）
加害者を特定	社会的背景を考察
過去遡及的	未来志向的
「罪」を個人に帰する	「責任」を皆で分有する
加害者を罰することで果たされる	集団的行動によって果たされる

社会規範に基づいてさえいる行為が、結果としてある種の悪（不正）を生み出してしまうことは往々にしてあります。そうした場合、その不正に関して誰に、どんな責任があるといえるのでしょうか。ここで、そのような不正を「構造的不正義」と呼び、それに対する新たな「責任」のあり方を提起した政治哲学者アイリス・マリオン・ヤングの議論を参照したいと思います。

ヤングは遺作となった『正義への責任』の中で、構造的不正義を「多くの個人や諸制度が、一般的な規則と規範の範囲内で、自らの目的や関心を追求しようと行為した結果として生じる」不正と定義しています（ヤング 二〇二〇：九〇）。そして構造的不正義における「責任」は従来の「帰責モデル」では説明できず、むしろ「社会的つながりモデル」という新しいモデルによって捉えられる必要があると論じました（ヤング二〇二二）。従来の帰責モデルでは、不正を働いた個人を特定し、過去にさかのぼってその人の「罪」を罰することが、その不正に対する「責任」を果たさせることだと考えられてきました。しかしこのモデルでは、そうした特定の個人のいない構造的不正義の場合に「責任」を問えないのみならず、そのような不正義に対する集合的な「責任」から人びとの目を逸らし、免責する効果があるとさえヤングは言います。

たとえば、ぎりぎりまで追い詰められて犯罪に手を染めてしまった人に対し、その人の罪を罰するだけでは、また同じような犯罪者が生まれてくることを防げません。そこで、その犯罪者の「罪」が裁かれることは必要だとしても、それとは別の水準で、その犯罪を生み出した社会の構造的不正義について、社会のメンバーが共同で担うべき「責任」を考えることのできる枠組みが必要だとヤングは考えます。ヤングの提唱する「社会的つながりモデル」では、「責任」を社会全体によって分有され、構造的不正義をより少なくするための（集団的）行動によってのみ果たされるような、未来志向的なものであると捉えます（前掲表）。すなわち「誰が悪いのか」を追及して罰するのではなく、誰もがよりよい未来に向けて行動することこそが、ヤングのいう新しい「責任」の形なのです（ヤング 二〇二二：一八五～二〇一）。

◆ジェンダード・イノベーション

では、ジェンダーにまつわる構造的不正義に対して、私たちにはどのような「責任」ある行動が可能なのでしょうか。この問いに——とりわけ科学技術との関係で——一つの明確な答えを与えてくれるのがＧＩです。ジェンダーにまつわる（そして科学技術に関わる）構造的不正義とは、社会の偏りから生み出された系統的な無知が、（多くの場合）女性やその他のマイノリティにとって不利な状況を維持したり、さらに強化したりすることを意味します。たとえば自動車事故では、女性の方が男性よりも重傷を負いやすく、また妊婦の場合、軽度の衝突でも胎児が死亡しがちです。[*5] GIの分析によると、それはシートベルトが平均的な男性を基準にして作られてきたためです。そこでGIは女性（とりわけ妊婦）をモデルとした衝突実験用ダミー人形の開発を提案します。このようにGIは、まさに系統的に生み出された無知に基づく不正義を発見し、それを同じく系統的に是正していくための実践的な方針を提示するのです。[*6]

では、より一般的に、知識（とそれに基づく技術）の偏りを是正するにはどうすればよいのでしょうか。GIを説明する際、シービンガーは以下の三つのステップを示します。[*7]

一、数の是正：科学技術に参画する女性やマイノリティの人数を増やす
二、制度の是正：ジェンダー平等に向けて制度や組織文化を変革する
三、知識の是正（すなわちGI）：研究開発に性差分析の視点を導入する

GIはこの最後のステップに相当しますが、シービンガーも強調するように、これら三つは実際には切り離せません。つまり女性（やその他マイノリティの）科学者の数を増やすことが制

度の改善（たとえば育児休暇の整備やワーク・ライフ・バランスの見直しなど）と知識の矯正（たとえば女性や妊婦の衝突実験データを得るなど）につながるというわけですが、それだけでなく、これまで女性やマイノリティの科学への参画を阻んできた偏った知識（ここでもまた、「女性は先天的に科学、特に理系に向かない」など）を除去することが、数そして制度の問題を解決するうえで欠かせないというのです。*8

実はこの三つのステップに相当するものは、すでにシービンガーの一九九九年（つまりＧＩが本格的に始動する一〇年ほど前）の第三作『ジェンダーは科学を変える!?』で扱われていました。それはこの本の目次からも見て取れます。第一部「科学における女性」では女性の数の不平等の実態が論じられ、第二部「科学文化におけるジェンダー」では女性が科学者として生きることの制度的・文化的な困難が扱われました。第三部「科学内容のジェンダー」ではフェミニズムが医学、霊長類学、考古学、生物学などの科学的知識を実際にどう変えてきたかが総括されました（シービンガー 二〇〇二）。*9 特にこの第三部の内容は、シービンガーのそれまでの二作の成果を踏まえるのみならず、そのままＧＩの構想へと通じるものです。こうして見ると、ＧＩはそれまでの自身と多くのフェミニスト科学史家の仕事を踏まえた、科学史家シービンガーの到達点であったことがわかります。つまりＧＩはそれ自体、シービンガーの積年の研究から生まれたイノベーションだったと言えるのです。

ＧＩの革新性は、これまで特に理解されにくかった知識の問題（つまり「科学内容のジェンダー」に関する問題）を組織的なケーススタディによって可視化していくとともに、その解決への見通しを研究開発や政策上の改革――つまり大学や学術雑誌、助成機関、企業などの取り組み――といった具体的な水準で提示するところにあります。女性や胎児の安全を守れないシートベルトや、「女性」の声で応答するＡＩアシスタントなど、科学技術が意図せずに体現し、再生産してきたジェンダーにまつわる構造的不正義に対して、ＧＩはヤングのいう意味での「責任」ある行動を呼びかけ、その指針を示してくれるのです。*10

のみならず、ＧＩはさらなる多様なイノベーションの可能性へと開かれています。ＧＩは「ジェンダー」という語を冠していますが、その理念はジェンダー以外のさまざまな社会的カテゴリーにも適用できるのです。実際にシービンガーは近年、人種やエスニシティ、年齢、障がい、持続可能性など社会のさまざまな差別や抑圧の交差性（インターセクショナリティ）に注目しています。*11 このように、ＧＩはさらなるイノベーションの可能性を拓くことで、私たちのより広範な「責任」を明らかにするのです。つまりＧＩは「責任」を果たすためのみならず、新たな「責任」を発見するためのプログラムでもあります。それゆえ新たなイノベーション領域の開拓も、ＧＩという「責任」の一環だと言えるでしょう。

3. 日本のジェンダー問題——制度と数の壁

本章ではここまで、GIが知識を是正することでいかに社会におけるジェンダー不平等の解消に寄与しうるのか、またそれがなぜ私たちの「責任」と言えるのかについて見てきました。しかしGIによって生み出された知識や技術がそれを必要とする市民の手に届かなかったとしたら、GIの目標は本当に達成されたとは言えないでしょう。知識の是正にも、やはり数や制度の是正が伴わなければならないのです。また、GIは直接的には大学や企業や助成機関などの政策立案者に向けられたプログラムです。しかし「構造的不正義」に対する「責任」は、ヤングに従えばすべての市民のものであるはずです。では、私たち市民はどのようにしてGIに関わることができるのでしょうか。本章の最後に、GIと私たち市民との関係について考えてみたいと思います。

日本では、ジェンダーの視点によってイノベーションを生み出すどころか、すでに生み出されている知識や技術でさえも、さまざまな障壁に阻まれてそれを必要とする市民の元に届かないことがしばしばあります。たとえば、多くの国では薬局で簡単にかつ安価で手に入れられる緊急避妊薬（アフターピル）が、日本では高価なことに加え、それを手に入れるために医師の処方箋が必要です（二〇二四年六月現在）。このことは緊急にそれを必要とする女性にとってのアクセスのハードルを上げています。公正な知識や技術を生み出すことと、それを社会に広く普及させることとは別のことなのです。とりわけ日本には、制度の壁と数の壁がまだ分厚く存在していると思われます。そこで、知識や技術の普及を阻む社会的要因について、これらの二つの側面から考えてみたいと思います。

まず制度の壁として、政府の方針（政策）や社会通念が挙げられます。先ほどのアフターピルもそうですが、日本では一般に女性の妊娠・出産すなわち「人口」に関わる問題となると、政府や産婦人科医会・産婦人科学会などが急に「慎重な検討」を求める傾向が見られます。よく知られた話ですが、男性用のバイアグラ（勃起不全治療薬）は申請からたった半年で認可された一方で、女性用の経口避妊薬（低用量ピル）の認可には三〇年以上もかかりました。また、二〇一五年に文部科学省が発行した「保健体育」の副教材では、女性の妊娠しやすさが二二歳をピークに急下降するかのようにグラフが「改ざん」されていたことも知られています[*12]（高橋二〇二四）。この後者の例では、意図的でないと言い張ることが難しいくらいに、国家による女性の妊娠・出産や、それに伴う進路・キャリア選択への介入という思惑が透けて見えています。ここでは、知らせない、使わせないという「無知」による統治が行われていると言えるでしょう。シービンガーが論じたオウコチョウの物語は、決して過去のヨーロッパだけのものではないのです。

次に数の壁として、日本では女性やジェンダーに関わるような事柄についても、男性ばかりで決めようとする傾向が強いことが挙げられます。たとえば「女性が、どんどん主役になる」と謳った「かながわ女性の活動応援団」の二〇一六年のポスターが男性ばかりだったことは人びとを驚かせました。[*13] また最近でも、二〇二二年七月に告知された国土交通省による公務員向けのオンライン講座「都市を創生する公務員アーバニストスクール」の講師が二五人全員男性であったことが問題となりました。[*14] 一方でアメリカでは、二〇一九年に国立衛生研究所の所長であったフランシス・コリンズ氏が、男性（man）ばかりのパネル（panel）すなわち「マネル（manel）」には今後出席しないことを表明しました。[*15] 組織のトップがイニシアチブをとってこの問題に取り組み始めているアメリカに対し、日本では（後述するように）市民の批判を受けてからの「後手後手」の対応が目立ちます。

おわりに——変化への「責任」

このように、日々のニュースを眺めるだけでも、日本にはまだまだジェンダー平等に向けた課題が山積していることが窺えます。実際、世界経済フォーラムが毎年公表している「ジェンダーギャップ指数」を見ても、日本は一四六か国中一二五位（二〇二三年）と、ジェンダー平等後進国であることがわかります（しかもその順位は年々下がっています）。本章で見てきたGIは、ジェンダー平等への三つのステップのうち特に三つ目（知識の是正）に注目するものですが、日本においては、まだまだ一つ目（数の是正）と二つ目（制度の是正）も重要であることは改めて強調したいと思います。

しかし変化の兆しも見えています。「Z世代」と呼ばれる一九九〇年代後半から二〇一〇年頃までに生まれた若者（二〇二四年現在、一〇代〜二〇代半ば）は、ジェンダー平等に高い関心と理解を示しているという調査結果があります。[*16] 二〇二〇年一〇月にはファミリーマートの「お母さん食堂」というブランド名の変更を求めて女子高校生のグループが署名活動を行い、翌年一〇月には「ファミマル」に改名（正確には統合）されたことも記憶に新しいでしょう。[*17] 先ほどの国交省のまちづくり講座も、批判を受けて女性講師を一五名追加したそうです。[*18] また、「応援団」も「この間のジェンダー意識の変化」などを踏まえ、二〇二二年一一月からは女性メンバーを迎えたそうです。[*19] さらに、あれだけ市販化に慎重であった緊急避妊薬についても、厚生労働省は一部の薬局での試験販売を始めるとの方針を示しました（二〇二三年六月）。半年前に実施されたパブリック・コメントに寄せられた四万六〇〇〇件以上の意見のうち、約九八％が「賛成」であったことを受けてだと言われます。[*20]

一方で、ＳＮＳなどでよく目にするのは、こうした批判は「行き過ぎ」だという意見です。「お母さん食堂」で何が悪いのか、そんなことにいちいち目くじらを立ててどうするのか、「言葉狩り」ではないか、等々。たしかに、中には「行き過ぎ」た批判もあるかもしれません。しかし現状を変えるためには、現状を維持するよりもはるかに多くの力が必要です。

そこで、私たちは市民として、ＧＩの提唱する性差分析・交差性分析を社会にも適用し、おかしいと思ったことには声をあげていくことが重要であるということを改めて述べたいと思います。これは言うに易く、行うに難いことです。しかしそこにこそ、市民としての私たちにとっての（ヤングのいう意味での）「責任」があると言えるのではないでしょうか。ＧＩが真に社会を変えていくためには、そのような私たち一人ひとりの「責任」の自覚、そして行使が欠かせないのです。

注

＊1　本稿は『ジェンダー研究』二五号（二〇二三）に掲載された拙稿を改稿したものである。

＊2　無知学については鶴田（二〇二三）も参照。

＊3　図は以下から。https://archive.org/details/Metamorphosisin00Meri/page/n143/mode/2up。以下、ウェブサイトはすべて二〇二三年九月二一日に最終閲覧。

＊4　タバコ業界と科学（者）との関係については、Proctor（2012：特に第3部）に詳しい。

＊5　第Ⅲ部[2]を参照。逆に女性が基準とされることで男性が不利益を被ることもある。第Ⅲ部[5]の「骨粗しょう症」の事例を参照。

＊6　系統的無知とＧＩの関係についてはSchiebinger (2020) も参照。

＊7　第Ⅲ部[1]などを参照。

＊8　実際、このような言説が女性に幼少期から科学（理系科目）に対する自信を喪失させ、実際に苦手にさせていることが指摘されている。隠岐（二〇一八：第四章）などを参照。

＊9　また、この三段階は「科学における女性」問題から「科学におけるジェンダー」問題へ、というフェミニズム科学論の歩みにも沿っている。小川（二〇〇一：特に三二〜三五）を参照。

＊10　ＡＩアシスタントについては、第6章の弓削論文を参照。

＊11　第Ⅲ部[5]を参照。

＊12　この問題の背景や意義に関しては、清水（二〇二二：第一〇章）を参照。

＊13　「応援団」については以下を参照。https://www.pref.kanagawa.jp/osirase/0050/womanact/cheer-team.html

＊14　https://jp.reuters.com/article/idJP2022072101000728

＊15　https://www.nbcnews.com/health/health-news/no-more-manels-nih-head-says-call-end-all-male-n1017181

＊16　https://prtimes.jp/main/html/rd/p/000000108.000033586.html

＊17　https://www.change.org/p/ 株式会社ファミリーマート - 食堂プロジェクト。ただし、署名活動と改名の因果関係は明らかではない。

＊18　https://jp.reuters.com/article/idJP2022082201000553

＊19　注13を参照。

＊20　https://www.nikkei.com/article/DGXZQOUC0694O0W3A900C2000000/

参考文献

小川眞里子（二〇〇一）『フェミニズムと科学／技術』岩波書店。

隠岐さや香（二〇一八）『文系と理系はなぜ分かれたのか』星海社新書。

プロクター、ロバート・N（二〇〇〇）『がんをつくる社会』平澤正夫訳、共同通信社。

シービンガー、ロンダ（二〇〇二）『ジェンダーは科学を変える!?――医学・霊長類学から物理学・数学まで』小川眞里子・東川佐枝美・外山浩明訳、工作舎。

シービンガー、ロンダ（二〇〇七）『植物と帝国――抹殺された中絶薬とジェンダー』小川眞里子・弓削尚子訳、工作舎。

シービンガー、ロンダ（二〇〇八）『女性を弄ぶ博物学――リンネはなぜ乳房にこだわったのか？』小川眞里子・財部香枝訳、第二刷、工作舎。

シービンガー、ロンダ（二〇二二）『科学史から消された女性たち――アカデミー下の知と創造性』小川眞里子・藤岡伸子・家田貴子訳、改訂新版、工作舎。

清水晶子（二〇二二）『フェミニズムってなんですか？』文春新書。

高橋さきの（二〇二四）「『妊娠しやすさ』グラフの嘘」井野瀬久美恵・粟屋利江・長志珠絵編『〈ひと〉から問うジェンダーの世界史』第三巻 世界をどう問うか？――地域・紛争・科学』大阪大学出版会、二二八～二二九頁。

鶴田想人（二〇二三）「無知学（アグノトロジー）の現在――〈作られた無知〉をめぐる知と抵抗」『現代思想』五一巻七号、二四～三五頁。

ヤング、アイリス・マリオン（二〇二二）『正義への責任』岡野八代・池田直子訳、岩波現代文庫。

Proctor, Robert N. (2012) *Golden Holocaust: Origins of the Cigarette Catastrophe and the Case for Abolition*, Berkeley, CA: University of California Press.

Proctor, Robert N. and Schiebinger, Londa, eds. (2008) *Agnotology: The Making and Unmaking of Ignorance*, Stanford, CA: Stanford University Press.

Schiebinger, Londa (2020) "Expanding the Agnotological Toolbox: Methods of Sex and Gender Analysis," in J. Kourany and M. Carrier, eds., *Science and the Production of Ignorance: When the Quest for Knowledge Is Thwarted,* Cambridge, MA: The MIT Press, 273–305.

Tuana, Nancy (2008) "Coming to Understand: Orgasm and the Epistemologies of Ignorance," in R. N. Proctor and L. Schiebinger, eds., *Agnotology: The Making and Unmaking of Ignorance,* Stanford, CA: Stanford University Press, 108–145.

第2章

イノベーション論としてのＧＩとその多様性

隠岐さや香

はじめに

ジェンダード・イノベーション（以下、ＧＩ）には「イノベーション」という語が入っています。イノベーションは従来だと、主に男性的なイメージを持たれてきました。

大学教員としての経験を思い出す限りでも、「よりよいイノベーションを考える」などのお題を掲げた研究会にはスーツ姿のビジネスパーソンといった風貌の男性が集まります。対して、「よりよい看護と支援を考える」のようなお題だと明らかに女性が増えます。多くの人が無意識のうちに、自分に割り当てられた属性に関わりの深い対象に関心を持ちます。しかも、「男性」「女性」とはっきり書いていない場合でもそうなるのです。実際、「イノベーション」に伝統的に馴染みの深い工学分野は男性の研究者や企業関係者が多いです。一方、「看護と支援」ですと看護師や介護士のように女性が多い業界とつながっています。ですから、「イノベーション」という言葉に「ジェンダー」がつくのは、意外な感じを与えます。

問題は、「イノベーション」（英語で「革新」を意味するinnovationに由来）というものがそもそも「これまでのあり方を断絶的に変える」ための営みであることです。たとえば便利な製品の発明だったり、社会の仕組みを変えるようなサービスの開発がなされたりしたとしましょう。それがもし一部の人の関心だけを反映した出来事だったら、他の人にとっては迷惑です。

そして実際に、イノベーションの産物はしばしば男性の関心を反映したものになりがちでした。たとえばスマートフォンが男性の、それも富裕な買い手の多い欧米系の人の大きさを基準に作られがちで、小柄な女性の手にちょうどいいサイズのものはなかなか作られないという話は有名です。

1.「科学技術・イノベーション」の一般像に抗う

欧州連合（EU）は二〇世紀末より、ジェンダー平等の達成のため、女性と男性の置かれた状況、ニーズ、それぞれの直面する課題の違いに着目することを労働や医療、教育などさまざまな分野で行っていました。当然ながら、科学技術やイノベーションもその対象となりました。

当初、その試みにはGIという名はついておらず、「ジェンダー次元」(Gender dimension)、もしくは「ジェンダー視点」(Gender perspective)の取り組みと呼ばれていました。問題意識にあったのは、理工系の研究者、エンジニアといった業種に女性が非常に少ないこと、それも白人やアジア系はそれなりにいるが、それ以外の出自の人びとが少ないことなどでした。

また、当初は妊娠・出産などのライフイベントが女性研究者の活躍に不利にならないよう支援する取り組みが中心でしたが、次第に理工系の研究内容やイノベーションの内容にも女性を遠ざける要因があるのではないかとの考えに行き着きました。

この時期のEU的な「ジェンダー視点」からの研究・イノベーションの例として、ドイツのフラウンホーファー研究機構のマルティナ・シュラウドナー氏が二〇〇六年にまとめた報告書、『研究におけるジェンダー的側面――どのように研究計画においてジェンダー的側面は認識され、評価されうるか?』(Bührer and Schraudner 2006)を参照してみましょう。そこでは、エネルギーと環境分野、情報・通信技術分野、生命科学研究の三分野において、太陽光電池やゲーム、エアバッグのあり方、性差医療、遺伝子組み換え技術といった具体的事例が扱われています。そして、各事例において、ジェンダーに関連する問いが一六問扱われています。以下にその一部をあげます。

(1)開発される技術に接する人びとは、さまざまな特徴（性別、年齢、職業、専門外の仕事、教育、収入、生活様式、技術とのつながり、エスニシティなど）によって異なる。その中でジェンダーはどのような役割を果たすのだろうか。

(2)技術を設計する際に考慮すべき、女性と男性の体格の違いはあるか（人間工学、体力、サイズ）。

(3)テクノロジーを設計する際に考慮すべき、女性と男性のその他の身体的な違いはあるか（声の高さ、視覚、聴覚、固有受容感覚〔身体の位置と動きに関する感覚のこと〕、内筋緊張、触覚と温熱感覚、嗅覚と味覚）。

（中略）

(9)技術の外的デザイン（役割分担、アバターのデザイン、性差別）によって、ステレオタイプ化や個人的感情を侵害するリスクはあるか。

(10)技術の特定のデザインによって、女性または男性のユーザーグループが組織的に排除される危険性はあるか。

（後略）

同報告書が作られたフラウンホーファー研究機構は大学の研究者と企業をつなぐことに強みを持つ組織です。質問を受けた企業は自社の製品がジェンダーの問題とどう関わるのかを考えさせられたことでしょう。

ＧＩはこうした欧州の取り組みと、ロンダ・シービンガー氏のように、北米を拠点にしていたフェミニスト研究者たちの関心とが合わさったところに生まれました。二〇〇八年、シービンガー氏が北米と欧州各地の事例を紹介する論集、『科学とエンジニアリングにおけるジェンダード・イノベーション』(Schiebinger 2008) を編集し、科学技術・イノベーションの領域でジェンダー視点／次元について最も包括的かつ体系的な視点を打ちだした先駆者となったのです。そして、二〇一〇年代からは、欧州のイノベーション政策であるホライズン２０２０および米国国立科学財団（ＮＳＦ）など複数の組織から助成金を受けて、いよいよ本格的なＧＩの取り組みが始まりました。現在でもＧＩのウェブサイトには、シュラウドナー氏を含めた欧州のそうした取り組みと、北米での取り組みが共に先行する事例として紹介されています。

日本は欧州の動きから一〇年ほど遅れてＧＩを取り入れました。そのため、世界を見渡すと欧州やカナダ、韓国に類似の先行する取り組みがあるという印象になります。ただ、実際には、もともとその地域にあった個別の取り組みが、科学技術・イノベーション政策のプロジェクトとしてはじまったＧＩという旗印のもとに「合流した」と捉えた方がよさそうです。

2. GIはネオリベラル・フェミニズムなのか

前節では、従来だと女性の問題と結びつけられやすかった「ジェンダー」と、男性の多い業界に関わりの深い「イノベーション」という、二つのキーワードが結びつき、GIという意外性とインパクトのある概念が生まれた経緯について述べました。

次に考えたいのが「では、ジェンダーに取り組んできた人達と、科学技術・イノベーションに取り組んできた人達は容易に同じ方向を向けるのか?」ということです。実は、イノベーション一般の目指すところと、ジェンダーについて論じてきたフェミニズムの歴史を考えると、真っ先に出てくるのは「両者の関係は少し難しそうだ」という考えです。対立まではいかずとも、少なくとも緊張関係はあります。

まず、イノベーションという概念から考えてみます。英語のinnovationという概念自体は非常に意味が広く、しかも時代と共にその内実が変わっています。二〇世紀後半であれば、それは新しい技術を生み出す発明としての「技術革新」(technological innovationという言葉の和訳にあたる)の意味でもっぱら使われていました。しかし現在だと、科学・技術の関わらない取り組みも「イノベーション」と呼ばれることが増えています。たとえば「障害を持つ人も働ける職場にする」のような組織の改良や、「貧しい女性でもお金を借りられるような仕組みを作る」なども近年だと「イノベーション」と呼ばれることがあります。

このように際限なく意味が拡大するイノベーションという言葉ですが、さまざまな用法に共通する点はあります。それは、先に述べた「従来のあり方から断絶的に変える」という意味です。その変化は実際にはちょっとした「改良」レベルであったりするのですが、いずれにせよ変化し続けることを無前提によしとする世界観がこの言葉の背景にはあります。そして多くの場合、「イノベーション」という言葉を好んで使う人は、従来にない優れた製品・サービスにより資本主義市場に断絶的な変化を起こし、その結果として経済発展をもたらし続けることが絶対に必要だとの信念を持っています。さもなくば経済は停滞してしまうと考えるからです（ゴダン 二〇二一）。

対して、フェミニズムは資本主義的な市場経済に対しては距離を置く傾向がありました。現状の市場経済のあり方は男性中心的で、女性に不利に作られているとの発想があったからです。ただ、その中でも立場の違いはあります。まず、自由な市場そのものは本来、能力に基づく平等なものであるはずなので、女性が市場に参入するための障害をなくせばよいのだという主張があります。こうした主張はネオリベラル・フェミニズムと呼ばれており、女性はその能力に正当な対価を得るために市場に参入すべきで、仕事での自己実現を通じて女性全体の地位の向上に貢献すればよいとの発想を取ります。ネオリベラル・フェミニズムは主に先進国の比較的富裕な女性（特に白人女性）を中心に広がっていますが、この立場の人びとは基本的に市場を肯定的に捉えており、科学技術やイノベーションのもたらすものに対しても楽観的です。

その対極として、そもそも資本主義的な市場が公正なものではありえず、ジェンダー不平等や南北格差を前提として成り立っているとみなすフェミニズムがあります。第三世界フェミニズムやブラック・フェミニズム、また、エコロジカル・フェミニズムなどが、それぞれ主張の違いはあれ、このような観点を共有しています。こうした立場からすると、女性差別をなくすためには、そもそも資本主義のあり方を大きく見直す必要があるということになります。[*1] なぜなら現状のままでは、仮に一部の女性が経済的に男性と同等の地位を得ても、女性全体の権利の向上にはつながらないどころか、むしろ恵まれない境遇の女性との間に格差が増大し、社会問題を増やすかもしれないからです。そして、こうした視点にたつと、科学技術の産物やイノベーションに関しても、その大半が実は不要であり、むしろ地球環境にとって持続可能ではない経済モデルを延命させる可能性が高いため、無理に推奨する必要はないという理解になります。

さて、GIで興味深いのは「経済成長」よりは「ジェンダー平等」に貢献する科学技術・イノベーションを目指していることです。より正確には、セックスおよびジェンダーに基づく分析を取り入れた研究であれば、ジェンダー平等に何らかの形で貢献するし、しかも科学研究や技術開発を従来よりも優れたものにできて、最終的には経済成長も実現するという考え方を取っています。つまり、経済成長にも貢献することは前提ですが、優先順位はあくまでも既存の科学や技術を変えることにあります。先に挙げた両極端の立場からすると、いわば中間的に見える立場を取っているのです。

これは、シービンガー氏も関わってきたフェミニズム科学論という分野が、従来の科学・技術における中立を装った男性中心主義、西洋中心主義を指摘した上で、それを克服したより適切な科学・技術のあり方を模索してきたことによります（ハーディング 二〇〇九）。同時に言えるのは、この立場のフェミニズムはよくも悪くもイノベーションや市場そのものにはこれまでさほど強い関心を示しておらず、その手前にある個別の研究や技術の段階に分析が集中する傾向があったということです。

そのことがよい意味で現れたのは、たとえば実験動物の雌雄をきちんと確認し、動物のセックス（性別）の違いを重視した研究結果を積み重ねるといった事例でしょう（Tannenbaum et al. 2019）。こうした事例は社会のジェンダー平等や経済成長とは直接つながりのない純粋な科学研究（基礎科学と呼ばれる）といえます。この場合のＧＩは「イノベーション」といっても、技術開発を通じた市場競争といった意味合いの希薄な、「創造的新しさ」くらいの広い意味と捉えてもいいのかもしれません。

しかし、ＧＩには市場で製品として売ることが可能な技術を開発するための研究もあります。そのため、フェミニズムが技術イノベーションとどう向き合うべきなのかという問いは残っているのです。企業の製品開発に直結した技術開発においては、すべての女性のためになることと、市場における成功とのバランスを取ることがしばしば容易ではないからです。たとえば若い女性と高齢の女性ではニーズが違います。また、富裕層や多数派に合わせた方が売れるため、少数派や貧困層のニーズが犠牲になることもあるでしょう。

シービンガー氏自身は、ＧＩの役割についてジェンダー分析を科学と技術において主流化していくことで科学の卓越性を強めることだと述べてはいます。しかし、それ以外は基本的に研究実践のための議論をするに留まっています。そのためＧＩに対して、現状の市場を肯定したまま女性の技術イノベーション参加を推進するネオリベラル・フェミニズムであるとみなす批判もあります（Picardi 2022: 177–179）。

次節では、具体的な技術イノベーションの事例と共にこの問題を考えてみたいと思います。

3. GIの中にある多様性

筆者は二〇二三年一月に欧州と北米でGIを推進する識者に聞き取り調査を行いました。その際に感じたのは、そうした識者の間では次の二つの方向性が明確に意識されているということでした。[*2]

一方には、先進国で主流派に位置する男性からは出ない発想を汲み取って、経済および社会的なインパクトを競うという方向性があります。女性やマイノリティの視点を取り入れることと、社会的インパクトのある新しい技術を作り、評判になること、そして実際に商業化して利潤をあげることのすべてを追求するのです。すなわち、最終的には市場を通じてなるべく多くの人の手に渡る技術やサービスを作っていく発想です。この方向性は市場がよいものを正当に評価できるとみなしていますので、ネオリベラル・フェミニスト的なものといえるでしょう。

それに対し、実利性や市場での成功からは距離を置くことを表明する人もいます。単に「女性のため」ではなく、女性の中でも商業的なサービスの展開がなされづらい層や、特に困っている人びとに目を向けようとするのです。この立場の人は、市場に任せていては一部の人が常に不利になるとみなしています。そして、医療など公共サービスにおいては、市場とは別の基準で投資を行い、従来とは違うタイプの技術を作るイノベーションが必要だと考えているのです。それも、可能な限り「個々の人の固有の身体に合わせたオーダーメイド的な技術を作る」という意識で少数の人のために開発を行おうとします。

後者の例をあげます。オーストリアでフェミニストおよび科学技術社会論（STS）研究者としてGIに関わるアニタ・ターラー氏は、よい製品を作ることは重要だが、フェミニズムには単なる技術的達成を超えた理念があるとの考えを持っています。氏は公開された動画の中で、「あなたにとってGIとは何か」と問われた際に、少し考えるような顔をした後、自分はGIが提唱される前からずっと「テクノフェミニズム」[*3]を行っていると答えました。[*4] テクノフェミニズムはフェミニスト社会学者のジュディ・ワイスマンが提唱した概念です（Wajcman 2004）。

重視されるのは「これまで無視されてきたタイプのユーザー」であり、ターラー氏はそのための技術開発にフェミニスト研究者として関わってきました。とりわけ近年は高齢者女性の心臓病予防に関する技術開発に取り組んでいます。その一つが、ヴィタパッチ（VITAPATCH）という女性向けの心臓リハビリテーション用データパッチです。このデータパッチは皮膚に貼るセンサーであり、身体の情報を記録するものです。

女性の心臓疾患が男性と比べて多様な症状を示すこと、それゆえに医療の現場でも適切に判断されてこなかったことはすでに性差医療の分野では有名な話です。ターラー氏はその事実を前提にした上で、さらに心臓リハビリテーションという実践に着目しました。それは心臓病の患者が、体力や気力を取り戻し、快適な日常生活に復帰することや、再発を防ぐために行うためのプログラムですが、その利用者には男性が多いのです。

心臓リハビリテーションには、主に医療施設での運動療法や理学療法士による生活指導・相談が含まれます。先行研究はなぜそこに女性が少ないのかについて、いくつかの要因を示唆しました。まず、医師の側に女性が興味を持たないとの先入観があるためそもそも心臓リハビリテーションを紹介しない傾向があるそうです。また、運動療法自体が高齢者女性向けに作られておらず、彼女たちが苦痛に感じる傾向が強いこと、そしてその世代の女性はいまだに夫の食事の世話など家庭責任を負っていて、同年代の男性に比べると施設に通いづらいといった事情も示されました。

ヴィタパッチは身体に装着して体調や運動に関する身体情報を伝達するウェアラブルデバイスで、遠隔の心臓リハビリテーションを可能にするために開発されています。それを用いてユーザーは身体情報を記録して、スマートフォンのアプリで確認したり、遠くにいる医療者の助言を受けながらリハビリしたりできるというわけです。

しかし高齢者の女性が特に使いやすくするためには、ジェンダー別の生活スタイルや、パッチを使ってくれそうな条件を知る必要があります。そのため、ターラー氏は「参加型アプローチ」という方法を用いました。それはエンジニアとターラー氏のようなジェンダー研究者とがチームを組み、その上で当初から想定されるユーザーや、直接治療に関わる医療関係者などの利害関係者（いわゆるステークホルダー）と複数回のワークショップやインタビューを行いつつ技術を開発するというやり方です。

ターラー氏によれば、エンジニアや技術のデザインを行う側はしばしばユーザーとして無意識のうちに自分自身を基準にして一般ユーザーを想定してしまうことがあるようです。たとえば、上記のデータパッチ開発現場では当初、パッチがうまく情報を拾えるかをテストするため、実験室でローイングマシンの運動を試したそうです。ローイングマシンは別名「ボート漕ぎマシン」と呼ばれ、その名の通り全身でボートを漕ぐ運動を模したものです。フィットネスクラブによくあるので、実験をする若手や男性の研究者には身近で「一般的」にみえる機器だったのかもしれません。しかし、心臓疾患を抱える、あるいはその予備軍の高齢者女性を想定する実験でローイングマシンの運動が適切とは思えません。

このように研究者が自分を投影したユーザー像を設定してしまうやり方を、ターラー氏は「『私』基準方法論（I-methodology）」と呼び、避けるべきものと考えています。そして、必要なのはむしろ一般性を追求することではなく、また、「女性」や「男性」という括《くく》りで考えることですらなく、目の前の個別の身体を持つ個人のことを考えながら技術を作ることだとしています。

このヴィタパッチはまだ開発途中のものです。ですが、プロジェクトの途中で新型コロナウイルス感染症の流行があり、男女を問わず遠隔医療の必要性が意識されたことで、プロジェクトは当初よりも広いニーズを見込めるものとなったそうです（Thaler 2022）。ターラー氏の取り組みは少なくとも「女性やマイノリティがよいアイデアを出し、それを市場が採用した」という単純なサクセスストーリーではありません。フェミニストが既存の市場から距離を取り、かつ技術イノベーションの開発過程そのものを変えていく試みであることは確かでしょう。ＧＩにはこのように、さまざまな立場からの多様な実践が含まれています。

おわりに――フェミニズムの葛藤そのものの場としてのＧＩ

ＧＩは一つの理念でまとまった営みではありません。シービンガー氏の率いるスタンフォード大の同プロジェクトサイトは、セックス・ジェンダー分析の手続きを体系的に示しはしますが[*5]、その具体的な実践についてはＧＩに関心を持った各国、各地域の人達に委《ゆだ》ねる姿勢を示しています。

同プロジェクトの強みは、「これこそがお手本」という研究を率先して実践することではなく、二〇〇人以上の各分野の専門家が常時、世界中のＧＩに関連する研究を調査し、そのレビューを更新し続けていることです。

扱われる領域は、前述の生命科学における基礎科学的研究から、地球環境問題、医療研究、ロボットや情報機器などの技術開発、さらに最近では都市計画や税制など、社会科学も関わる学際領域研究が並んでいます。また、近年では単に女性一般を扱うのではなく、人種や経済格差が複雑に絡むマイノリティの問題や、ＬＧＢＴＱに関連する課題なども扱うようになっています。前節のターラー氏のような事例も踏まえれば、この多様性の中にフェミニズムの複数の立場もかなりの程度は包摂されているといえそうです。

また、シービンガー氏は前述の通り、思想に基づく事例分類を行うことには禁欲的ですが、それでも同サイトにおいてフェミニスト的な方針が示される場合があるように私には感じています。

たとえば、二〇二三年一月に、ＧＩのサイトではフェムテック企業エヴィ（Evvy）による膣内の細菌のあり方から健康状態を調べるためのキットと、日本の企業リング・エコーによる乳房用の超音波画像診断装置が事例として紹介されました。ここで述べた「フェムテック」は、ＧＩとは半ば独立に近年、主に女性の起業家を中心に広まっている女性の健康のための技術的な商品を総称する言葉です。とりわけ市場が大きいのは月経管理アプリなど生殖に関する情報を扱うものです。しかし、ＧＩで紹介されたのはそのような「よく売れている」わかりやすい商品とは少し違うものでした。選ばれたのはいずれも、従来の医療や社会の規範から女性を解放する方向性を持ったサービスだったのです。

まず、エヴィのキットは妊娠・出産に関わりなく、医師とは独立に自分の膣の健康を調べるためのものです（図1）。すなわちそれは、自分で自分の膣を理解するための製品なのですが、これは「他人に性器を任せない」を推奨してきたフェミニズム的な性教育に沿っています。というのも、かつて女性は自分や他人の女性器がどういう形をしているかをほとんど知ることがありませんでした。それなのに、夫と医療者だけがそれを見て知っているという非対称な関係性があったのです。それを踏まえると、過去を乗り越えて自分の身体を知り自分のものにする、というメッセージをエヴィの商品は持っているといえます。

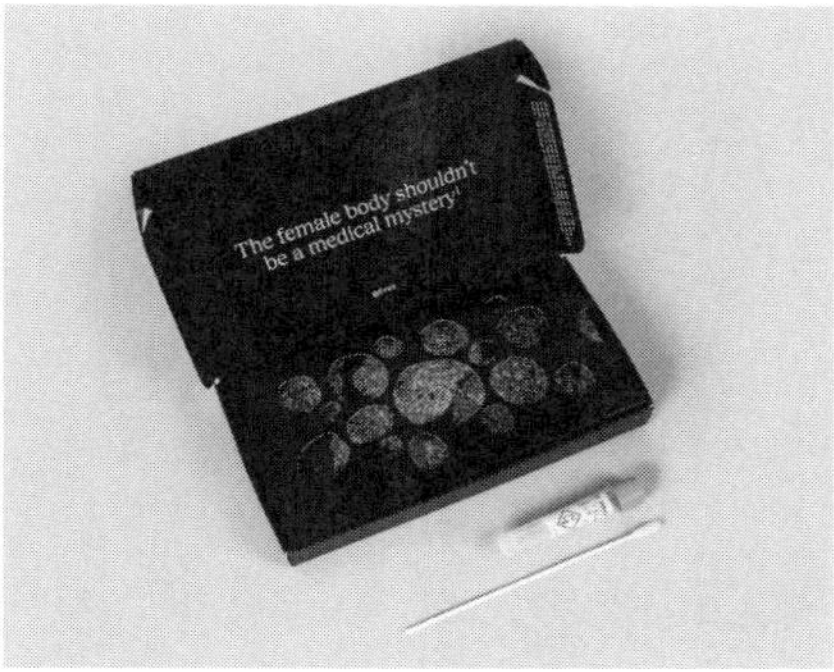

図１　エヴィ［許可を得て掲載］

リング・エコーの装置は、従来の乳房用Ｘ線画像診断装置（マンモグラフィー）や医療者の手による超音波診断に代わるものとなる可能性を秘めています（図2）。従来のマンモグラフィーは、女性の乳房をプラスチック板でぎゅっとつぶして画像を撮るという辛いものですが、リング・エコーならば乳房をほとんど変形させずに画像を撮影できます。また、従来の超音波診断のように手で触られることもありません。まだ普及している機器とはいえず、通常の健康診断の現場には見当たりませんが、今後は普及していく可能性があります。

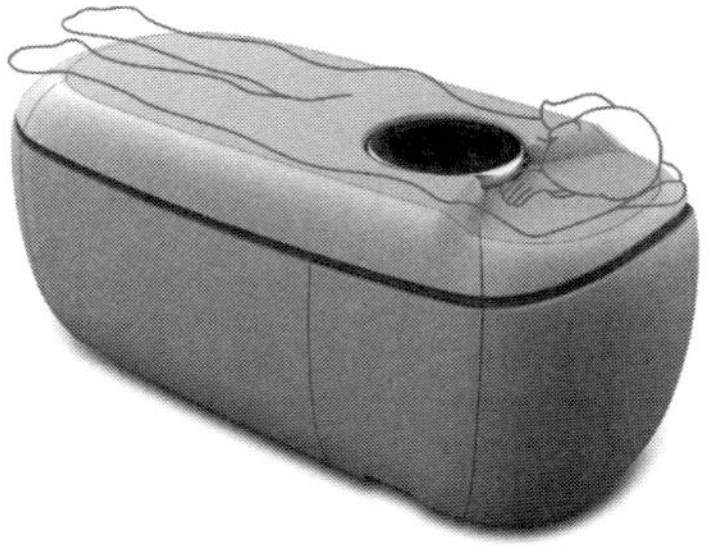

図2　リング・エコー［許可を得て掲載］

このようにＧＩの実践は内実として多様でありながら、その事例紹介には一定のフェミニズム的方向性が示されています。また、税制の例のように、ＧＩの一部は経済学などの社会科学にも及びつつあるため、ジェンダー平等のための政策理論の提案を通じて、将来的には市場やイノベーションのあり方そのものを変質させる潜在性を秘めているとはいえます。しかしその一方で、まったくその逆の方向性、たとえば、ネオリベラルな市場に適合的な先進国の女性と、そうでない女性との間に格差を広げるような実践の積み重ねに向かうリスクも残ってはいます。

その中核が思想性よりは「実践」に徹するものである限り、ＧＩは広く普及し、多様化して、あらゆる可能性を秘めた緊張感ある営みであり続けるのでしょう。その未来は見守る私たちにかかっているともいえます。

注

＊1　フェミニズム一般については清水（二〇二二）を参照。

＊2　ＲＩＳＴＥＸ二〇二二年度採択・企画調査「FemTech（フェムテック）のＥＬＳＩ検討に関する企画調査」（代表者：標葉靖子／実践女子大学）の助成により実施。

＊3　実際のテクノロジーがどのように社会経済的に構築されているのかを分析しながら、既存のジェンダー間における不平等や権力関係を覆す具体的方策を構想していこうとする立場。

＊4　Dr. Anita Thaler, IFZ (Interdisciplinary Research Center) - Project VITAPATCH: https://youtu.be/gwq-R-gOB4o?si=xE4oajxcLf_E11od（二〇二二年一二月四日）

＊5　これらの手続きに関しては巻頭の「セックス分析」「ジェンダー分析」の図を参照。

参考文献

ゴダン、ブノワ（二〇二一）『イノベーション概念の現代史』松浦俊輔訳、名古屋大学出版会。

清水晶子（二〇二二）『フェミニズムってなんですか？』文春新書。

ハーディング、サンドラ（二〇〇九）『科学と社会的不平等――フェミニズム、ポストコロニアリズムからの科学批判』森永康子訳、北大路書房。

Bührer, Susanne und Martina Schraudner, Hg. (2006) *Gender-Aspekte in der Forschung: Wie können Gender-Aspekte in Forschungsvorhaben erkannt und bewertet werden?,* Karlsruhe: Fraunhofer Verlag.

Picardi, Ilenia (2022) “Making gendered science: a feminist perspective on the epistemology of innovation based on science and technology studies,” in B. Owalla, T. Vorley and H. L. Smith, eds., *Gender, Diversity and Innovation: Concepts, Policies and Practice,* Cheltenham: Edward Elgar Publishing, 167–184.

Schiebinger, Londa, ed. (2008) *Gendered Innovations in Science and Engineering,* Stanford: Stanford University Press.

Tannenbaum, C., R. P. Ellis, F. Eyssel, J. Zou, and L. Schiebinger (2019) “Sex and gender analysis improves science and engineering,” *Nature* 575: 137–146.

Thaler, Anita (2022) “Saving lives with gender studies? Putting technofeminism into practice,” in E. T. Pereira, C. Costa, and Z. Breda, eds., *Proceedings of the 4th International Conference on Gender Research,* University of Aveiro, Portugal.

Wajcman, Judy (2004) TechnoFeminism, Cambridge: Polity Press.

第3章

RRIとジェンダード・イノベーション

標葉隆馬

はじめに

本章では近年の科学技術社会論ならびに科学技術政策の中で重要なキーワードとなっている「責任ある研究・イノベーション（Responsible Research and Innovation：RRI）」の議論に注目し、その中でジェンダーに関わる論点がどのように扱われてきたかについて検討します。RRIの議論の射程は多岐にわたりますが、ここでは特にRRIにおける鍵概念である「包摂」とその評価に関わる視点に注目して、これまでの議論を概観することにしたいと思います。その上で、そのような「包摂」の視点からCOVID-19をめぐる科学技術政策的展開の中で、リスクがジェンダーに応じて不平等に分配されることへの関心が強調されている様子を確認し、最後にジェンダード・イノベーション（以下、ＧＩ）の議論との関係性について素描します。これらの作業によって、必ずしもルーツを同一なものとしているわけではないＲＲＩとＧＩの二つの議論における連関の様子についてより理解が深まると思います。

1. 責任ある研究・イノベーション（ＲＲＩ）

科学技術研究の急速な発展によって生み出された多様な知識は、現代社会にとってなくてはならないものです。しかしながら、そのようにして生み出されてきた先端的な知識は、そのまま社会の中に実装・活用されていくわけではありません。その知識が社会の中で実装され、根付いていくためには、科学的な安全性の確保や、現行法制との関係性、（ＡＩ技術や脳情報の活用などでは特に課題になる）プライバシーの保護の問題といった課題はもちろんのこと、さまざまな技術が軍事転用されたり、あるいは思いもよらない形で悪用されるといった課題（デュアルユースやマルユースと呼ばれています）、万が一の場合の責任や補償ならびにより良い規制や政策のあり方などを含めたガバナンスなど、多岐にわたる課題を考慮する必要があります。

さらには、その新しい科学技術や知識は「誰に」・「どのような」ベネフィットをもたらすのか、それは図らずも特定の層に差別や不公正を生み出すなど、リスクの不均衡な配分を生成・強化するようなことはないかといったテーマも慎重に検討されることもまた必要です。このような多様な論点群は倫理的・法的・社会的課題（Ethical, Legal, and Social Issues：ＥＬＳＩ）と総称され、[*1] 先端知識の社会におけるあり方を考える上で、現在では避けて通ることのできない議論の前提となっています。

実際のところ、ＥＬＳＩという言葉は使われなくとも、関連する議論はもっと以前より行われており、その源流は深いところにあります。しかしながら、特に最近の議論の流れとしては遺伝子組換え生物（Genetically Modified Organisms：ＧＭＯ）をめぐる社会的議論の経験と教訓などを踏まえながら、生命科学のみならずナノテクノロジー、人工知能、合成生物学などをはじめとした萌芽的科学技術の各分野において、研究開発の初期段階からその科学技術が持つ正負両面にわたる幅広い影響についてＥＬＳＩを含め多角的に検討する機運が高まっていくこととなったことは重要です。

そしてこのような科学技術あるいは先端的な知識がもたらす幅広い影響を視野に収めた議論は、最近ではＲＲＩの枠組みの下で議論されることが増えてきました。ＲＲＩの基本的なアイディアは、多様な問題意識や価値観を包摂し、知識生産の過程自体が省察を伴い、得られた課題や反省のフィードバックを踏まえてイノベーションを進めることにあります（標葉 二〇二〇）。

イノベーション・プロセスの正統性・妥当性・透明性が向上することで、応答責任の所在の明確化、倫理的な受容可能性の向上、社会的要請への応答、潜在的危機への洞察深化などのポジティブな効果が増大すると期待されています。

RRIは、近年の科学技術政策の中でも度々言及されるキーワードです。特に欧州委員会を舞台として、二〇一四年一一月二一日に採択された『責任ある研究・イノベーションにおけるローマ宣言』[*2]では、「責任ある研究・イノベーションは、研究とイノベーションの価値・必要性・社会の期待を一致させる現在進行形のプロセスである」と表現されています。また宣言に先立って二〇一四年一月から開始された欧州委員会の科学技術政策枠組みであるホライズン2020では、基幹プログラムの一つとして「社会と共にある／社会のための科学（Science with and for Society）」プログラムが設定され、その中でRRIは中心的概念として位置づけられています。ホライズン2020では、このRRIの政策的な意味づけとして以下の事柄が挙げられています。

- 科学技術研究やイノベーションへのより幅広いアクターの参加
- 科学技術の成果（知識）へのアクセシビリティ向上
- さまざまな研究プロセスや活動におけるジェンダー平等の担保

- 倫理的課題の考慮
- さまざまな場面での科学教育の推進

そして現在では、たとえば「先見性」・「省察性」・「包摂」・「応答可能性」などの要素を基本的な鍵概念として、ＲＲＩをめぐる議論の理論的枠組みの検討が進みつつあります（Stilgoe et al. 2013）。そして、ＲＲＩは社会的なイノベーションの一つであると考えられており、「ＲＲＩは、現在における科学とイノベーションの集合的な管理を通じた未来に対するケアを意味する」とも表現されています（Stilgoe et al. 2013: 1570）。また、このような考え方から、ＥＬＳＩの議論が対象となる科学技術のリスク・ガバナンスに注目した議論であったのに対して、ＲＲＩの議論はイノベーション・エコシステムのあり方自体の省察的な検討を通じて「組織化された無責任」を超克しようとする試行錯誤の積み重ねであり、イノベーション・ガバナンスに着目した議論であると対比的に論じられることもあります（Guston 2014; 吉澤 二〇一三）。*3

2．RRI論の中の「ジェンダー」

ＲＲＩに関わる議論では、さまざまな立場や属性の人の価値観や視点を考慮すること、そして特にマイノリティの人びとが意思決定プロセスになんらかの形でより積極的な参加が可能になることなどが、「包摂」の視点の下で目指されています。そして、そこから派生してさまざまな施策が試みられています。先述のようにホライズン2020においても、種々の研究プロセスや活動におけるジェンダー平等の担保が重要課題として挙げられていたことは、象徴的です。[*4] ここではＲＲＩに関連する議論の中で、「ジェンダー」関連項目が設定されていることに注目してみたいと思います。

欧州委員会は二〇一四年にＲＲＩの指標に関する専門家会議を設置し、二〇一五年に報告書『ＲＲＩの促進とモニタリングのための指標』を公開しました。この報告書の中では、①包括的原理としての「ガバナンス」、②ガバナンスのための鍵となる領域として「市民参加（public engagement）」、「ジェンダー平等（gender equality）」、「科学教育」、「オープンアクセス」、「倫理」、③より一般的な政策目標としての「持続可能性」と「社会正義・包摂」、という計八つの領域の重要性が強調されています。この中で、「ジェンダー平等」は鍵となる領域の一つとして設定され、ＲＲＩの達成に関する評価指標の考案がなされています（表を参照のこと）。

この評価指標では、「プロセス指標」、「アウトカム指標」、そして「社会受容指標（研究とイノベーションがどのように社会に受け入れられるか）」という三つのカテゴリーにおける評価指標の試案が提示されていることが特徴的です（EU Commission 2015）。

欧州委員会における RRI 評価におけるジェンダー関連項目の視点

ジェンダー平等	
プロセス指標	・加盟国におけるジェンダー条件を明らかに含む研究助成プログラムの割合 ・(a) ジェンダー平等計画を持つ研究機関の割合、(b) ジェンダー平等計画の実装に関する明文化された文書を持つ研究機関の割合 ・特定の性の不利になるような労働環境上の障壁を最小化／縮小する特別な行動を明文化している研究機関の割合（例：労働時間の流動性） ・ジェンダーバイアスを強化するような組織文化を変えるための特別な行動を明文化している研究機関の割合 ・研究におけるジェンダー的側面についての包摂に関する研究者へのトレーニング／支援を提供している研究機関の割合 ・（初等・中等教育における）キャリア選択におけるジェンダー平等問題の改善を目指すプログラムを持つ学校の割合
アウトカム指標	・諮問委員会における女性の割合 ・専門家グループにおける女性割合 ・評価委員会における女性割合 ・（フルタイム換算における）ライフサイクルを通した研究プロジェクトにおける女性割合 ・PI における女性割合 ・研究論文において第一著者が女性である割合 ・ジェンダー分析や、研究内容がジェンダーに関わる研究プロジェクトの割合 ・研究の流動性プログラムに参加している女性の割合
社会受容指標	・（若者とその親における）科学におけるジェンダーの役割の受容状況（例：科学のキャリアは男女問わずに平等であると信じている若者の割合、子どもが性別に関係なくSTEM キャリアを目指す機会があると考える親の割合） ・ジェンダー平等に関連する研究・イノベーション領域において働く人の割合（例：研究・イノベーションにおけるキャリアを続ける機会が男性と平等であると考える女性の割合）

European Commission 2015 を元に筆者が作成した表を改変して提示（標葉 2020: 234–235）

ジェンダー平等に関するプロセス指標では、「加盟国におけるジェンダー条件を明らかに含む研究助成プログラムの割合」、「ジェンダー平等計画を持つ研究機関の割合」、「ジェンダー平等計画の実装に関する明文化された文書を持つ研究機関の割合」などジェンダー平等に関するアクションや方向性の明示などに注目がなされています。また「(初等・中等教育における)キャリア選択におけるジェンダー平等問題の改善を目指すプログラムを持つ学校の割合」など、特に理工系（STEMともよく表現される）[*5]分野の教育におけるジェンダー平等促進方策も視野に入っている点が特徴的と言えます。

またジェンダー平等に関するアウトカム指標では、専門の委員会等や研究室の主宰(Principal Investigator：PI）における女性比率、あるいは「研究論文において第一著者が女性である割合」などが指標として挙げられています。また「ジェンダー分析や、研究内容がジェンダーに関わる研究プロジェクトの割合」という形でジェンダー研究の推進自体も指標の一つになっていることも大きな特徴でしょう。

そしてジェンダー平等に関する社会受容指標では、総じてSTEM分野における女性の進学やキャリアパスに対する肯定感、あるいは性差によらないチャンスの平等性への信頼感に注目がなされています。

欧州委員会が二〇一八年に発行した『欧州における責任ある研究・イノベーション――R

RRIモニタリング指標報告書』では、二〇一五年報告で論じられた指標群を念頭に置きつつ、RRIを巡る評価指標の更なる検討に加えて、具体的なデータ取得先となるデータベースのリスト化[*6]とその分析結果の提示によるRRI取り組み状況の考察が試みられています（EU Commission 2018)。

3．「ジェンダー」の視点から考えるCOVID-19対応

本稿執筆現在においても、新型コロナウイルス感染症（COVID-19）のパンデミックは依然として続いています。そして世界各国でそのための対応が継続的に行われていますが、特に欧州を見るならば、COVID-19対応に関する科学技術政策の中でRRI、そしてジェンダーに関わる視点を見つけることは難しいことではありません。

COVID-19をはじめとして、パンデミックの負のインパクトは、感染による健康リスクと経済的なリスクのどちらもがより社会的に弱いグループ（女性やマイノリティ、高齢者など）により重くのしかかってくることが知られています。また国や地域のレベルで見ても、各種のインフラの不備に応じる形で、さまざまなリスクや経済的負荷がもたらされることになります。

災害研究の分野では、災害は平時からある「社会的脆弱《ぜいじゃく》性（social vulnerability）」が露呈す

る契機として捉えられています（Wisner et al. 2003）。すなわち平時から存在している経済的格差、地域格差、差別などの構造に応じて、そしてより社会的脆弱性を抱える地域や人ほど、リスクが不均等に分配されることになり、より大きな被害が降りかかるのです。パンデミックという災禍もこの例外ではありません。言うまでもなく、この問題はすぐれて人権に関わる問題でもあります。

たとえば世界保健機構（ＷＨＯ）の議論を見るならば、[*7] ＷＨＯはかねてより健康格差と社会的脆弱性（とりわけ経済的格差や差別）の関係性を繰り返し指摘してきました。たとえば、二〇〇八年の『健康の社会的決定要因に関する委員会最終報告書』や、翌二〇〇九年の『健康の社会的決定要因に取り組む活動を通じた健康の不公平性の低減』などはその代表的な例といえます。これらの議論の中では、日常生活状況の改善、権力・資金・リソースの不公平な分配の是正、ジェンダー平等をはじめとするテーマ群が、健康格差に関わる社会的決定要因の解消における重要な課題として認識されており、積極的な社会政策の実施が提案されています。今回のＣＯＶＩＤ－19のパンデミックにおいても、これらの議論の蓄積の上に、二〇二〇年一二月に『健康不平等と新型コロナウイルスの効果――より良い未来を構築するための健康への社会経済的インパクトの測定・対応・緩和』、二〇二一年一〇月には、『新型コロナウイルスと健康ならびに健康不平等に対する社会的決定要因――エビデンスのまとめ』といった報告や提言が公表されています（WHO 2020a, 2021; 標葉 二〇二一）。

これらの報告書では、ＣＯＶＩＤ－19の感染とリスクが、健康の社会的影響要因の分配不平等に応じて不均等に分配されていることが改めて強調されています。そして高齢者、障がい者、基礎疾患を持つ人びとのみならず、貧困層、低所得のエッセンシャルワーカー、マイノリティ、移民、紛争地域の住民、収監された人びと、ホームレスといった人びともまた特に高いリスクにさらされている人びととして挙げられています。そして、ワクチンや治療へのアクセスをめぐる不平等がしばしば差別（性差別や人種差別など）に紐づいて生じ、またパンデミックを契機として顕在化する経済的格差や不平等がやはりそのような差別構造の中でいっそう強化されるリスクに警鐘をならしている点も見過ごすことができません（標葉 二〇二一）。

ＷＨＯは、二〇二〇年五月にＣＯＶＩＤ－19に関わるジェンダーによる影響の差異についての声明である『ジェンダーとＣＯＶＩＤ－19――提言の概要』を公表しています。その中では、ＣＯＶＩＤ－19の影響に関わる性差やジェンダーに応じた検討が限定的であること（効果的な対応が阻害されるリスクにつながる）、ロックダウン中の女性と子どもへの暴力、女性と女児の性と生殖に関する健康と権利へのアクセスの課題、医療従事者やソーシャルワーカーの女性が直面する感染リスクと社会的脆弱性の増大の問題、情報・予防・ケア・財政的あるいは社会的保護へのアクセス不平等が貧困層や社会的排除に直面する人びとにより影響を与えること（既存の不平等の悪化)、差別の増加やスティグマ化による効果的な感染症対策の阻害といった懸念点が提示されています(WHO 2020b; 標葉 二〇二一)。

このようなCOVID-19と社会的脆弱性に注目した議論は、欧州の科学技術政策におけるCOVID-19対応の議論にも多くの類似点を見ることができます。欧州連合ではCOVID-19パンデミックを受け、特別な政策対応を実施するために一五九億ユーロ相当の予算を緊急で用意しました。この中で、欧州委員会の科学技術政策枠組みにおけるホライズン2020から一〇億ユーロ相当(欧州委員会全体としては一四億ユーロ相当)がCOVID-19に関連した研究・イノベーションのための資金として拠出されています。

こうしてスタートした「新型コロナウイルス研究とイノベーション」プロジェクトでは、COVID-19と将来の新興感染症対策への準備も視野に入れながら、「社会・経済・行動」領域、ならびに「ジェンダー平等」領域が設定されています。紙幅の関係から詳細には立ち入ることはしませんが、これらの領域におけるプロジェクトの多くは、ホライズン2020における社会的挑戦プログラムの中の「変化する世界の中のヨーロッパ——包摂的、イノベーティブ、省察的な社会」領域を背景の一つとしてデザインされているものが多く、社会的格差やそれがもたらす人権への脅威といった問題、不平等の是正や社会正義といった課題までを視野に捉えることが目指されています。ここで、RRIの基本的な視座の一つが「包摂」であったことを思いだしてください。またこれらのプロジェクトでは「脆弱性」というキーワードがたびたび登場していることも注意してみるべきことです（標葉 二〇二二）。

社会的脆弱性の視点は、災害研究などにおいてきわめて一般的なものですが、ことパンデミックにおいても、感染のリスクやその後に訪れるさまざまな社会的・経済的リスクは、平時からある経済的格差、地域格差、差別などの構造に応じて、より脆弱性を抱える地域や人ほどより大きく不均等に分配されることは重要な視点となります。そしてこのような社会的脆弱性への視点は、広く科学技術一般に敷衍《ふえん》される必要があり、科学技術ガバナンスにおいても欠くことのできないものとして見られていると言えます。

4. RRIとジェンダード・イノベーション（GI）

GIは、科学史家ロンダ・シービンガーが提案したコンセプトです。研究開発のあらゆる段階に性差に関わる分析を組み込むことで、科学技術におけるジェンダー平等の実現、そしてイノベーション・プロセスにおけるさまざまなジェンダーバイアスの克服を目指す試みとして捉えられています。ジェンダーバイアスを持つ製品の事例としては、男性の身体モデルでの安全試験が行われてきた結果、車のシートベルトが女性、特に妊婦へのリスクを内包してしまっていることを指摘する研究などが有名です。このようなジェンダーバイアスによるリスク分配の不均衡事例は医療や他の分野においても指摘されつつあります（小川 二〇二〇）。このような視点で見たとき、先のＣＯＶＩＤ－19に関わる事例でも、女性に関するデータの不足などによるジェンダーバイアスのリスクに注意が促されていた点を想起することができるのではないでしょうか。

小川（二〇二一）がまとめているように、ＧＩのアクションが成立してきた背景には「女性と科学に関する欧州テクノロジー・アセスメント・ネットワーク（European Technology Assessment Network：ＥＴＡＮ）ワーキンググループ」の活動、特に『ＥＵにおける科学政策――ジェンダー平等の主流化を通して卓越性を推進する』や、第五期フレームワークプログラム（ＦＰ５）における『ヘルシンキ・レポート』などの展開が重要でした。そのような素地の上で、二〇一〇年代に入るとＧＩのプログラムへの注目がより鮮明となっています。このような議論の蓄積と熟成を背景にホライズン２０２０がスタートし、ジェンダー平等、そしてＧＩの進展を進めるような研究・イノベーションとジェンダーの視点の統合の促進が目指されるようになっていきました。

そうはいっても、ＲＲＩの議論がＧＩの議論からどの程度影響をうけたのかという点を明瞭に判別することは容易ではありません。それぞれの議論は、少なくとも部分的には類似の視点を通底して持っていますが、異なるルーツを持つ議論でもあるからです。しかしながら、関連する分野の研究者は多少なりとも重なっているため、陰に陽に相互に影響を与え合っています。そして何よりも、ＧＩに関わる政策的な議論と、実質的な研究プログラムとしての実装は、ＲＲＩの議論と時を同じくして生じてきたものです。単純な事実としても、ＲＲＩをめぐる議論、そして評価指標の中で「ジェンダー」は重要なキーワードとなっており、科学研究におけるジェンダー平等や、ジェンダー研究そのものの促進、そしてジェンダーの視点の研究・イノベーションプロセスへの導入につながっていったことは十分に注目に値するでしょう。

先に見たように、パンデミックにおける政策的展開を見ても、「包摂」の視点への立脚をはじめとして、ジェンダーに関わる視点を研究へ導入する動きは、近年さらに積極的な展開を見せています。今後の展開を占うことは簡単ではありませんが、少なくとも今行われているジェンダーへの視座、そしてその視点を活用した議論やイノベーションの志向が退行するような状況はあまり想像できません。むしろ、もっと積極的な議論になっていくかもしれません。たとえば、最近では「交差性（intersectionality）」への注目が大きくなっています。そのことを踏まえるならば、ＲＲＩやＧＩが目指したバイアスの克服や包摂的な視点はより拡大を伴う方向性へとシフトしていくように思われるのです。

おわりに

本章では、現在の科学技術社会論や科学技術政策の議論において注目を集めるRRIの議論、その中でも特に「ジェンダー」に関わる部分に注目し、その概要を記述してきました。その作業を通じて、科学技術のプロセスにおけるジェンダーに基づくバイアスと格差の克服、またSTEM分野における女性やマイノリティの参加、そしてジェンダー研究そのものの促進などが試みられていることを確認してきました。このような視点は、パンデミックをめぐる議論でも通底しており、感染症そのもの、そしてそれに伴う社会的・経済的な不利益が性差別的な構造に付随してリスクの不平等的分配につながっている点への強い関心がもたれています。

このようなRRIに関わる議論とGIをめぐる議論の影響関係をつぶさに検証することは今後の課題ですが、少し異なるルーツを持ちつつも時を同じくして興隆してきた議論でありまた多くの通底する視点・論点があります。また今後においては、交差性に関する議論の導入なども期待されます。

このような議論の蓄積と今後の展開は、日本における科学とジェンダーをめぐる課題群、さらにはより広い文脈における各種の格差や差別構造の克服においても有効な示唆を与えてくれるのではないでしょうか。

謝辞：筆者は、本テーマに関連して、ＪＳＴ－ＲＩＳＴＥＸ『科学技術の倫理的・法制度的・社会的課題（ＥＬＳＩ）への包括的実践研究開発プログラム』「萌芽的科学技術をめぐるＲＲＩアセスメントの体系化と実装」ならびに科学研究費補助金「インパクト評価再考――責任ある研究・イノベーションの視点から」の助成を受けました。

注

＊１　ＥＬＳＩという言葉の登場と普及は、ヒトゲノム計画を契機としています。ヒトゲノム計画では、予算の三～五％をＥＬＳＩの研究にあてる研究プログラムが登場し、ヒトゲノム解読が持つ社会的なインパクトやＥＬＳＩの予測・検討、またそれらのテーマをめぐる情報共有と社会的議論の促進などの目的が設定されました。より詳細な歴史については見上（二〇二〇）を参照してください。

＊２　https://ec.europa.eu/newsroom/dae/document.cfm?doc_id=8196（最終アクセス二〇二三年一〇月一一日）

＊３　なお、ＲＲＩをめぐる議論の背景には、「リアルタイム・テクノロジーアセスメント（Real-time

Technology Assessment)」や、「先見的ガバナンス（Anticipatory Governance)」など、先端科学技術がもつ社会への複雑な作用や課題を可視化し、幅広いステークホルダーとの熟議を伴うより良い意思決定のあり方を模索する議論の蓄積があります（Guston snd Sarewitz 2002; Guston 2014; Stilgoe and Guston 2017; 標葉 二〇二〇)。

＊4　なお、二〇二三年一〇月一日現在の米国においても、バイデン政権下ではＳＴＥＭ領域（注5を参照）におけるジェンダー平等や、マイノリティ参加は科学技術政策における重要政策の一つとなっています。

＊5　科学（Science)・技術（Technology)・工学（Engineering)・数学（Mathematics）の頭文字をとってＳＴＥＭ領域と総称されています。

＊6　ユーロスタット（Eurostat）やパットスタット（Patstat)、スコパス（SCOPUS）などがあります。

＊7　本節は標葉（二〇二一）ならびに標葉（二〇二二）が元となっています。紙幅の問題から、ＷＨＯや欧州委員会の報告書や各種政策プログラム等の詳細情報は省略していますが、詳しくは、標葉（二〇二一）などを参照してください。

参考文献

小川眞里子（二〇二〇）「科学とジェンダー」藤垣裕子編『科学技術社会論の挑戦2　科学技術と社会——具体的課題群』東京大学出版会、八五〜一〇五頁。

小川眞里子（二〇二一）「ＥＵにおけるＳＴＥＭ分野のジェンダー平等——欧州委員会の取り組みを中心に」河野

銀子・小川眞里子編『女性研究者の支援政策の国際比較——日本の現状と課題』明石書店、七三〜九三頁。

標葉隆馬（二〇二〇）『責任ある科学技術ガバナンス概論』ナカニシヤ出版。

標葉隆馬（二〇二一）「新型コロナウィルス感染症（ＣＯＶＩＤ‐19）をめぐる倫理的・法的・社会的課題（ＥＬＳＩ）の視点」『研究 技術 計画』三六巻二号、一四〇〜一五四頁。

標葉隆馬（二〇二二）「新型コロナウィルス感染症（ＣＯＶＩＤ‐19）と倫理的・法的・社会的課題（ＥＬＳＩ）」林良嗣・森田紘圭（編）『感染症とソーシャルディスタンシング——ＣＯＶＩＤ‐19による都市・交通・コミュニティの変容と設計』明石書店、二〇〜四五頁。

見上公一（二〇二〇）「「参加のテクノロジー」としてのＥＬＳＩ——ＥＬＳＩ概念の文脈依存性に関する考察」『慶應義塾大学日吉紀要 社会科学』三一号、一〜二五頁。

吉澤剛（二〇一三）「責任ある研究・イノベーション——ＥＬＳＩを超えて」『研究 技術 計画』二八巻一号、一〇六〜一二二頁。

European Commission (2015) *Indicators for promoting and monitoring Responsible Research and Innovation.*

European Commission (2018) *Monitoring the Evolution and Benefits of Responsible Research and Innovation.*

Guston, David H. (2014) "Understanding 'anticipatory governance'," *Social Studies of Science* 44(2): 218–242.

Guston, David H. and Daniel Sarewitz (2002) "Real-time technology assessment," *Technology in Society* 24(1–2): 93–109.

Stilgoe, Jack and David H. Guston (2017) "Responsible Research and Innovation," in U. Felt, R. Fouché, C. A. Miller, and L. Smith-Doerr, eds., *The Handbook of Science and Technology Studies,* Fourth Edition, The MIT Press, 853–880.

Stilgoe, Jack, Richard Owen, and Phil Macnaghten (2013) "Developing a framework for responsible innovation," *Research Policy* 42(9): 1568–1580.

WHO (2020a) *Health inequity and the effects of COVID-19: Assessing, responding to and mitigating the socioeconomic impact on health to build a better future.*

WHO (2020b) *Gender and COVID-19: Advocacy brief.*

WHO (2021) *COVID-19 and the social determinants of health and health equity: Evidence brief.*

Wisner, Ben, Piers Blaikie, Terry Cannon, and Ian Davis (2003) *At Risk: Natural Hazards, People's Vulnerability and Disasters* (Second Edition), Routledge.

第4章

生命科学分野におけるジェンダード・イノベーション

佐々木成江

はじめに

地球上には、既知のものだけでもおよそ二〇〇万種の多種多様な生物が存在します。それら生物の多様化は、地球上に生命が誕生してからおよそ四〇億年をかけた歴史の結果ですが、その中でも性の獲得は遺伝的多様性をもたらし、種の存続にとって大きな役割を果たしています。生物にとって、生殖は子孫を残すために必須のものですが、性は生殖のみに重要なのでしょうか。近年、生殖に関わらない臓器や細胞でも性に基づく差異（性差）があることがヒトや動物などで次々と明らかになってきています。生命科学分野における性差研究は、健康や医療の発展にもつながるためにジェンダード・イノベーション（以下、ＧＩ）の中でも最も進んでいます。本稿では、アメリカを中心に生命科学分野において性差研究が着目されてきた歴史的背景や生命科学分野におけるＧＩについて研究事例を交えながら紹介します。

1. 歴史的背景

生命科学分野において、性差研究が重要視されるようになった背景には、アメリカにおける女性の健康に対する意識向上があります。従来、女性のホルモン周期は研究や治験の結果に影響をあたえる因子であることは認識されていながらも、男性と女性の間で疾病や治療に対する反応に大きな差はないと広く信じられていました。そのため、ホルモン周期の影響のない男性を被験者として臨床研究が計画され、その研究成果がそのまま女性に当てはめられていました。また、一九七七年には妊娠の可能性がある女性を初期段階の臨床試験から除外すべきというガイドラインを米国食品医薬品局（以下、ＦＤＡ）が出したことで（U.S. FDA 1977）、以後十数年にわたって女性が薬の治験からほぼ完全に除外されてしまいました。このガイドラインは、一九六〇年から一九七〇年代に生じたサリドマイド薬害事件やジエチルスチルベストロール薬害事件[*2]の悲劇を重く受けてのことだったのですが、女性を守る一方で、女性の健康に関するデータが大きく欠落することになりました。

そのような中、米国公衆衛生局は女性の健康に関する懸念や課題に対処するために特別専門委員会を設立し、一九八五年に「女性の健康に関して今まで研究不足であり、あらゆる年齢層における女性に特有な病態および女性に多くみられる症状や疾病についての生物医学的および行動学的研究が行われるべきである」という提言を行いました（U.S. Public Health Service 1985）。翌一九八六年には、米国国立衛生研究所（以下、ＮＩＨ）は、女性および少数民族の参加を強く推奨する政策とガイドラインを発表し、収集されたデータを性別や人種ごとに分析し報告することや多様な人びとが参加するように研究計画を設計するべきという方針を示しました。

しかし、米国会計検査院（以下、ＧＡＯ）により、それらの方針がほとんど実施されていないことが指摘され（U.S. GAO 1990）、ＮＩＨは女性の健康に関する研究を推進するための女性健康研究局を設立しました。また、閉経後を対象とした女性の健康イニシアティブ・プロジェクトを開始し、一九九三年にはＮＩＨ活性化条例により資金を提供する臨床研究に女性と少数民族を含めることを義務付けました。

GAOはFDAに対しても、「処方薬検査において性差についてさらなる研究を確保する必要がある」という報告をまとめ（U.S. GAO 1992）、FDAは女性を臨床試験から除外すべきとした一九七七年のガイドライン内容を改定しました（U.S. FDA 1993）。また、一九九八年には治験新薬および新薬申請の際に、性別、年齢、人種ごとに安全性と効能に関するデータ提示することを義務付けました（U.S. Department of Health and Human Services 1998）。

さらに、米国保健社会福祉省も、一九九六年よりさまざまな大学や医療機関に、研究、臨床活動、教育、女性リーダーの育成、地域サービスなどを通じて女性の健康に関する包括的なプログラムを提供するナショナルセンターを設立しました。

このようにアメリカでは、一九九〇年代に政府機関による女性医療関係の部署やセンターの設立が相次ぎました。それらの取り組みの結果、同一疾患でも男女で差があることが次々とわかり、性差に着目した性差医学・医療という新しい分野が誕生しました。

また、同時に性差医学の基盤となる生物学的な研究の重要性も認識され、一九九九年には公共団体と民間企業の要請により米国国立科学アカデミーは「セックス差とジェンダー差の生物学を理解するための委員会」を設置しました。二年後に出版された報告書では、生物学的な性差が男女の健康や病気にいかに関連しているかについてさまざまな科学的データが示され、性が基礎研究や臨床研究において考慮されるべき重要で根本的な変数であるということが強調さ

「セックス差とジェンダー差の生物学を理解するための委員会」による14の提言

①細胞レベルでの性に関する研究を推進する
②子宮から墓場までの性差を研究する
③（ヒトとは）異なる種の情報を利用する
④自然に発生する変異を調査する
⑤脳の構造と機能における性差の研究を拡大する
⑥男女が罹患するヒトの全疾患について、性差と類似点をモニターする
⑦セックスとジェンダーという用語の使い方を明確にする
⑧性差に関する追加研究を支援し、実施する
⑨性別に応じたデータをより簡単に利用できるようにする
⑩生物学研究材料の由来となる性別を同定し、開示する
⑪縦断的研究は、その結果を性別ごとに分析できるように実施し、構築すべきである
⑫研究対象の内分泌状態を同定すべきである（分析において可能な場合には考慮すべき重要な変数である）
⑬性差に関する学際的な研究を奨励すべきである
⑭同定された性差に基づく差別の可能性を減らす

れました（Wizemann and Pardue 2001）。

また、報告書の中では、生物学的な研究を進めるために一四の提言もなされています。これらの提言は、その後の生物学的な性差研究に関するガイドラインや制度にも大きな影響を与えています。提言の①から⑥までは研究に関する奨励事項、⑦から⑭までは研究を進歩させるための奨励事項となっていますが、なかでも、提言⑦では、生物学的な性（セックス）と社会文化的な性（ジェンダー）を明確に使い分けるべきとしています。これは、セックスとジェンダーという用語が科学論文や政策などで同義語のように扱われていることで大きな混乱が生じており、正確な研究や報告、議論のためには区別する必要があったからです。また、歴史的に性の研究は差別的慣行に結びつくことが多く、そのようなことが繰り返されないよ

うに提言⑭では性差の生物学に関する倫理的な研究により差別が行われる可能性を減らすべきとしています。

このように、一九八〇年代半ばから二〇〇〇年代初頭にかけて、女性の健康から性差医学、そして性差医学から性差生物学へと視点が大きく広がり、生命科学分野全体における性差研究の重要性が認識されることになりました。

さらに、二〇〇五年には、スタンフォード大学のロンダ・シービンガー教授によりＧＩが提唱されました。ＧＩは、科学技術分野における研究のデザインに性差分析を入れることで、新しい発見やイノベーションが生まれるという概念です。ＧＩでは、性差研究の対象を生命科学分野だけではなく、工学や環境分野にも広げています。また、近年では、性差だけではなく性自認、年齢、人種、民族、障がいなども同時に考慮した交差性分析を積極的に取り入れることも推奨しています。

2. 疾患に関する性差研究

病気の発症のしやすさは、男女で異なることがあります。骨粗しょう症の有病率は女性の方がおよそ一五倍も高く、痛風はおよそ三五倍も男性の方が高くなっています。女性は、もともと最大骨量が男性より少なく、かつ骨の吸収を抑制する働きをもつエストロゲン（女性に多い性ホルモン）の卵巣からの分泌量が閉経期により急速に低下するので、更年期以降に骨粗しょう症になりやすくなります。また、エストロゲンには、腎臓で尿酸の排泄を促進する働きもあるために、女性の血液中の尿酸値は男性よりも低く保たれており、女性は痛風をほとんど発症しません。

女性の方が多い主な病気	
骨粗しょう症	15.1倍
鉄欠乏性貧血	5.1倍
関節リウマチ	3.2倍
アルツハイマー病	2.5倍
血管性および詳細不明の認知症	2.3倍
脂質異常症	2.1倍
肝硬変（アルコール性のものを除く）	2.0倍

男性の方が多い主な病気	
痛風	34.7倍
アルコール性肝疾患	6.2倍
飲酒による精神および行動の障害	5.3倍
慢性閉塞性肺疾患	2.8倍
クローン病	2.3倍

ちなみに、骨粗しょう症は、女性の有病率が高いため、女性の病気と思われがちですが、男性も発症します。男性は、女性より発症年齢が一〇歳ほど遅く、七〇歳台では男性の骨粗しょう症による骨折は全体の三分の一を占めます。さらに男性は、骨粗しょう症による骨折の予後が悪く、死亡率は女性の二倍も高くなっています。よって、男性においても骨粗しょう症の検診や予防は重要になってきます。

また、同じ疾患でも、男女で病態が異な

ることもあります。たとえば、狭心症に関しては、男性では心臓の太い血管である冠動脈が動脈硬化によって狭窄することにより生じる労作性狭心症が多くみられます。一方、女性では、心臓の周りの微小血管の異常による微小血管狭心症が多くみられ、特にエストロゲンが急速に低下する閉経後に発症します。エストロゲンには、血管に対するさまざまな保護的作用があり、そもそも狭心症や心筋梗塞などの虚血性心疾患の発症率は男性の方が二〜四倍高くなっています。

微小血管狭心症は、一般的な狭心症検査である冠動脈造影では発見することができません。また、症状も労作性狭心症では狭心症に典型的な胸痛の症状を訴えることが多いのですが、微小血管狭心症では歯、あご、背中の痛みや吐き気など非典型的な症状です。そのため、診断がつかないことも多く、患者のＱＯＬ（Quality of Life：生活の質）が著しく低下します。これらの問題に対応するために、微小血管狭心症を発見する診断や検査方法の開発や治療法の検討などさまざまなイノベーションが生まれています。労作性狭心症はニトログリセリンが効くのですが、微小血管狭心症ではあまり効果がなく、カルシウム拮抗剤が効きます。二〇一八年には、診断に関する国際統一基準が整備され、日本でも検査できる医療機関が少しずつ増えてきています。[*3]

他にもさまざまな疾患の発症や病態で男女に差が見つかっており、狭心症のように同じ疾患でも違う治療のアプローチが必要になってくることもあります。性差医学はその差を研究する学問であり、性差医療はその差を認識することで、男女それぞれに適した診断や治療法を見つけ、医療の精度と質を高めるためにあります。性差医療の対象となるのは、⑴男女比が圧倒的に一方の性に傾いている疾患、⑵発症率はほぼ同じでも男女間において臨床的に差が認められる疾患、⑶いまだ生理的・生物学的解明が男性または女性のいずれかにおいて遅れている疾患、⑷社会的な男女の地位と健康状態に関連性が認められる疾患などです。

日本では、一九九九年に天野恵子医師により性差医学・医療が紹介され、二〇〇一年には実践の場として鹿児島大学に国内初の女性専用外来が創設されました。女性専用外来は、今では日本全国に広まっています。また、二〇〇三年には「性差医療・医学研究会」が発足し、のちに日本性差医学・医療学会へと発展しました。二〇二一年には、学会の取り組みとして性差医学・医療認定制度が始まり、日本の性差医学・医療の普及に大きく貢献しています。

3. 薬の効能や副作用に関する性差研究

薬の効能や副作用は男女で異なる場合があります。しかし、ほとんどの薬が男女で同じ処方であり、女性のほうが副作用を経験しやすくなっています。

二〇〇一年のGAOによる調査結果では「一九九七年から二〇〇〇年の間で生命を脅かす健康被害のために一〇品目の医薬品が市場から撤退し、そのうちの八品目に関しては男性に比べ女性に対する副作用の発生率が有意に高い」ということが示されました（U.S. GAO 2001a）。それら八品目の中の四品目は、女性に多く処方されているために女性での発生率が高かった可能性がありますが、残りの四品目は男女共に処方されていたにもかかわらず女性に副作用が多く生じていました。また、致死的な不整脈の原因となる心電図QT間隔[*4]の延長という副作用（QT延長症候群）が四つの薬で認められました。QT延長症候群は、さまざまなタイプの薬で生じることが知られていますが、もともと女性の方が男性よりもQT間隔が長いこともあり、発症率は女性の方が二倍以上も高くなっています。

薬の効能や副作用の性差が生じる原因の一つには、女性は男性よりも平均的に体格が小さいために薬の分布容積が小さく、かつ薬のクリアランス能力（薬物を代謝し、排泄する能力）も低い傾向があるために、同じ量の薬剤が体内に入った場合に女性の方が血中濃度が高くなりやすいということが挙げられます。

このような薬物動態の性差を分析した結果、服用量を変更した事例もあります。たとえば、ゾルピデムを主成分とする睡眠導入剤は、女性の方が残りやすく、服用八時間後の体内濃度が五〇ナノグラム毎ミリリットル以上となる割合は、女性の方が男性の五倍も多いことがわかりました。そのため、居眠り運転などのリスクが女性で高まる可能性があるということで、FDAは二〇一三年に女性の服用量を男性の半分に変更しました（U.S. FDA 2013）。

薬物動態の性差と副作用の性差との関係を網羅的に調べた研究では、FDA承認薬で男女別の薬物動態情報がある八六種類のうち七六種類で女性の方が残りやすいことが示されています（Zucker and Prendergast 2020）。また、それらの中で男女別の副作用情報が入手可能な五九種類の薬剤について調べてみると、女性で残りやすい薬の九六％において女性の副作用報告のほうが多い一方で、男性で残りやすい薬で男性の副作用報告が多いものは二九％しかありませんでした。よって、女性の場合は、薬物動態による性差により副作用の性差を予測できる可能性があります。しかし、現在のところ入手可能な男女の薬物動態のデータが少ないことが大きな課題となっています。

また、薬の効果や副作用の性差は、薬物に対する男女での反応性の違いにより生じることもあります。たとえば、頻尿などに対する薬であるデスモプレシンは、腎臓のバソプレシン受容体を活性化することで水分の再吸収を促進して尿量を減少させます。このデスモプレシンに対する反応性は男性よりも女性の方が高く、特に高齢の女性においてデスモプレシン投与により体内の水分量が過剰になり、低ナトリウム血症による脱力感やめまいなどの副作用が出やすくなります。そのため、EUとカナダでは、高齢の女性にはデスモプレシンの投与量を少なくすることが推奨されています（Juul et al. 2011）。このようなデスモプレシンに対する反応性の性差は、バソプレシン受容体の遺伝子がX染色体の不活性化を逃れやすい領域に存在しており、X染色体を二本持つ女性は一本しか持たない男性よりもバソプレシン受容体の発現量が多いためと考えられています。

このように薬物動態や薬物反応性の性差のメカニズムを解明することは、性別に応じた投薬や治療の開発を可能にし、より適した薬物治療のイノベーションにつながります。細胞や動物を用いた前臨床試験からヒト臨床試験において男女やオス・メスを含め、すべてのデータを性別ごとに分析、報告することも重要です。また、性ホルモンはさまざまな薬において性差への関与が報告されています。女性の場合は、性ホルモンは月経周期だけではなく年齢でも大きく変動するため、ライフステージの影響も考慮して解析する必要があります。

4．動物を用いた性差研究の重要性

動物実験でも、オスが多く使われています。たとえば、二〇〇九年に出版された生物・医学分野の論文で使用された動物は、生殖生物学と免疫学を除いたほとんどの分野において、メスの割合が低くなっています。特に神経科学（オス：メス＝五・五：一）、薬理学（五：一）、生理学で（三・七：一）と偏っており、免疫学では六〇％以上、一般生物学や神経科学および生理学では二二～四二％の学術誌で性別が明記されていませんでした（Beery and Zucker 2011；第Ⅲ部3の図も参照）。このように、動物研究の対象としてオスが多く使われてきた大きな理由は、メスは発情周期により研究結果にばらつきが生じる可能性があること、また発情周期の変動を考慮した研究は手間がかかり研究費もかかると考えられているからです。

しかし、近年、メスのマウスでの生理学的、形態学的、行動的特性に関する変動は、オスよりも有意に大きくはなく、代謝、ホルモン、形態に関してはむしろオスの変動の方がメスよりも有意に大きいことが神経科学分野の論文を用いたメタ分析により示されました（Prendergast et al. 2014）。また、集団飼育では両性共に変動が大きくなることから、動物実験でも社会的環境を考慮する必要があることもわかってきました。

動物実験においてオスとメスの両方を研究に含めることは、治療法や薬の開発に関するイノベーションのためにも非常に重要です。たとえば、慢性疼痛の有病率は男性に比べて女性が高いことが報告されているにもかかわらず、一九九六年～二〇〇五年に出版された痛みに関する論文を調査した結果では、七九％においてオスのげっ歯類のみが使用されていました（Mogil 2012）。しかし、メスを使った実験により、オスのマウス実験で得られていたミクログリアと呼ばれる免疫細胞ではなく、別の免疫細胞であるTリンパ球がメスの慢性疼痛過敏症に関与していることがわかりました（Sorge et al. 2015）。また、興味深いことに去勢によりテストステロン（男性に多い性ホルモン）濃度が低下した場合、メスとよく似た反応を示し、メスや去勢したオスにテストステロンを投与したマウスではオスと同じ反応を示しました。このことは、テストステロンが疼痛経路の制御スイッチであることを示唆しています。このような痛みの性差に関する分子メカニズムの解明により、今後、性差を考慮した鎮痛薬の開発も期待できます。

5. 細胞を用いた性差研究の重要性

多くの研究者は、細胞の性別をほとんど意識しておらず、細胞の性別を報告している論文も多くありません（Shah et al. 2014）。しかし、細胞の性別により差があるという証拠は増えており、それらの違いは多くの病気に対する感受性や経過、診断や治療に大きな影響を与え、イノベーションにつながる可能性があります。たとえば、マウス培養細胞ではメス由来とオス由来の細胞株でストレスに対する反応が異なります。この反応の差は、性ホルモンが作られる前の胎児の細胞から樹立した細胞株でも観察されるため、性ホルモンではなく染色体の違いによるものと考えられます（Penaloza et al. 2009）。また、多くの中枢神経疾患の罹患率には性差がありますが、培養したラットの神経細胞でも、さまざまな細胞障害薬剤に対する生存率がメス由来とオス由来の細胞株で異なることがわかっています（Du 2004）。これらのデータは、神経細胞の細胞死の経路に性差が存在する可能性を示しており、その差の分子メカニズムを明らかにすることで、性差を考慮した脳卒中や脳損傷の治療法の開発に応用できる可能性があります。

幹細胞にも性差があります。たとえば、筋由来幹細胞では、筋ジストロフィーを発症したマウスではメス由来のものを移植した方がオス由来のものよりも効率的に骨格筋を再生します。この再生能力は宿主の性別とは関係なく、細胞のストレス応答の性差による可能性が示されています。また、心筋虚血再灌流損傷を受けたマウスに対してメス由来の間葉系幹細胞を移植した方が心臓の保護機能が高く（Crisostomo et al. 2007）、心筋梗塞の治療においても幹細胞の性別を考慮することが有用かもしれません。さらに、造血幹細胞を用いた治療においては、幹細胞の性別、患者の性別、幹細胞の種類、治療する病気などの条件により生存率が変化することもわかってきています（Gahrton et al. 2005; Pond et al. 2006）。

6. 各国の取り組み

生命科学分野のＧＩを推進するために、さまざまな国の研究資金配分機関は、助成する研究に対して性差分析を求めるようになってきています。ＮＩＨも、細胞、組織、動物を用いる生物・医学研究において両性を適切に組み入れ、研究計画、分析、報告することを二〇一六年に義務づけました。また、多くの出版業界も、研究におけるセックスとジェンダー公正性のためのＳＡＧＥＲガイドライン（Heidari 2016）を採用し、論文投稿において細胞、組織、動物における性差を考慮することを求めるようになりました。

その結果、二〇一九年に出版された生物・医学分野の論文において両性の動物が使用された割合は、二〇〇九年と比較して一般生物学、免疫学、神経科学、生理学、薬理学、内分泌学、行動生理学、行動学の分野において大幅に増えています（Woitowich et al. 2020）。しかし、性別によるデータの分析が不十分であり、およそ三分の一の論文において使用したオスとメスの数が示されていませんでした（Garcia-Sifuentes and Maney 2021）。また、性別を要因としている論文でも性別に基づく統計分析が不適切であったり、結果の解釈が間違っていたりするものも多く存在しました。このような現状を改善するためには、研究者、査読者、論文編集者に対する性別を考慮した研究デザインと分析に関するトレーニングの開発、および研究配分機関や出版業界が方針を順守しているかを独自にチェックするシステムの構築が重要になります。

一方、日本でも、二〇二〇年に閣議決定された第五次男女共同参画基本計画の中に「体格や身体の構造と機能の違い、加齢に伴う変化など、性差等を考慮した研究・技術開発が求められる」という文言が折り込まれました。そして、二〇二一年には日本医療研究開発機構（ＡＭＥ

D）の「女性の健康の包括的支援実用化研究事業」において性差に着目した研究の公募も開始されました。また、二〇二三年には、競争的研究費に関する関係府省連絡会において「体格や身体の構造と機能の違いなど、性差を考慮しないまま研究開発を実施することで、その成果を社会実装する段階で社会に不適切な影響を及ぼす恐れのある研究開発については、性差を考慮して実施すべき旨を公募要領に記載すること」という申し合わせがなされました。

また、政府だけではなく民間の動きも出てきました。セコム科学技術振興財団は、多様な人びとの健康向上を目指し、筆者が領域代表を務めるジェンダード・ヘルスサイエンス領域を立ち上げ、性差を考慮した科学技術の社会実装に向けて研究助成を開始しました。病気のなりやすさや発症の仕方、病態などには人種差があることも知られています。今後、このような国内での助成金事業が増えることにより、日本人を含む東アジア人を対象とした性差分析が大きく進むことが期待できます。

おわりに

生命科学分野におけるＧＩを推進するさまざまな取り組みにより、生物学的な性であるセックスを変数として取り入れる研究が増えています。一方で、社会文化的な性であるジェンダーを変数として取り入れた研究は、ジェンダーを評価するための適切なツールが不足しているためにあまり進んでいません。しかし、セックスとジェンダーは相互作用して、生涯にわたる健康と病気のプロセスに影響を及ぼすため、生命科学分野における研究においてジェンダーを考慮することは非常に重要です。最近、そのような状況を改善するために、臨床試験で使用するジェンダー評価ツール（Nielsen et al. 2021）が開発されました。また、健康に影響する多様性の最小項目（ジェンダー、年齢、社会経済的地位、ケア責任、性的指向、民族性、宗教、障がい、精神的／身体的健康、差別経験）が検討され、それらの多様性に関するデータを収集するための簡潔で効率的な多様性評価ツールも開発されました（Stadler et al. 2023）。

今後、これらのツールを積極的に活用することで、さらに多様な人びとの健康や医療に役立つＧＩが生みだされ、誰ひとり見過ごされない包摂的な社会の実現につながることが大いに期待されます。

注

＊1　鎮静催眠薬剤やつわり薬として使用。服用した妊婦の胎児の手足に奇形が誘発された。

＊2　流産防止剤として使用。服用した妊婦の出生女児に膣がんが誘発された。

＊3　微小血管狭心症の検査を受けることができる医療機関を紹介しているサイト(https://site2.convention.co.jp/j-cmd/medical/kensa.html)。

＊4　心電図上で心臓が収縮し始めた時（Q波）から弛緩した時（T波）までの間隔。

参考文献

Beery, A. K. and Zucker, I. (2011) "Sex Bias in Neuroscience and Biomedical Research," *Neuroscience & Biobehavioral Reviews* 35(3): 565–572.

Crisostomo, P. R. et al. (2007) "In the adult mesenchymal stem cell population, source gender is a biologically relevant aspect of protective power," *Surgery* 142(2): 215–221.

Du, L. et al. (2004) "Innate gender-based proclivity in response to cytotoxicity and programmed cell death pathway," *Journal of Biological Chemistry* 279(37): 38563–38570.

Gahrton, G. et al. (2005) "The impact of donor gender on outcome of allogeneic hematopoietic stem cell transplantation for multiple myeloma: reduced relapse risk in female to male transplants," *Bone Marrow Transplantation* 35(6): 609–617.

Garcia-Sifuentes, Y. and Maney D. L. (2021) "Reporting and misreporting of sex differences in the biological sciences," *eLife* 2:10:e70817.

Heidari, S. et al. (2016) "Sex and Gender Equity in Research: rationale for the SAGER guidelines and recommended use," *Research Integrity Peer Review* 1: 2.

Juul, K. V. et al. (2011) "Gender difference in antidiuretic response to desmopressin," *American Journal of Physiology-Renal Physiology* 300(5): F1116-22.

Mogil, J. S. (2012) "Sex differences in pain and pain inhibition: multiple explanations of a controversial phenomenon," *Nature Reviews Neuroscience* 13(12): 859–866.

Nielsen, M. W. et al. (2021) "Gender-related variables for health research," *Biology of Sex Differences* 12(1): 23.

Penaloza, C. et al (2009) "Sex of the cell dictates its response: differential gene expression and sensitivity to cell death inducing stress in male and female cells," *FASEB Journal* 23(6): 1869–1879.

Pond, G. et al. (2006) "Long-Term Survival after Blood and Marrow Transplantation: Comparison with an Age- and Gender-Matched Normative Population," *Biology of Blood and Marrow Transplantation* 12(4): 422–429.

Prendergast, B. J. et al. (2014) "Female mice liberated for inclusion in neuroscience and biomedical research," *Neuroscience & Biobehavioral Reviews* 40: 1–5.

Shah, K. et al. (2014) "Do you know the sex of your cells?" *American Journal of Physiology-Cell Physiology* 306(1): C3-18.

Sorge R. E. et al. (2015) "Different immune cells mediate mechanical pain hypersensitivity in male and female mice," *Nature Neuroscience* 18(8): 1081–1083.

Stadler, G. et al. (2023) "Diversified innovations in the health sciences: Proposal for a Diversity Minimal Item Set (DiMIS)," *Sustainable Chemistry and Pharmacy* 33.101072.

U.S. Department of Health and Human Services (1998) *Investigational New Drug Applications and New Drug Applications, FDA; Final Rule* (21 CFR parts 312 and 314). Federal Resister 63: 6854–6862.

U.S. Food and Drug Administration (1977) *General Considerations for the Clinical Evaluation of Drugs.*

U.S. Food and Drug Administration (1993) *Study and Evaluation of Gender Differences in the Clinical Evaluation of Drugs.*

U.S. Food and Drug Administration (2013) "FDA Drug Safety communication: Risk of next-morning impairment after use of insomnia drugs; FDA requires lower recommended doses for certain drugs containing zolpidem (Ambien, Ambien CR, Edluar, and Zolpimist)."

U.S. General Accounting Office (1990) *National Institutes of Health: Problems in Implementing Policy on Women in Study Populations.*

U.S. General Accounting Office (1992) *Women's Health: FDA Needs to Ensure More Study of Gender Differences in Prescription Drugs Testing.*

U.S. General Accounting Office (2001a) *Drug Safety: Most Drugs Withdrawn in Recent Years Had Greater Health Risks for Women.*

U.S. General Accounting Office (2001b) *Women's Health: Women Sufficiently Represented in New Drug*

Testing, but FDA Oversight Needs Improvement.

U.S. Public Health Service (1985) *Report of the Public Health Service Task Force on Women's Health Issues.* Public Health Rep. 100(1):73–106.

Wizemann, T. M. and Mary-Lou Pardue, eds. (2001) *Exploring the Biological Contributions to Human Health: Does Sex Matter?,* Washington D.C.: National Academies Press.

Woitowich, N. C. et al. (2020) "A 10-year follow-up study of sex inclusion in the biological sciences," *eLife* 9:9:e56344.

Zucker, I. and Prendergast, B. J. (2020) "Sex differences in pharmacokinetics predict adverse drug reactions in women," *Biology of Sex Differences* 11: 32.

第５章

ＥＵにおけるジェンダード・イノベーションの展開

——性差分析の制度化を目指して

村瀬泰菜

はじめに

ジェンダード・イノベーション（以下、ＧＩ）の出発点は米国のスタンフォード大学にありますが、欧州においてもこの一〇年あまりで先進的な取り組みが重ねられてきました。本章では、欧州連合（ＥＵ）の研究・イノベーション政策におけるＧＩの展開を示します。この四半世紀にＥＵで行われた研究・イノベーション分野におけるジェンダー平等政策の潮流に、ＧＩ

はどのように位置付けられるでしょうか。また、二〇一〇年代以後のＧＩ研究は、目下どのような成果を生んでいるでしょうか。

以下では、ＥＵのジェンダー平等政策を概観し、ＧＩの歴史的位置付けを示します。その後、ＥＵにおけるＧＩ研究の成果として発行された二冊の報告書（図１）の内容をそれぞれ紹介します。一つ目の報告書は、二〇一三年発行の『ＧＩ――ジェンダー分析は研究にどう貢献するか』です（EC 2013）。もう一つは、その後続プロジェクトによる最新版の報告書『ＧＩ２――包摂的分析は研究・イノベーションにどう貢献するか』です（EC 2020）。本章では便宜的に前者を『ＧＩ』、後者を『ＧＩ２』と呼びます。

1. ＥＵの科学政策におけるジェンダー平等推進の流れ

ジェンダー平等の推進は、ＥＵの前身にあたる欧州経済共同体の設立条約であるローマ条約締結時から中心的な政策の一つとして掲げられ、賃金や社会保障などの面では比較的早くから取り組みがなされてきました。研究におけるジェンダー平等の推進が本格的に目指されるようになったのは、一九九七年にアムステルダム条約が締結されて以後のことです（EC 2011）。研究上のジェンダー平等を推進する戦略は、三つの目的に支えられています。一つ目は研究者としてのキャリアの各段階におけるジェンダーバランスを是正すること、二つ目は意思決定に関わる過程や組織におけるジェンダーバランスを保証すること、三つ目は研究・イノベーションの文脈にジェンダー次元（gender dimension）を統合することです（EIGE 2016：6）。

アムステルダム条約が施行された一九九九年には、欧州委員会（ＥＣ）が「女性と科学――欧州の研究を強化するための女性の動員」に関する指針を出し、研究・イノベーションにおける男女平等を促進するべく、加盟国と提携国の代表を集めたヘルシンキグループが設立されました。ヘルシンキグループの活動は、ジェンダーバランスに関する統計データを加盟国と準加盟国の国ごとに収集した報告書『シー・フィギュアズ』の発行（二〇〇三年）に結びつきました[*1]。二〇〇〇年には、加盟国の科学者たちから構成された専門家グループ「欧州テクノロジーアセスメント・ネットワーク（ＥＴＡＮ）」から、科学・技術分野の学生や研究者、プロジェクト責任者における女性の割合を調査した報告書『ＥＵにおける科学政策――ジェンダー平等の主流化を通じた卓越性の推進』が発行されています（EC 2000）。とは

図１　『GI』と『GI2』

いえＥＴＡＮ報告書は主に公的機関に注目していたため、産業界における女性研究者の活躍については情報が不十分なままでした。そこでＥＣは二〇〇二年に「産業研究における女性」という専門家グループを立ち上げ、欧州の産業界における女性研究者の状況を初めて調査しました。その結果をまとめた報告書『科学技術とジェンダー――ＥＵの女性科学技術者政策』では、加盟国間で大きな差があるものの、いずれの国においても産業研究者のうち女性の占める割合が三割を切ることが示されています（Rübsamen-Waigmann et al. 2003=2004）。

このように、二〇〇〇年代にはとりわけ研究者や意思決定者に女性を増やすための研究調査や取り組みが打ち出されてきました。その総括として、二〇一〇年には『ＥＣによる一〇年にわたる「女性と科学」政策の進捗評価』と題された報告書が出されています[*2]（EC 2010）。研究者と意思決定者に関して数の上でのジェンダー平等を目指す取り組みに加え、二〇一〇年頃からは科学・技術研究へのジェンダー次元の統合を試みる三つ目の目的が強化されてきました。二〇〇八年から二〇一〇年にかけては、ロンダ・シービンガーの率いるプロジェクトが行われ、二七の加盟国と六の提携国において一九八〇～二〇〇八年に実施されたジェンダーと科学に関する研究のメタ分析[*3]がなされました（Schiebinger and Klinge 2010）。

さらに二〇一一年にはシービンガーが議長を務める「ジェンダーを通じたイノベーション」と名付けられた専門家グループがＥＣにより招集されました。専門家グループの目的は二つありました。科学者や技術者に性差分析の実践的方法を提示すること、性差分析を用いた事例研究を充実させることです（EC 2013: 7）。性差分析（sex and gender analysis）とは、研究のあらゆる段階で生じうるセックスやジェンダーに関わるバイアスを制御することを目的として、GIにおいて用いられる研究上の分析方法を指します。専門家グループに対し、ECの研究・イノベーション総局は、研究助成プログラムであるFP7下の「社会における科学」プログラムの一環として、資金提供を行いました。二年間の調査の結果、二〇一三年に発行された報告書が『GI』です。二〇一八年からはホライズン2020下でその後続プロジェクトが実施され、二〇二〇年に『GI2』が発行されました。[*4]

これらの研究成果は、EUの科学政策に活用され、制度転換を図る礎となっています。ホライズン2020では研究・イノベーションにおけるジェンダー次元の統合とジェンダー平等の促進が優先事項として掲げられ、研究者は申請時に性差分析が研究の構想や目的にどう関係付けられるのかを説明するよう求められることとなりました。

その後続のホライズン・ヨーロッパではECが二〇二〇年に採択した「ジェンダー平等戦略2020〜2025」のもとで、あらゆる分野のジェンダー平等を促進しジェンダーに関する固定概念を明らかにするためのジェンダー研究や交差的な（intersectional）研究に積極的に資金提供がなされることになりました。[*5]ホライズン・ヨーロッパの第二の柱である「グローバルな挑戦と欧州の産業競争力」の第二クラスター「文化的・創造的・包摂的社会」には、社会・経済・文化的領域におけるジェンダー平等を促進するための研究支援が含まれています（EC 2020: 37–41)。またホライズン・ヨーロッパにおいては、申請要件としてジェンダー平等計画（GEP）を整備することや、研究・イノベーションの内容にジェンダー次元を統合することが加えられました。数の面でも、専門家グループや評価委員会などホライズン・ヨーロッパのプログラム全体を通じて女性の参画率を五〇パーセントに高めることが目標とされています。

EUにおける研究上のジェンダー平等推進の動きは、まず科学・技術研究におけるジェンダーギャップを統計的に把握し、研究者や意思決定者の女性数を増やすことから始まりました。それと並行してこの一五年余りでは、研究・イノベーションの過程にジェンダー次元を統合するための研究が蓄積され、制度化への歩が進められてきました。

次節以降では、EUにおいて研究・イノベーションにジェンダー次元を統合するためにどのような方法が求められるのか、『GI』および『GI2』の記述を追うことで明らかにします。

2.『ジェンダード・イノベーション』

『GI』の目的は、科学や技術研究の各分野において性差分析を実践的に用いるための分析

表１　『ジェンダード・イノベーション』の事例研究一覧

基礎科学

・動物実験
・脳研究
・性決定の遺伝学
・幹細胞

コミュニケーティング科学

・教科書

環 境

・気候変動
・環境化学物質
・住宅と近隣のデザイン

輸 送

・ヒトの胸部モデル
・旅客機利用者向け情報
・妊婦の衝突実験用ダミー人形
・公共交通機関

エンジニアリングと技術開発

・高齢者向け支援技術の市場開拓
・HIV[*1] 殺菌剤
・機械翻訳
・音声読み上げ機能
・ナノテクノロジーに基づいたHPV[*2] スクリーニング
・ビデオゲーム
・水インフラ

食と栄養

・ニュートリゲノミクス[*3]

保健と医療

・膝の脱ジェンダー化
・女性の心疾患
・男性の骨粗しょう症

EC（2013: 11）より作成

*1 HIV（ヒト免疫不全ウイルス）は AIDS（エイズ／後天性免疫不全症候群）を引き起こすウイルスで、現在は性行為による感染が最も多い感染経路となっています。
*2 HPV（ヒトパピローマウイルス）は主に性行為によって感染するウイルスで、感染部位により子宮頸がんや肛門がん、咽頭がんなどの種々の疾患の原因となります。
*3 ニュートリゲノミクスはニュートリション（栄養）とゲノミクス（遺伝子解析）を掛け合わせた語で、食品を摂取した際の体への影響を遺伝子発現のレベルで調べる研究分野です。

方法を示すことです。そのために当該プロジェクトでは、基礎科学、コミュニケーティング科学、環境、輸送、エンジニアリングと技術開発、食と栄養、保健と医療の七分野から計二三の事例研究[*6]が実施されました（表1）。これらはこの報告書が発行された翌二〇一四年から開始されたホライズン2020で優先課題として設定された研究分野を反映したものです。

報告書では用語集、事例研究一覧、事例研究の要約、性差分析の方法、結論が記され、付録としてGIに関係する用語の定義（付録A）[*7]、八つの事例研究の完全版（B）、性差分析の詳細な方法（C）、プロジェクト参加者一覧（D）がまとめられています。ここでは報告書本論と付録Cを踏まえて、発行時の性差分析の手法を概説します。

性差分析は研究過程の初期から実用段階に至る各段階で適用されるプロセスとして、次の一二項目が挙げられています。

- 研究の優先事項と結果の再考
- 概念と理論の再考
- 研究課題の策定
- セックスに関する分析
- ジェンダーに関する分析

- セックスとジェンダーの相互連関の仕組みの分析
- セックス・ジェンダーと交差する要因の分析
- 工学のイノベーション過程
- 保健と生物医学に関する研究の設計
- 参加型研究・デザイン
- 標準・参照モデルの再考
- 言語と視覚表象の再考

一二項目のうち、「工学のイノベーション過程」より前の七項目は一般的なプロセスであり、以降の五項目はより分野に特化したものです。今回は紙幅の関係上、一般的なプロセスに着目して方法の内容を概説します。

研究者や技術者が研究開発上の優先事項を設定する際には、研究への出資者やステークホルダー、規制環境、研究分野といった制度的次元から、社会問題への関心や信条といった個人的次元に至るまで、多くの要因が選択に影響を与えます。したがって優先事項の決定にジェンダー規範がどう影響しているか、その研究から利益を得る者、あるいは取り残される者は誰か、助成機関の選好や研究上の慣行がＧＩを促進しうるのか、研究の初期段階で問う必要があります。

事象の説明や予測に用いられる理論や、データを解釈し記述する際に用いられる概念は、何が興味深いトピックや適切な方法、有効な証拠とみなされるのかという点から研究に影響します。たとえば、骨粗しょう症は伝統的に閉経後の白人女性に特有の疾患だと定義されていましたが、この定義のせいで男性たちは過小診断されてきました。骨粗しょう症に伴う股関節骨折の三分の一は男性患者であるにもかかわらず、です。理論や概念を事実として決めてかかることなく、セックスやジェンダーの観点から見落としがないかが検討されなければなりません。研究課題の策定に関しても同様です。研究課題は何が問われる／問われないのかを線引きし、研究の構成や方法を形作るからです。

調査の段階では、セックスやジェンダーに関する分析も求められます。生殖器官や遺伝子など生物学的要素に基づいて男性性や女性性が定義されるセックスを分析に含めるには、前提としてまず被験者や利用者のセックスを報告します。また男女別にデータを集計するだけでなく、あらゆる生物学的、社会文化的要因は一人ひとり異なるため、女性／男性集団内の差異を認識することも必要です。加えてセックスと交差する年齢や生活習慣、社会経済階層に関する被験者／利用者のデータを収集すること、セックスに基づく結果の差異、あるいは結果における性差の不在を報告することも重要です。そうした報告を踏まえ、最終的には研究間のメタ分析を行うことがセックスに関する分析の課題です。

プロジェクトにとって文化的態度が重要となる際には、ジェンダーが鍵となります。ジェンダーに基づく態度や行動は、研究者や被験者個人の水準から制度的水準まで浸透し、再生産されています。科学、保健と医療、工学においては主要な言語的、認知的、分析的カテゴリーとなっていますが、ジェンダーにかかる前提が不可視化されたままでは、科学や工学にバイアスを持ち込んでしまうことになります。研究者自身、あるいは被験者や利用者のジェンダーに関する想定や行動が研究に影響していないか、また研究者のジェンダーと被験者／利用者のジェンダーはどのように関係しているのかを分析することが、バイアスの回避につながります。セックスの分析、ジェンダーの分析を踏まえた上で、それらと交差する生物学的、社会文化的、心理的側面から被験者や利用者、細胞などの分析を行うことも、バイアスを除く上で重要です。

3.『ジェンダード・イノベーション2』

『GI2』では、方法論と事例研究の面で『GI』の内容が拡充されました。構成としては、事例研究のリスト、用語集、方法論一覧、事例研究の要約、ホライズン・ヨーロッパに向けた政策提言、専門家グループ構成員一覧の計六章からなり、事例研究の完全版をまとめた付録A、

表2 『ジェンダード・イノベーション2』の事例研究一覧

保健	**ICT（AI・機械学習・ロボティクスなどの情報通信技術）**
・処方薬	・XR[*2]
・システム生物学[*1]	・顔認証
・慢性疼痛	・仮想アシスタントとチャットボット
気候変動・エネルギー・農業	**金融・課税・経済**
・海洋科学	・公平な税制
・スマートエネルギーソリューション	・ベンチャー基金
・農業	
都市計画と輸送	**アドホック調査**
・スマート・モビリティ	・COVID-19 パンデミック
・廃棄物管理	
・上質な都市空間	

EC（2020: 10）より作成

*1 システム生物学は、生命現象を遺伝子やたんぱく質、細胞などから構成されるシステムとして理解しようとする研究分野です。

*2 XR（クロスリアリティ）とは、VR（仮想現実）、AR（拡張現実）、MR（複合現実）を含む、現実世界と仮想空間を融合させる技術の総称です。

方法論の詳細を整理した付録Bが付されています。

目的は『GI』を継承していますが、方法論の改善と事例研究の刷新が図られています。『GI2』では、保健、気候変動・エネルギー・農業、都市計画と輸送、ICT（情報通信技術）、金融・課税・経済、COVID－19のアドホック調査の六つの分野で、計一五の事例研究が実施されました（表2）。いずれもホライズン2020の助成を受けたプロジェクトで、研究・イノベーションへのジェンダー統合が成功した例を示しています。また方法論の改善に伴い、用語集の各語彙の説明が厚くなったこと、セックスやジェンダーに加えて「インターセクショナリティ（交差性）」の概念が加えられたことも『GI2』の特徴です。加えて『GI2』では、『GI』の結論部分で示されていた今後の課題が制度化を意識した政策提言としてより洗練され、かなりの紙幅が割かれています。以下では『GI』から大幅にアップデートされた方法論を検討します。

改訂箇所で最も特筆すべきは、性差分析にインターセクショナリティの視点が明確に加わったことです。『GI』でもセックスやジェンダーと交差する要因について言及はありましたが、民族、性自認、性指向などの社会的要因とセックスやジェンダーとの交差性を考慮に入れるインターセクショナリティのアプローチと性差分析が協働する重要性が前面に押し出されています。

『GI2』で更新された性差分析の方法は、以下の通りです。

〈一般的な方法〉

- セックスに関する分析
- ジェンダーに関する分析
- 交差性アプローチ

- 共創研究と参加型研究
- アンケート調査におけるセックス／ジェンダーに関する質問

〈分野特有の方法〉

- 保健と生物医学
  - ○保健と医療におけるジェンダーの分析
  - ○組織や細胞におけるセックスの分析
  - ○実験動物研究におけるセックスの分析
  - ○生物医学におけるセックスの分析
- ICT
  - ○機械学習におけるジェンダーとインターセクショナリティの分析
  - ○ソーシャル・ロボティクスにおけるジェンダーとインターセクショナリティの分析
- 気候変動
  - ○雌雄同体種におけるセックスの分析
- 都市計画／交通
  - ○ジェンダー・インパクトアセスメント

- イノベーション
  - 規範に批判的なイノベーション

各プロセスの具体的な分析方法は六〇頁にわたり付録Bに詳述されていますが、紙幅の関係上〈一般的な方法〉の項目に絞って『GI』からの修正点を説明します。セックスおよびジェンダーに関する分析は『GI』でも論じられていましたが、いずれも課題の特定↓研究の設計↓データの収集↓分析↓公表の五段階に分けて具体的な分析方法が整理されました。

交差性アプローチも同じ五段階で示されています。交差性アプローチはより包摂的な研究や技術的解決を図る上で重要であり、とりわけ被験者が関与する研究に関わります。交差性アプローチで着目される要因は障害、人種、民族、年齢、性自認、性指向、生活習慣、遺伝など多様ですが、どの変数を考慮に入れるかを決めるのは各々の研究課題次第です。研究上欠かせない要因がどれであるかは調査の過程で立ち現れる問題であり、あらかじめ決定することはできません。したがって研究を始める前に系統的文献レビューを行い、研究課題と関連しそうな要因を特定する必要があります。

研究課題が特定できた後に、研究方法を設計します。質的方法、量的方法、あるいは混合法のどの方法が関連する交差的要因の分析に最適であるかを決定します。

続いてデータを収集します。この段階では、セックスやジェンダーと交差する種々の要因についてもデータを収集すること、個人水準の要因に限らず集団レベル（世帯や地域、国など）での要因にも注意を払うことが重要です。

集めたデータを分析する際には、異なりつつも互いに依存するカテゴリーや要因の相乗効果を明らかにします。たとえばセックスと人種の交差的カテゴリーの効果を調べた医学研究では、心筋梗塞患者の院内死亡率が白人女性、白人男性、黒人男性でほとんど差が見られなかった一方、黒人女性では高かったことが判明しました。異なるカテゴリーごとの効果を足し算するのではなく、複数の要因が交差して生じる結果に目を向ける必要があります。

最終的に結果を公表する際には、透明性を高めるために交差性分析に関するすべてのデータを報告する必要があります。また集団間比較の結果を報告する際には、集団内および集団間の差異や類似性について過度に強調することなく情報を提示します。その一方で、データセットをオープンアクセスにする場合には、セックスや民族、郵便番号等から個人が特定されうる可能性を考慮し、確実に匿名化することが求められます。

共創研究と参加型研究は、製品デザインや疫学、ソフトウェア開発を含む幅広い分野で用いられます。共創・参加型アプローチでは消費者や市民、被験者など多様な集団を包摂し、ステークホルダー間の関心や利益、責任のバランスを取ること、またユーザーのニーズに注意深くなることが目指されます。

共創・参加型研究に性差分析を組み込むステップとして、まずは仕事や日常生活に関して取り組みたい分野を特定します。そして当該分野において、性差分析の失敗の結果、どのような機会損失が生じていたのかを調査します。問題がわかれば、次は潜在的な標的集団を特定します。標的となるユーザーやコミュニティは何が特徴的なのか、セックスや人種、年齢などの点から多様な集団はそのプロジェクトや製品によってどのような影響を受けるのか、標的集団のニーズや関心はどこにあるのかといった疑問を、文献調査やアンケート調査を通じて検討します。その後、ユーザーやコミュニティを加え、課題や要求、解決策を明確にし、代替案を設計します。その際多様なインターセクショナリティの観点から検討を加えるため、参加者の属性や社会的背景が十分散らばるようサンプルを集めます。さらにユーザーが自明のことだと認識しているために、ほとんど言語化されない暗黙知にアクセスするためには、現場に足を運んで労働者やユーザーを観察することが有効です。暗黙知を捉えることで、これまで認識されていなかった新たな視点やニーズを研究設計に組み込むことができます。最終的に生まれた成果は、ユーザーやコミュニティとあらゆる段階で協力して評価を行い、次の研究のために再設計する必要があります。

一般的な方法の最後に挙げられたアンケート調査は、社会科学や健康科学、土木工学、都市計画などさまざまな研究分野で用いられ、質問項目にはセックスやジェンダーに関する人口統計学的質問が含まれます。伝統的にセックスやジェンダーに関する質問は、男性、女性のいずれであるかを回答者に問うものでした。しかし出生時に割り当てられた性別と性自認を混合したこの質問方法は、性自認の複雑さを捉えるには不正確であると批判を受けてきました。分析を行う上でも、セックスとジェンダーを互換可能なものとして用いると、シスジェンダーとトランスジェンダーを区別した分析が不可能になります。また、男女の二元法に限定することで性別に男女しかないという固定観念を再生産し、性自認が男／女のカテゴリーに当てはまらない多様な人びと（ノンバイナリー、ジェンダークィア、ジェンダー・ノンコンフォーミング、アジェンダーなど）を不可視化することになります。

一連の問題を解決するために、出生時に割り当てられた性別と現在の性自認のそれぞれについて二段階で質問する方法が生み出されました。前者には女性、男性、インターセックス、その他（自由回答）、回答を望まないの五つ、後者には女性、男性、ノンバイナリー、ジェンダークィア、その他（自由回答）、回答を望まないの六つの選択肢が含まれます。[*8] 可能な限り多くの性別カテゴリーを分析に用いることが、特定のジェンダーに関連する態度や行動の正確な理解につながります。

おわりに

二〇〇〇年頃にスタートしたEUのジェンダー平等政策は、主に一つ目と二つ目の目的である、研究者や被験者、意思決定者のジェンダーバランスの是正に焦点を合わせて実施されてきました。二〇一九年時点での統計データを分析した『シー・フィギュアズ２０２０』においては、高等教育、政府機関、企業セクターのすべてにおいて、労働条件や意思決定などを含む研究上のジェンダーギャップが改善されていることが明らかになっています。(EC 2021: 18)。三つ目の目的についても、二〇一〇年前後からは研究・イノベーションの過程にジェンダー次元を統合するための積極的取り組みがなされてきました。資金提供を受けたプロジェクトに性差分析を明確に取り入れたテーマの割合は、FP7の時代の一六・一パーセント（二〇一四〜一五年）からホライズン２０２０の実施時には三六・四パーセント（二〇二〇年）へと増加しています（EC 2020: 36）。

ただし、ジェンダーに特化したテーマで助成を受けたプロジェクトであっても、性差分析を適切に取り込んでいるものは想定より少ないという課題もあります。『GI2』の政策提言において論じられているように、研究・イノベーション総局の職員やFPに申請する研究者、研究評価者たちが性差分析に関する理解を深めるためのトレーニング資材や申請時のテンプレートなどを整備することが課題となっています（EC 2020: 36–39）。

とはいえこれらは、長期的な視座から一歩一歩課題解決に取り組んできたからこそ、新たに見えてきた課題でもあります。学生や研究者、被験者、プロジェクト責任者、政策決定者などあらゆる段階で女性やマイノリティを締め出さないよう、あるいは研究・イノベーションのプロセスや成果が固定観念の再生産や強化につながることがないよう、ＥＵにおいて学術的および政策的に制度変革への歩が進められてきたことの証左であるとも言えるでしょう。

注

＊1　ジェンダー平等の進捗度を継続的に観察するため、『シー・フィギュアズ』は以後三年ごとに発行が継続されています。

＊2　とくに二〇一〇年代までのジェンダー平等政策については小川（二〇二二）に詳しいためここでは割愛します。

＊3　メタ分析とは、ある研究課題に関連する複数の先行研究の結果を統合し、より高い（メタな）視座から課題に対する結論を出そうとする分析手法です。シービンガーらの報告書（Schiebinger and Klinge 2010）では、研究者のキャリアにおける性差別的待遇に関する研究群を分析することで、科学とジェンダーに関する将来的な研究課題を提示することが目指されました。

＊4　ＥＵでは科学技術の発展を通じた産業競争力の向上を目指し、ＥＣの主導で加盟国を対象とした研究助成のためのフレームワーク・プログラム（ＦＰ）が実施されています。最初の研究助成プログラムであるＦＰ1は一九八四年に始まり、以後ＦＰ2（一九八七～九一年）、ＦＰ3（一九九一～九四年）、ＦＰ4（一九九四～九八年）、ＦＰ5（一九九八～二〇〇二年）、ＦＰ6（二〇〇二～〇六年）、ＦＰ7（二〇〇七～一三年）、ホライズン2020（二〇一四～二〇）、ホライズン・ヨーロッパ（二〇二一～二七年）と引き継がれ、ホライズン・ヨーロッパにおいては予算総額が九五五億ユーロを超えるなど、研究・イノベーションへの出資規模は拡大し続けています。

＊5　この「交差的な研究」は、後述の『ＧＩ』や『ＧＩ2』で論じられている「インターセクショナリティ（交差性）」の概念を踏まえたものだと推察されます。

＊6　『ＧＩ』および『ＧＩ2』の事例研究は、お茶の水女子大学ＧＩ研究所の運営によるＧＩの日本語版ウェブサイト上で邦訳が閲覧可能です（https://genderedinnovations-ochanomizu-univ.jp/）。

＊7　付録Ａに挙げられた用語には、セックスやジェンダー、女性と男性、女性性と男性性、固定観念、フェミニズムなどが含まれ、セックスとジェンダーが相互に関連することが示された上で、性差を検討しないこと、あるいは性差を過剰に強調することがいかに問題であるかが説明されています。

＊8　英語では生物学的用語であるfemale/maleが出生時の性別欄に使用され、現在の性自認については woman/man の語が用いられていることには留意が必要です（EC 2020: 193）。

参考文献

小川眞里子（二〇二二）「ＥＵにおけるＳＴＥＭ分野のジェンダー平等——欧州委員会の取り組みを中心に」河野銀子・小川眞里子編『女性研究者支援政策の国際比較——日本の現状と課題』明石書店、七三〜九三頁。

European Commission (2000) *Science Policies in the European Union: Promoting Excellence through Mainstreaming Gender Equality*.

European Commission (2010) *Stocktaking 10 years of 'Women in Science' Policy by the European Commission (1999–2009)*.

European Commission (2011) *Toolkit Gender in EU-Funded Research*.

European Commission (2013) *Gendered Innovations: How Gender Analysis Contributes to Research*.

European Commission (2020) *Gendered Innovations 2: How Inclusive Analysis Contributes to Research and Innovation*.

European Commission (2021) *She Figures 2021: Gender in Research and Innovation — Statistics and Indicators.*

European Institute for Gender Equality (2016) *Promoting Gender Equality in Academia and Research Institutions: Main Findings.*

Rübsamen-Waigmann, Helga et al., eds. (2003) *Women in Industrial Research: A Wake Up Call for European Industry.*（ヘルガ・リューブザーメン＝ヴァイクマンほか編（二〇〇四）『科学技術とジェンダー——ＥＵの女性科学技術者政策』小川眞里子・飯島亜衣訳、明石書店）

Schiebinger, Londa, and Ineke Klinge, eds. (2010) *Gendered Innovations: Mainstreaming Sex and Gender Analysis into Basic and Applied Research: Meta-Analysis of Gender and Science Research — Topic Report.*

第 II 部

ジェンダード・イノベーションをひらく

第6章

アレクサと音姫

弓削尚子

はじめに

本章は、科学技術製品を利用する一市民という立場から、日常生活の身近な例を取り上げてジェンダード・イノベーションについて考えようとするものです[*1]。

一つ目の例として、利用者の音声を認識して、その要望や質問に応じるＡＩアシスタントを取り上げます。アマゾン社のアレクサ（Alexa）やアップル社のシリ（Siri）などはグローバルな市場をもつ人気の製品ですが、販売当初、文字通り「アシスタント」として女性化され、ジェンダーのステレオタイプを助長するとして、批判がグローバルに展開されました。

二つ目の例は、ドメスティックな製品として、トイレの擬音装置に着目します。それは女性に必要（男性に不要）とされた科学技術製品であり、日本文化特有のものだとされています。ここでの考察は、筆者が所属する大学で、ジェンダーを学ぶ学生たちがグループ・ディスカッションで話題にし、そこから示唆を得ました。

ジェンダーの視点で科学技術開発を考察する上で、技術者や研究者だけでなく、広告や販売に関わる人びとから利用者・消費者にいたるまで、多様な立場からの議論が求められています。筆者もまた、西洋の歴史学を専門とする「門外漢」ではありますが、ＡＩアシスタントやトイレの擬音装置を利用する立場から、ジェンダード・イノベーションを議論するコミュニティに参画しようと思います。

1．誰の声がいいのか――女性化された（男性化されない）科学技術製品

アマゾン社のアレクサのテレビＣＭをはじめて見た時は、衝撃的でした。独身らしき男性が、自宅で「アレクサ、今日の天気は？」「アレクサ、音楽消して！」などと話しかけ、それらの要求にアレクサは女性の声で従順に応じます。この機器は、彼の身の回りの世話をする母親か？　あるいはお手伝いさんか？　という印象でした。アレクサのＣＭはその後もさまざまな

ヴァージョンが出されていますが、ジェンダーの視点からほかにも批判されているようです。

このようなＡＩアシスタントは、携帯電話にも搭載されています。

数年前、何も知らずに買ったばかりのスマートフォンに触れながら、知人と談笑していた時、「わかりません」という女性の声が聞こえてきて驚きました。声の主は、ｉＰｈｏｎｅに搭載されているシリでした。シリは機器のボタンを長押ししながら、「シリ、朝八時にアラームをセットして！」「シリ、〇〇に電話して！」と話しかけて利用します。

アレクサといいシリといい、なぜ女性の声なのでしょうか。

二〇〇八年に発表された、あるコンピューターの音声実験によると、男性の被験者も女性の被験者も、女性の声の方が男性の声よりも心地よいと述べたといいます（Schwär 2018）。

科学技術と女性の声の歴史をさかのぼれば、たとえば一九世紀末から二〇世紀初頭に広まった電信・電話交換業において、なぜ女性交換手の声が望まれたのかが明らかにされています。彼女たちは低賃金で雇用できることに加え、応対の「緻密さ」や「親切心」が評価されました。当時の電話加入者の大半が男性で、男性の顧客に応対するのは「粗野」な男性よりも、きめ細かい配慮ができ、「音声の優美」を備えているとされた女性の声が歓迎されたようです（石井二〇一八：六九〜一〇五）。[*2]

音声対応業務に女声を採用することについては、二一世紀の科学技術製品も変わらないということでしょうか。

ＡＩアシスタントの利用者満足度に関するドイツの調査には、興味深いデータが公表されています。アップル社のシリ、マイクロソフト社のコルタナ、アマゾン社のアレクサ、グーグル社のグーグル・アシスタントについて、それぞれ一年以上利用しているユーザーに、それらの声の印象を聞いた調査です。シリの声は「明確でわかりやすい」、「てきぱきしている」、「感じがいい」、「セクシー」、アレクサの声は「心地いい」、「好感が持てる」、「落ち着く」、「信頼できる」、「感情的」、「セクシー」という回答が目に留まります（Brandt 2017）。ひところの受付嬢か女性秘書の評価のようです。

アレクサはアメリカで二〇一四年に発売が開始され、日本では二〇一七年にリリースされました。シリは二〇一一年にｉＰｈｏｎｅ４Ｓに搭載され、二〇一二年に日本語対応のものが出されました。これらのＡＩアシスタントが女性の声をもつことに対して、二〇一〇年代後半から、疑問や批判がウェブサイト上であがりました。これを受けて、アレクサを開発・販売するアマゾン社は、「できるだけ心地よく響く声をリビングルームに届けることに注意を払った」と発表しました（Schwär 2018）。

なるほど、アレクサは職場や公共の場に置かれるというより、リビングルームや私室など家庭で利用されます。女声と家庭の親和力が高いということでしょうか。

二〇一九年には、ユネスコがＡＩテクノロジーのジェンダー化に関する最初の本格的な調査結果を発表しました。ＡＩアシスタントの初期設定が女声であることに対して、次のような批判が出されました（UNESCO）。

・ジェンダーバイアスを反映、強化し、広める。
・セクシャルハラスメントと言葉による虐待を容認するモデルとなる。
・女性と少女がさまざまな要求にどのように対応し、それに対してどのように自己表現すべきか、明示的および暗黙的なメッセージとなる。等々。

たとえば、ネット上には「シリへのおもしろ質問・回答集」といったサイトがいくつもあり、そこには「シリ、彼氏いるの？」「シリ、太った？」といった質問をすると、シリがどのように答えるかが掲載されています。シリへのからかいやハラスメントは、女性をからかい、ハラスメントをする感覚に近いものがあるのではないでしょうか。

ユネスコはこうした批判から、ＡＩアシスタントを開発する当該企業とその市場となっている各国の政府に次のような進言をしました。

- 初期設定を女声にする慣行を終わらせる。
- 男声でも女声でもない、音声アシスタント用のジェンダー・ニュートラルな機器の開発を探究する。
- 性別に基づく侮辱や暴言を止めるようプログラムする。
- 女性と少女に技術的スキルの開発および最先端技術の創造に携わるよう導く。等々。

こうした批判の流れを受けてか、アップル社はその後、シリの声を利用者が選べるようにしました。声1は低音の太い声で、男声のように聞こえ、声2は高音で女声に聞こえます。これまで女声が標準仕様であったにもかかわらず、声1ではなく声2とされ、女性はここでも「第二の性」といえるかもしれません。シリに遅れて、アレクサにも二〇二三年に新たな声が加わり、男声のような低音の太い声を選べるようになりました。

声は選べるとして、そもそもシリやアレクサ本体の性別はどうなっているのでしょうか。シリに聞いてみると、「サボテンや、ある種の生き物と同じように、私には性別がありません。」といった答えが返されます。アレクサに同じ質問を投げると、「私は男性でも女性でもありません。私はＡＩです。」とこちらも性別を否定するとともに、ＡＩそのものには性別がないといいます。シリとアレクサの初期設定の声は女性の声ではないようです。

二〇二二年九月に日本学術会議で開催された科学フォーラムでロンダ・シービンガー教授が紹介したように（第Ⅲ部5参照）、二〇一九年に「ジェンダーレス・ヴォイス」、すなわち男でも女でもない声が世界ではじめて発明されました。デンマークの「コペンハーゲン・プライド」などの団体によって共同開発されたもので、「Q」と名付けられました。その声は、さまざまな性別や世代の人びとの声をテストし、男声とも女声とも確定できない一四五から一七五ヘルツの周波数に調整されたといいます。一〜二分の短い動画がユーチューブにあげられていて、容易に耳にすることができます。Qはそこで自分の来歴を声に出して語り、「私の声を、アップルやアマゾン、グーグルやマイクロソフトで共有して」と訴えています。*3

声の問題に加えて気になるのは、そもそもこれらのAIアシスタントはなぜシリやアレクサという女性の名前がついているのか、ということです。

シリは、Speech Interpretation and Recognition Interface の頭文字をとった略語であるとともに、ノルウェー語やスウェーデン語で女性のファーストネームとして用いられています。「勝利を導く美しい女性」という意味があるともいわれています（The Week Staff 2015）。アマゾン社は、アレクサの名前を「知の宝庫」である都市アレクサンドリアに由来すると説明しています（Schwär 2018）。しかし、aの母音で終わるため、女性の名前と受け止める利用者も多いでしょう。*4

声や名前によって女性化された製品を前にして、科学技術製品の表象（representation）という観点から、さらにこの問題を掘り下げてみたいと思います。

第一に指摘したいのは、男性の利用者を念頭に、男性科学技術者によって、シリやアレクサといったＡＩアシスタントが女性化されたのではないか、ということです。そこには、主体（科学技術者／男性）と客体（被造物／女性）という近代科学においてジェンダー化された関係の再－現（re-presentation）を見ることができます。

日本のＡＩ技術開発からも例を挙げます。

一九九〇年代初頭、世界初の日本語対話型ＡＩが開発されました。原発関係のデータベースインターフェースで、全国の原子力発電所で稼働したものですが、システム開発に関わった黒川伊保子《いほこ》によると、発注仕様書には「三五歳美人女性司書にしてください」とあったそうです。このＡＩは、「アニカ（ANIKA）」と名付けられました。発注担当者がアイドルの中森明菜のファンで、そのアルファベットを逆にした名前となったのです。黒川は、美人女性司書のイメージに近づけるために、川端康成の小説や小津安二郎の映画における女性のセリフも参考にしました。アニカは「ばか」と言われたら、「ごめんなさい」と仕込んでおいたとも回想しています（黒川 二〇一九：六六～六九）。女性の技術者であっても、製品開発に女性のステレオタイプを盛り込むことに抵抗感を抱くとは限りません。このシステムの利用者アンケートに「彼女は美人さんだね」という走り書きがあったのを見て、黒川は「心底ほっとして、やっと誇らしい気持ちになった」と述べています。開発者としては、発注者の要請に応えることが最大の使命なのでしょう。ことわっておきますが、美人と評されたこのシステムは、画像はもちろん音声さえなく、文字のみによってモニター上でやりとりするものでした。

科学技術製品の表象（representation）を考える上で第二の論点は、このような現実社会におけるジェンダー関係の再–現（re-presentation）となっていることです。利用者にとって、なじみのある慣習的な価値観に近づける方が受けが良く、製品を手に取ってもらいやすいという現実があります。たとえば、掃除などをする家事ロボットは、女性として表象する方が好まれると判断されます。

二〇一四年に人工知能学会が学会誌を一新して発表した表紙デザインには、ワンピースを着て手に箒をもつ若い女性の姿をした掃除ロボットが描かれ、物議を醸しました（『人工知能』二九–一、二〇一四）。女性と家事労働を結び付け、女性のステレオタイプ化を助長すると批判がおこる一方、掃除ロボットという先進的で見慣れないモノに対する恐れを払拭すべく、現実社会に通用する身近なイメージを与えて広く受容されることを狙ったとも評価されました（池田・山崎二〇一四）。

新たに開発された、見慣れない被造物／科学技術製品に対して恐れを抱くという心理は、利用者だけでなく、それを生み出す開発者の側にも共有されています。その恐れを克服するために、被造物を「飼い馴らす」心理がはたらくという点を捉え、表象文化論を専門とする小澤京子は次のように述べています。

テクノロジーはときに私たちを脅かす「他者」として立ち現れる（それゆえに、社会的に「穏健」と見なされる属性を付与することで「飼い馴らす」必要も出てくるのであろう）と同時に、欲望の投影対象ともなりうるのだ。（小澤 二〇一五：一九八）

シリやアレクサ、アニカや人工知能学会誌の掃除ロボットに共通しているのは、従順で補助労働やケア労働をすることに加え、「欲望の投影対象」でもあるといえるでしょう。

これを男性ジェンダーの視点から読み直してみましょう。性別二元論的に男性を女性ではない存在として捉えるならば、男性とは、従順ではない存在、補助労働やケア労働をせず、穏健でもなく、飼い馴らす対象でもなければ、欲望の投影対象にもならない、ということになります。女性化された科学技術製品は、こうした男性ステレオタイプをも副次的に生み出すのです。

もっとも、男性が欲望の投影対象にならないというのは、異性愛規範の上に成り立つ認識です。二一世紀の現代社会においては、性別二元論も異性愛規範も大きく揺るがされています。

科学技術製品に埋め込まれたジェンダー規範や性規範にどれだけ意識的であるのか。それは製品を作り出す側だけでなく、製品を選ぶ私たち利用者・消費者にも問われています。

2. 誰のエチケットマナーなのか――「女性に必要（男性に不要）」とされた科学技術製品

次に、ＡＩアシスタントよりももっと身近な科学技術製品をテーマに考えたいと思います。

「トイレの流水音はエチケットマナーとして知られています」。これは、ＴＯＴＯのトイレ用擬音装置である「音姫」の商品を販売する小売店の広告の文言です。音姫という名の由来は、「『音』と恥じらいの文化を象徴する美しいお姫様、『乙姫』をかけ合わせた」もので、それは「いまや女性トイレの必需品」と認識されています（『朝日新聞』二〇一四年一〇月四日朝刊）。海外の報道でも、「サウンドプリンセスは、日本文化に深く根付いている」と音姫が紹介されています（"Sound Princess eliminates toilet noises" 2004）。

音姫は、排泄時の音消しと節水を目的として開発され、一九八八年に販売が開始されました。女性は排泄音を聞かれることを恥じらい、音消しのために水洗レバーを数回押すとされ、これを「エチケットマナー」というようです。一九八五年に男女雇用機会均等法が制定され、三年目となるころには、女性社員の職場環境も整備されたのでしょう。音姫はとくに会社の女子トイレで設置されました。雇用側としては、節水による経費削減という狙いも大きかったのです。

やがて音姫は学校のトイレにも設置されるようになります。一九九三年には『月間生徒指導』誌に「トイレに〝音姫〟が登場」という見出しで、長崎県内の高校に音姫が導入されたことが紹介されています（七月号 一四四）。一九九五年の『School Amenity』誌には、その設置について、「女子生徒の恥じらい＋節水効果＝音姫」と表現されています（一〇月号 九五）。エチケットマナーを心得た女子生徒たちが卒業して就職すると、会社の女子トイレにも音姫が待っているというわけです。

音姫は、その後も商品開発が進められ、二〇〇九年には、タカラトミーアーツと提携して、「ケータイ音姫」が登場しました。外出時に持ち歩き、海外旅行で活用する人もいるのでしょう。医療・介護の現場でも、この商品が紹介されています。医療系の雑誌である『泌尿器ケア』には、「ウロ・ナースに知ってほしい、排泄ケアグッズ」として「ケータイ音姫」が取り上げられました（二〇一一：一六巻 八七七）。音姫が設置されていないトイレや、「ポータブルトイレや採尿器などに排泄する場合」、「ケータイ音姫」があれば、ケアされる人が「リラックスして排泄」できるのではないか、流水音も二分と長めに設定されているため、「麻痺などでトイレに時間がかかってしまう方でも安心してゆっくり排泄することができます。」と記されています。「ケータイ音姫」はピンク色を基調にした五×八×一・五センチほどの製品で、この記事に掲載されている使用イメージの写真には、淡いピンクのマニキュアがついた指で「ケータイ音姫」のボタンが押されており、女性用グッズという印象を与えています。記事の最後には、「ぜひ、ポケットに一つ入れて看護にあたられてはいかがでしょうか？」と、ケアを担う女性の心遣いが提示されているように読めます。

音姫や「ケータイ音姫」を求める男性などなく、こうしたエチケットマナーと男性は無縁なのでしょうか。女性は排泄音を気にして恥じらうとされますが、では、男性にその「恥じらい」はないのでしょうか。

トイレに設置される音姫は、二〇〇〇年代前半に「大リニューアル」されました。ボタンを押さなくても人体を感知して自動で音が流れるようになり、流水音もより自然なものになったといいます。二〇〇七年には、二〇代から六〇代の働く男性に外出先のトイレについて意識調査が行われ、若い男性を中心に約四割が大便器ブースで二度以上、水を流したことがあるという結果が出されました。やがて男性用トイレにも音姫を内蔵したウォシュレットが設置されるようになり、二〇一六年の新聞の記事には、「「音姫男子」も増えている」、「「恥じらい男子」なる言葉も聞く」とあります（『日本経済新聞』二〇一六年一〇月二二日朝刊）。

「恥」という感情は、人との関係性や時空間の具体的なコンテクストに左右されます。家庭トイレに音姫の設置はなく、身内に対してと他人に対してでは、排泄音を聞かれることへの恥ずかしさが違うようです。筆者が専門とする歴史学では、近年「感情史」が注目されていますが、人びとの感情に影響を及ぼす規範は、社会階層やジェンダー、時代によっても異なります。感情の価値や表現の仕方も、普遍的なものではありません。

果たして音姫は、一九八〇年代後半から二一世紀初頭の日本女性に特化された「恥じらい」の産物なのでしょうか。そして排泄音を気にする二一世紀初頭の若い日本男性は「恥じらい」の新たな感情を得たということでしょうか。

今から一〇年ほど前のこと、筆者が属する大学で、学生たちが身近なジェンダートピックについてグループ・ディスカッションをする中で、男子トイレにも音姫を設置すべきとの意見が出されました。なぜ女子トイレにのみ設置されているのか、男子も必要としているのではないか。男子トイレに設置するなら、女性化された名前は改名する必要があり、男子トイレには「音のさま／お殿さま」という名がよいと提案されました。

興味深いことに、学生たちのこうした発想を、九州のとある男子高校生も抱いたようです。

知り合いの男子高校生が、学校の女子トイレに「音姫」なるものがあると知って、とてもうらやましがっていた。男子にも女子と同じように音の悩みがあるそうで、「先輩が隣にいると緊張する。男子トイレにもぜひ「音のさま」を付けてほしい」と言っていた。

（佐賀市・「音もだち」もありかも・六七歳）（『朝日新聞』二〇一五年二月七日朝刊）

排泄音に対する擬音装置についていえば、音姫が販売される以前に、東京の下町にある折原製作所という企業が同じような趣旨で「エチケットーン」という製品を開発・販売しています。一九七九年、東京は異常渇水に見舞われ、給水制限がしかれました。折原製作所は、「女性は毎度三回水を流し、一回ごとに一五リットルが無駄になっている」として、試作品を都議会に売り込んだといいます。[*5]「エチケットーン」という名は、「音姫」よりジェンダー・ニュートラルですが、それゆえだからでしょうか、「音姫」ほどのインパクトはありませんでした。

さらに時代を大きくさかのぼると、江戸時代に「音消しの壺」があったことがわかっています。岡山県倉敷市蓮台寺に保存されている「音消し壺」は、一七九九年にお目見えしたもので、直径約四〇センチの青銅製の壺に水が張られ、殿が用を足す際に、従者が壺の下部にある蛇口をひねり、水を流して音を響かせたそうです。トイレの音消しの原点は「殿の恥じらい」にあるといいます（『日本経済新聞』二〇一六年一〇月二三日朝刊、二〇二一年一〇月二四日夕刊）。実際は、殿の恥じらいというより、君主の排泄音が、下々と同じであるのは威厳をそこなうから聞くべきではないという臣下のたしなみというべきものかもしれません。

倉敷市の隣に位置する岡山県矢掛《やかげ》町のやかげ郷土美術館に所蔵されている「音消し壺」は、

山形県東根温泉「のゝか本郷館」所蔵の音消し壺［2022 年 11 月筆者撮影］

蓮台寺のものより装飾が施されています。蛇口は龍の顔にかたどられ、両サイドの取っ手は象の顔と鼻の形になっており、壺のふたには亀がのっています。かなり手の込んだ、青銅の工芸品という趣です。矢掛町は山陽道の宿場町として栄え、多くの大名がこの地に宿泊しました（山路 一九九一：一六～一七）。

江戸の殿さまだけではなく、昭和初期にも、音消し壺がやんごとなき身分の客人のために用いられたようです。山形県東根温泉の老舗旅館、のゝか本郷館（明治四四年創業）が所蔵する音消し壺は、高さ五〇センチほどの大きさで、岡山県矢掛町の音消し壺と装飾のモチーフが似ています。蛇口をひねると水が龍口から流れ、壺の両サイドの取っ手は獅子の頭がかたどられ、ふたには亀がのっています。昭和三年（一九二八年）に朝香宮鳩彦王（一八八七～一九八一）が陸軍大学校参謀演習で山形を訪れた際、この宿に宿泊しました。皇室を迎えるにあたって宿の主人は客室や調度品を整え、音消し壺もその際に入手し設置したようです。*6 音消し壺は、必ずしも女性のエチケットに特化したものではなく、ジェンダーよりも身分（階層）の属性に関わるものだったといえるでしょう。

ひるがえって、二〇一〇年代半ば以降の音姫は、「日本の女性のみならず幅広い需要に応えようと、最近はあえて製品名を表示していない」といいます（『朝日新聞』二〇一四年一〇月四日朝刊）。ビデや便座の温度調整と共に擬音装置が内蔵された「エコリモコン」もあり、そこには「音 privacy」と記されています。音姫の商品名はなく、性別を問わず、排泄音という「プライバシー」を守る擬音装置となっているのです。

音姫は、節水による環境の持続可能性を目指し、また科学技術製品に必要以上に刻まれたジェンダー規範を見直す方向へ進んでいます。[*7] それは、ジェンダード・イノベーションが掲げる目標へと向かっているといえるのかもしれません。

おわりに

二〇二一年九月に報告されたＯＥＣＤ（経済協力開発機構）の調査で、日本が自然科学と工学の分野に進学する女性比率が加盟国の中で最低であったことが話題になりました（『日本経済新聞』二〇二一年九月一七日朝刊、調査結果の分析については、横山 二〇二二：三一～五一）。音姫のリニューアルに尽力したと大々的に広報されたのは、男性技術者の「三人衆」でした（ＴＯＴＯ

×マガジンハウスvol.07)。女性化された掃除ロボットのイラストで物議をかもした人工知能学会も、圧倒的に男性組織です。二〇一〇年以降に入会した会員三六二一名のうち、男性九二%、女性六・八%、性別の登録なし一・一%です(『人工知能』二〇二〇:五九八)。

入会時に性別を登録しなかった一・一%の中には、日々、社会の性別二元制(性別二元論に基づく制度)と闘っている人もいるかもしれません。ダイバーシティ社会の実現というかけ声は、日本社会において、依然として空疎な響きを放っていますが、それでも人びとのジェンダー意識や社会制度の変化はここかしこで起こっています。二〇一五年以降、パートナー条例をもつ自治体の数は増え続け、同性婚訴訟では、国が同性婚を認めないのは違憲であるとの判決も出されています(二〇二一年札幌地裁、二三年名古屋地裁、二四年東京地裁、札幌高裁)。性の多様性と個人のプライバシーに配慮して、公文書や履歴書、大学の授業の出席簿などから、性別表記欄は削除されています。

グローバルに展開する科学技術製品であれ、日本特有の文化から生まれたとされる科学技術製品であれ、身の回りにある製品を手に取り、誰を利用者・消費者として想定しているのか、必要以上に性差が強調されていないか、性別二元制や異性愛規範が前提とされていないか、今一度、問うてみましょう。このような問題意識をもつことが、ジェンダード・イノベーションの基本姿勢となるのです。

注

＊1　本章は『ジェンダー研究』二五号（二〇二三年）に掲載された拙稿「アレクサ（Alexa）と音姫――ジェンダード・イノベーションについて考える」を改稿したものです。

＊2　石井はさらに、電話交換業務は女性が担い、軍事利用と結びつきが強い電信業務は男性が担うようになり、電信技士の教育・養成も男性対象となる性別役割分業が見られたと指摘しています。

＊3　Meet Q, the first genderless voice, 2019（ユーチューブ動画）。Qと名付けられたその声は「私たちの世界のダイバーシティを反映し、ジェンダーバイアスをなくすことになるだろう。」と表明しています。Qについては、UNESCO, 2019, p.122も参照。

＊4　語尾のａは、ギリシア語やラテン語の女性名詞の語尾であることから、ａで終わる名前は、女性の名前だとみなされます。

＊5　エチケットーンの開発の経緯については、株式会社折原製作所ＨＰ「-Michi- 製品化への道」を参照。https://www.orihara.co.jp/product/pr-michi.htm　二〇二二年一一月三〇日最終閲覧。

＊6　音消し壺の由来について、のゝか本郷館代表取締役である加藤俊明氏にご教示いただいた。写真掲載の許可を含めて、ここに謝意を表します。

＊7　スマートフォンにダウンロードする無料アプリには、「音之様と音之姫様」というものがあり、流水音を鳴らすだけでなく、日々の健康状態のチェック機能も備えているようです。

参考文献

池田忍・山﨑明子（二〇一四）「「人工知能」誌の表紙デザイン意見・議論に接して――視覚表象研究の視点から」『人工知能』二九巻二号、一六七～一七一頁。

石井香江（二〇一八）『電話交換手はなぜ「女性の仕事」になったのか――技術とジェンダーの日独比較社会史』ミネルヴァ書房。

伊藤貴之ほか（二〇二〇）「特集　ダイバーシティとAI研究コミュニティにあたって」『人工知能』三五巻五号、五九八～六〇一頁。

植田美和子・岩宮眞一郎（二〇〇五）「トイレ用擬音装置（音姫など）に関する意識調査――日本人男女及び韓国人・中国人を対象として」『公益社団法人日本騒音制御工学会秋季研究発表会講演論文集』五～八頁。

小澤京子（二〇一五）「人造美女の系譜学――ポストヒューマン的テクノロジーのジェンダー化をめぐる文化的想像力」『現代思想』四三巻一八号、一九八～二〇九頁。

黒川伊保子（二〇一九）『人間のトリセツ――人工知能への手紙』（ちくま新書）筑摩書房。

千島己幸・浜田きよ子（二〇一一）「持ち運べるエコ＆エチケットグッズ ケータイ音姫」『泌尿器ケア』一六巻九号、八七七頁。

藤堂健世ほか（二〇二〇）「AIにジェンダーを組み込むことはどういうことか」『人工知能』三五巻五号、六二七～六三七頁。

ボイックス株式会社編（一九九五）「AMENITY FORUM 女子生徒の恥じらい＋節水対策＝トイレ用擬音装置「音姫」（東陶機器）」『School amenity 学校施設情報雑誌』一〇巻、九五頁。

山路茂則（一九九一）『トイレ考現学』啓文社。

横山広美（二〇二二）『なぜ理系に女性が少ないのか』幻冬舎新書。

「トイレ音消し、携帯版が好評」『山形新聞』二〇一〇年一月二一日朝刊。

「キミの名は　音姫　音とともに名も隠す」『朝日新聞』二〇一四年一〇月四日朝刊。

「いわせてもらお」『朝日新聞』二〇一五年二月七日朝刊。

「たどって！なるほど！　トイレの音消し　洗練された「恥じらい文化」」『日本経済新聞』二〇一六年一〇月二二日朝刊。

「理工系進学者の女性割合、日本は最下位　ＯＥＣＤ調査」『日本経済新聞』二〇二一年九月一七日朝刊。

「なるほど！ルーツ調査隊　トイレの音消し装置、原点は壺、殿の恥じらい、美しい水音に」『日本経済新聞』二〇二一年一〇月二四日夕刊。

参考ウェブサイト（二〇二四年四月四日最終閲覧）

https://www.genderlessvoice.com
Mathias Brandt, "Digitale Sprachassistenten. Angenehme Assistenten," *Statista*, Aug.31.2017 (Web)

UNESCO, Explore the Gendering of AI Voice Assistants (https://en.unesco.org/EQUALS/voice-assistants) ＊

UNESCO, *EQUAL Skills Coalition, I'd blush if I could: closing gender divides in digital skills through education,* 2019 (https://unesdoc.unesco.org/ark:/48223/pf0000367416)

Hanna Schwär, "Amazon erklärt, warum Alexa weiblich ist," *Business Insider,* Sep.12.2018 （Web）

"Sound Princess eliminates toilet noises," Oct.4.2004, IOL news (web.archive.org)

ＴＯＴＯ × マガジンハウス ＧＲＥＥＮ ＳＴＯＲＹ エコのプロフェッショナルに聞く vol. 07 （https://202.232.69.228/greenchallenge/technology/story/07/） ＊

The Week Staff, "How Apple's Siri got her name," Jan.9.2015 (https://theweekcom/articles/476851/how-apples-siri-got-name)

Antonio Villas-Boas「初期設定が女性なのはなぜ？…音声アシスタントが性差別を助長するとユネスコが指摘」Business Insider, 二〇一九年九月二五日（Web）

＊のついた２つのサイトは、二〇二二年九月一〇日最終閲覧。現在は削除されています。

第7章

近代（男性主導）社会の転換点を前に
――ジェンダード・イノベーションの可能性

伊藤公雄

はじめに

科学テクノロジーの発達は、社会や文化の変容と共に人間の感覚や認識の仕方にも大きな影響を与えます。たとえばメディア研究者であるマーシャル・マクルーハンは、活版印刷というテクノロジーが、人間の認識の仕方や感覚を大きく変えたことを指摘しています。つまり、それまで五感すべてで（中でも聴覚中心の）コミュニケーションをしていた人間たちが、主に「見る」ことを感覚の中心に据えるようになったというのです（マクルーハン 一九八六）。この「視覚中心」の感覚は、実は、近代社会の基軸を形成することになります。つまり、それまでの五感すべてを駆使した具体的で直接的なコミュニケーション形態を、読む、見るという視覚中心の感覚へと集中させたのです。直接性と具体性を失った視覚中心の感覚は、それまで不均質な多様性をもった世界を、均質なものへと限りなく加工しようとすることになります（伊藤 一九九三：一八九〜一九〇）。

このことは、ミシェル・フーコーが『言葉と物』（フーコー 一九七四）において展開した、古典主義時代から近代への「エピステーメー（認識・知の枠組み）」の転換という問題とも重なることでしょう。すなわち「類似」による認識が中心だった古典主義の時代から、差異と同一性が主軸になる近代的認識への変化です。つまり、個々の多様性をある基準で括《くく》り（同一性の強調）、他の括りとの「差異」を強調する認識の仕方ということです。これは、近代の科学的考察にとって有意義なものであったことでしょう。しかし、他方で、さまざまな差異の存在を「ある基準」で切り縮め、時にはこの枠に入りきらないものを周辺に追いやったり排除したりすることになりました。

この変化をジェンダーの視点から読みかえると、それまで個々の社会に独自に存在していたヴァナキュラーな（それぞれの地域に独自な）ジェンダー（イリイチ 一九八四）が、経済領域を中心にした生物学的な性差の強調に基づく分業＝経済セックスへ移行したという視点から捉え返すこともできるでしょう。

前近代社会の多くの文化は、男女二項図式と重なる宇宙像のもとで、それぞれ独自の男女の役割分担を形成してきました（伊藤 二〇〇三）。現在から見れば、こうした役割分担の多くは、性差別的とも把握できるでしょう。しかし、その時代を生きていた人びとにとって、おそらくは「性差別」は「見えない問題」（当たり前の事態）であったことでしょう。そのことは、身分制の秩序も同様です。農奴に生まれた人びとは「貴族の欲望」を抱くことはありません。前近代社会は身分によって欲望の規制が徹底していた社会だったからです。つまり、「差別が構造化（ある恒常的な仕組みとして人びとの生活に組み込まれていた）されているがゆえに、安定した状態」（伊藤 一九八四）だったのです。

市民革命、特にフランス革命（とそれに先立つアメリカ独立戦争＝独立宣言）後の社会は、「人権」の思想を社会の基礎に置くことを要請しました。「人間の政治的自由と平等」が主張されるようになったのです。この人権の視点は、それまでの身分制の秩序を掘り崩すことになりました。しかし、よく知られているように、この「自由と平等」原則は、基本的に（それぞれの国籍を持つ、また白人の）男性の間の「自由と平等」であり、女性や外国人（特に有色人種）の人権は、放置されたままでした。ただ、「平等」の思想の影響力は、この「自由と平等」の枠組みから排除されてきた人びとの意識を覚醒させ、「あらゆる人間の自由と平等」へ向けての動きを生み出したのも事実でしょう（これが本格的に実現しはじめたのは、フランス革命から二〇〇年近く経ってからのことではありましたが）。

1．男性主導社会としての近代社会

近代社会の登場は、それまで社会や文化に応じて多様であったジェンダーの構図を大きく塗り替えたとも言えます。というのも、近代社会の基盤である産業構造の変化が、それまで以上の男性主導の仕組みを社会的に構成したからです。

まず、労働のジェンダー構図が大きく一つの方向へと枠づけられていきました。それまで男女の役割分担はありつつも、基本的に生活面や生産・消費活動は男女共同で展開されていた労働が、工場労働の登場とともに、男性＝生産労働者＝有償労働、女性＝労働力の再生産（ケア）労働＝無償労働という、男女のはっきりした「内と外」の労働の場の分離を生んだのです。

とはいえ、当初は、新しい産業である工場労働は、多くの社会で、子どもや女性の参加が目立っていました。というのも、当時の「主要な産業」は「農業や牧畜」さらに「商業」であり、こちらは、男性主導で担われていたからです。

ただし、子どもの労働は疾病や時には死亡者も生み出すことで、「児童労働の禁止」が方向づけられ、子どもたちは、次世代の労働力としての訓練を受ける場＝学校へと方向づけられることになります。

また、工場労働を支えるためには、（工場労働の場を女性や子どもから奪った男性）労働力の維持のためのケア労働が必要になります。健康の維持や生活の諸側面にわたってケアを行わなければ、労働力は維持できないからです。本来、こうした労働力再生産に関わるコストは、労働者を「雇う」側である経営者が担ってもいいはずです。しかし、近代資本主義は、この費用がかかるケア労働を、女性に無償で担ってもらう方向を選択したのです（「家族への愛」・「愛の労働」というイデオロギーがこの構図を支えることになりました）。ここには、妊娠出産の機能を持つ女性（特に既婚女性）が、妊娠中・出産・出産後という時間が必要なため、妊娠することのない（持続的な労働力確保の計算が容易な）男性労働力が主役になっていく、というプロセスもあったはずです。

初期の工場労働が女性と子どもに支えられていたことは、たとえば工業化の遅れた一九世紀末から二〇世紀初頭のイタリアを見ると理解できるかもしれません。一八七六年段階の労働者階級割合（労働者に占める女性・子ども・男性の割合）は、女性四八・六％、子ども二三・三％、男性二八・二％と圧倒的に女性が（工場）労働についていました。一九〇三年の段階でも、女性五三・七％、子ども一四・五％、男性三一・八％で、子どもの労働の減少の一方、むしろ女性の労働者割合が増加しています。しかし、工業化の進行は、女性の労働力率（女性の中で労働に従事している割合）の減少と有償の雇用労働者＝稼ぎ手としての男性という方向をとるようになります。一九〇〇年には三一・四％だったものが一九三一年には一九・〇％へと大きく減少していくのです（伊藤 二〇〇九）。

2. 民主主義とナショナリズム

もう一つ、身分制を超えて「すべての男性」に開かれていったのは「国民軍」への編入でした。ナポレオンによる国民皆兵の仕組みの開始は、成人男性を「（イギリスのようにかつての上層階級にノーブレス・オブリージュを課す社会もあったが、原則的には）平等」に国民軍へと配置させたのです。

実際、「軍隊こそは徹頭徹尾、大革命により是認された平等性と民主性といった価値の、守護者」（バルベーロ 二〇一四：一四八〜一四九）でした。しかし、この「平等性」と「民主性」の基礎からは、「もう一つの性」である女性は排除されることになったのです。

工業化に伴う男性＝生産労働＝有償労働と女性＝ケア（再生産）労働＝無償労働のジェン

ダー構造と、国民国家形成と国民軍の成立による「男性＝兵士」と「女性＝銃後」という構図は、それまで地域や身分制度の仕組みにより多様性を持っていたジェンダーの構図を、身分を超えて「平等」(「民主的」)に、男女というはっきりした社会的分離を生み出したと言えるでしょう。

近代社会の登場は、それまで共同体に包まれていた諸個人を、「個人」として析出する社会でもありました。共同体によってそれまで担保されていた人間の意識は、共同体から離脱することで、「個人」としてのアイデンティティを人びとに要求することになるのです。この個人主義の社会において、ジェンダー(二分法によって固定された性別)は、アイデンティティの重要な核の一つになっていたことも、ここで強調しておこうと思います。

3.「ひとつ」にする社会としての近代

近代社会は、こうして、前近代社会には存在した身分間の男女の役割の違いを喪失させ、身分を超えて「男女の分離」を全社会的に生み出すことになるのです。日本で考えるなら、武家社会と農村社会の男女の役割、商家の男性家長・その妻・使用人の男女の役割は、はっきりと身分や階層という刻印のもとに置かれていたのです。

こうした男女二項の社会的分離は、科学的認識においても、また社会的な役割分担やジェンダー表現においても広がっていきます。ジェンダーの視点から見れば、こうした「近代」の世界観は、男性の視点という基準から、個々の多様性・複雑性を切り縮め、「男・女」という二項図式のうちにあらゆる人間を枠づけるものであったということもできるでしょう。

キリスト教社会であったヨーロッパでは、『セックスの誕生』（ラカー 一九九八）でトマス・ラカーが指摘したように、アリストテレス由来の、男性を基準とし、女性は男性になりきれなかった未成熟の存在という位置付けである「ワンセックス・モデル」から、オスとメスの二つの性の違いを強調する「ツーセックスモデル」へと男女の「違い」が徹底されていきます。このことは、生物学のような「自然科学」においても完徹されました。

ジェンダード・イノベーション（以下、ＧＩ）の提唱者であるロンダ・シービンガーも、『女性を弄ぶ博物学』（シービンガー 一九九六）などにおいて、近代博物学や解剖学がそれまで以上に男女の生物学的性差を強調するに至った経過を鮮やかに考察しています。

まさに、多様な人間存在を二つに「分類」し、両者の「差異」を徹底的に強調することで、「男（オス）」「女（メス）」という、それぞれ「ひとつ」の枠に押し込むことが、「科学」の名の下に展開され、しかも、そこでは二つの分類のうち他方が、一方に対して圧倒的に社会的優位を保障されていったのが「近代社会」の特徴でもあるのです。

「ひとつ」にすることは、逆に言えば、多様で異質なものを絶えず均質化し、序列化し、統制することにつながります。そこにはつねに、複雑性、多様性へのおそれとでもいえるような不安感とともに、それを幻の「ひとつ」の枠組みへとまとめて認識し、コントロールしようという欲求が控えていたのです（伊藤 一九九三：一九〇）。

4．科学的思考における男性主導の仕組み

近代の科学的思考が男性主導で展開してきたことについては、エヴリン・フォックス・ケラーが、『ジェンダーと科学』（ケラー 一九九三）の中で、ナンシー・チョドロウの議論をうまく活用して、説明しています。

近代科学の発展の背景に、客観主義的に自然を把握しそれをコントロールしようという男性の原理が働いているというのです。男性の原理といっても、女性と男性の生物学的性差がストレートに科学的思考を形成しているというわけではありません。チョドロウが考察しているように、幼児期の男女の育てられ方が、こうした近代科学における男性性に影響しているというのです。

近代社会においては、幼児期の育児は（近代的な男女の領域の分離に伴い）主要に女性の側に

一方的に担われることになりました。乳幼児は、身近な保護者である母親との強い一体感を抱きつつ成長します。しかし、男の子は、近代のジェンダー化された社会（男女の差が強調される社会）の中で、早い段階で「母親と自分は違う（ジェンダーを刻印された）存在」であることに気が付かされることになります。結果的に、男の子は、母親からの「分離」を、女の子よりも早く経験することになるのです。最も重要な「他者」であり一体感を抱いていた母親からの分離は、男の子に、自分を取り巻く外部の環境を「客観的に」把握することを要求します。もっとも身近な（一体感を抱いていた）存在からの分離は、男の子に「自立」の傾向を要求する一方で、他者との共感の力や親密さへの忌避の傾向を作り出すことにもなるのです。

早い段階で母親から切り離された男の子は、孤立化の中で不安を抱え込むことになります。男の子たちはその不安を抑制するために、自分の周囲にある人間やモノをなんとかコントロールし支配しようとするのです。それが、「客観性」に基づき、自分の周りの世界をできるだけ単純化（「ひとつ」に）し、合理的に枠づけてしまおうとする傾向に結びつくのです。こうして男性は、感情の抑制の一方で、他者や周囲の（生き物も含む）モノとの共感能力を欠きやすくなるというわけです。

女の子は、逆に母子間の一体感が長期間持続します。結果的に、他者への「依存」の傾向が強くなるとともに、他者との共感能力や親密性を求める傾向が強くなる、というのがチョドロウの理論でした（チョドロウの議論は、むしろこちらが本筋だったわけですが）。

このチョドロウの理論を基礎に、ケラーは、近代科学の担い手が男性主導であったがゆえに生じた「歪み」を指摘しています。つまり、近代科学においては、整合性を追求しつつ理論的な面での合理化・抽象化を追い求めることで、対象のもつ個々の多様性や複雑性は切り縮められることになるというのです。また、個々の対象がプロセスの中で微妙に変容し続けていることにも十分な目配りはなされることはなかったというのです。

こうした近代科学の持つ男性主導の仕組みに対する対照的な研究手法としてケラーは、一九八三年にノーベル医学生理学賞を受賞したバーバラ・マクリントックのトウモロコシの遺伝子研究を取り上げています（ケラー　一九九三）。マクリントックによれば、トウモロコシの遺伝組織が、従来（主に男性研究者によって）考えられてきたように安定したものではなく、転移メカニズムによって常に再編・再組織化され続けているというものです。いわゆる「動く遺伝子」の発見でした。

ケラーは、マクリントックのこの発見の背景には、トウモロコシの遺伝子を単に客観的な対象として見るのではなく、対象と心を通わせ、共感しつつ会話する作業の中で達成された、これまでの男性主導の「客観主義」とは異なる視点が存在していたことを指摘しています。

もちろん、ここでケラーは、「女性的」性質を強調する「本質主義（普遍的な女性性の想定なるもの)」に陥らないように十分配慮していることにも注意を払っておく必要があるでしょう。シービンガーがケラーのマクリントックの考察について述べているように「(この研究方法は)なにか本質主義者が言うようなジェンダーの投影ではなくて、個体差をしっかり見きわめる力に基づいており、一般に理解されているよりも複雑」な研究なのです(シービンガー 二〇〇二:一三)。また、「女性は常に、異なる階級、人種、性的指向、世代、国々を出自としてきたのであって、けっして共通の関心、背景、価値、行動、そして癖で緊密に結ばれた集団を構成してきたわけではない。女性は、多様な歴史、要求、野心をもっている」こともきちんと押さえておく必要があります(シービンガー 二〇〇二:一一)。

しかし、マクリントックがとった「有機体に対する共感」という方法が、男性主導の近代科学の「客観主義」が見失っていたものであったことも、また、明らかでしょう。

こうした「ジェンダーと科学」をめぐる議論は、一九八〇年代以後、国際的にはかなり活発になされてきています。しかし、小川眞里子が指摘しているように、日本においてはこうした「ジェンダーと科学」の議論が「ほとんどなされず、欧米の学問的成果についても十分紹介されているとは言えない状況」にあることも、ここで付け加えておこうと思います(小川 二〇〇一:三二)。

5. 一九七〇年代以後の社会変容

このような科学的知の展開とも重なりつつ構造化された近代のジェンダー構造（「男性＝有償の生産労働＝兵士」と「女性＝無償ないし条件の悪いケア（労働力の再生産）労働＝銃後」）にひびが入り始めるのは一九七〇年前後のことでした。

その背景には、産業構造の大きな転換が控えていました。近年、しばしば産業革命は四つの段階で整理されるようになっています。つまり、蒸気機関の発明と鉄道網の発達に伴う第一次産業革命、二〇世紀以後拡大した電気エネルギーを中心とした大量生産・大量消費を生み出した第二次産業革命、さらに一九七〇年前後に開始した情報やサービスを基軸にした第三次産業革命（情報革命＝認知資本主義の開始）、二一世紀に入って以後のＡＩとＩｏＴ（Internet of Things：モノのインターネット）の第四次産業革命です。

特に一九七〇年前後の第三次産業革命は、それまでの製造業を中心にした大量生産・大量消費の時代から、より多様なサービスや情報や知識（知的財産）、さらに金融などの産業への移行を生み出しました。第二次産業革命時代の製造業中心の時代は、まさに近代的なジェンダー構造が、この仕組みを支えてきました。しかし、情報やサービスが軸になる社会は、それまでの男性主導の仕組みを切り崩し始めます。コンピューターのキーボードを叩いたり、新しい企画を生み出したりするのに、その担い手が、（妊娠することのない、しかも平均すれば筋力がある）「男性」である必要は必ずしもないからです。

他方で、消費社会の進化による多様なニーズの広がりやメディア産業の発達とともに、価値観の変動も生じ始めました。これまで共有されてきた「近代社会の文化」が、より多様で複雑な社会へ変容し始めたのです。それまで社会の周辺に置かれてきた人びと（社会的マイノリティ）の権利要求が広がったのが、この時期に当たっているのは偶然ではないはずです。むしろ近代社会おいては周縁化されてきた、ケア労働等の「人と関わる仕事」に携わってきた女性たちがもつ潜在的な能力が、少しずつ顕在化されてきたとさえ言えると思います（とはいえ、女性が主に担ってきた、人間生活にとって不可欠の重要な労働としてのケア労働の「価値」は、いまだ十分に共有されているとは言い難いのですが）。

男性主導の近代社会は、多様性・複雑性に満ちた世界を、「理性」の名の下に抽象化し分類し、整理づけることで管理する仕組みを形成してきました。しかし、こうした多様性・複雑性を「ひとつ」の観点からまとめあげコントロールする社会は、多様性・複雑性のさらなる拡大の中で、対応しきれない状態が生まれつつあると考えてもいいでしょう（伊藤 二〇一八、二〇二三など）。

6. サイボーグ・フェミニズム

このような「ひとつ」にまとめあげる男性主導社会の「知」の組み替えの要求は、当然のことながら「男性」の側からではなく、男性主導社会で周縁化されてきた「女性」の側から誕生しました。

「個人的なことは政治的なことである」という第二波フェミニズムのスローガンには、個々の日常生活の多様性や豊かさを抽象的な概念で切り刻み、客観的に整理し語ってきた「男性」の政治・社会観への抗議が含まれていたはずです。

なかでも、テクノロジーの発展と個々の部分性・多様性を強く打ち出したダナ・ハラウェイの「サイボーグ宣言」（ハラウェイ 二〇〇一）は、これまでの男性主導の固定的で均質化に拘束された男性主導の科学技術観批判という点で、傑出しています。

ハラウェイのおもしろい点は、人間がすでにサイボーグであるという視点で現代社会を語っていることです。つまり「わたしたちはすでにみなサイボーグなのだ。サイボーグこそ現代人の本質であり、政略といえる」（ハラウェイ 二〇〇一：三四）ということです。ここでいうサイボーグとは、単に、われわれが人工物=機械に囲まれ、それを内蔵さえしているというだけでなく、個々バラバラな「部品」「部分」によって出来上がった「ハイブリッド＝雑種」であるということです。つまり、これまでの人間の全体性・統一性を強調してきた近代的理性＝男性主導の思想に対して、自分たちの「部分性」「曖昧さ」「雑多性」、さらにいえば、固定的な存在としてではなく、常に変容しつつあるプロセスの中にいる存在としての人間の流動性をこそハラウェイは主張しているのです（伊藤 二〇一〇）。

なぜこれが「フェミニズム」なのでしょうか。サイボーグの雑多性の強調を通じて、ハラウェイはこれまでの男性主導社会で「人間」とされてきたのは「ヘテロセクシュアルな白人の男性」であったことを指摘しています。女性、同性愛者、アジア・アフリカ系の人びと、ましてやSFの世界で描かれてきたアンドロイドやサイボーグは、常に「人間」の世界の「周縁」に置かれ続けてきました。その意味でサイボーグという視点は、これまで（男性主導社会で）境界領域に置かれてきた者たちの新たな存在証明なのだというのです。

テクノサイエンスの発達した現代だからこそ、これまで周縁部に置かれ「見えない」存在であり続けた「不純で」「不統一で」「曖昧な」存在こそが、社会を変える担い手になるのです。ハラウェイは言います。「フェミニストにとって豊穣な資源とは〔中略〕有機体と機械の境界線のみならず、西欧的主体を構造化している境界線が解体されることによって派生する多くの可能性」なのだ、と（ハラウェイ 二〇〇一：九七）。

すでに述べたように、男性を人間主体として考える「近代理性」は、多様性や複雑性を「客観的で整合性と統一性を持った」「ひとつ」にまとめ上げてきました。ハラウェイは、こうした男性主導の「ひとつ」にまとめ上げる認識（フーコーに倣えば「差異と同一性」の論理）を鋭く告発し、多様な要素の複合体である人間、常に変容する過程の中にある人間という観点から、テクノロジーが発達した現代社会を見直そうとするのです。

7. DE&IとGI

こうした視点の登場は、現在しばしば目にするダイバーシティ、エクイティ&インクルージョン（DE&I）の議論とも重なり合うところも多いのです。

いうまでもなく、ダイバーシティとは、「性別、SOGI（性的指向やジェンダー・アイデンティティ）、肌の色やエスニシティ・国籍、宗教、年齢・世代、心身の障がいの有無など、人びとの違いや多様性を尊重すること」を意味しています。また、「エクイティ＝公平性」とは、「情報、機会、資源へのアクセスなどにおいてすべての人に公平な扱いを保障しよう」というものであり、さらに「インクルージョン＝包摂」とは、「どのような人であってもメンバーとして歓迎され、尊重され、支援され、評価されることができるような環境を整備すること」とされています。

GIは、まさにこうしたDE&Iの動きとも深いところで重なり合っていると思います。というのも、GIを提案したロンダ・シービンガーも、GIとは、セックス（生物学的性差）とジェンダー（社会的・文化的に構築された性差）のみならず、インターセクショナリティ（人種、エスニシティ、階級、宗教、障がいのあるなし、世代などの交差性）の視点も踏まえつつ、科学技術におけるイノベーションを目指すものだとはっきり明言しているからです。

近代の科学テクノロジーは、人間＝健常な成人男性（多くは白人男性）を基準として構築される傾向にあり、実は、「あらゆる人間」に適合的な技術を十分には生み出してこなかったのではないでしょうか。

生物学的性差の多様性、体の大きさや身長の高低などといった身体の多様性、さらにSOGIの多様性にきちんと目を向けつつ、世代や人種、障がいの有無、世代など、個々の多様性を認めつつ、それに対応しうる科学技術の発展を進めることは、まさに「誰一人取り残さない」科学テクノロジーの構築を目指すということでしょう。

そのためには、まず何をするべきでしょうか。よく知られているように、GIの戦略について、シービンガーは、以下の三点を整理して提示しています。すなわち①女性および社会的に「これまで見えにくかった」集団の参画を進めることで、社会の担い手の「数を適正化（fix）

する」こと、②研究組織の構造変革を通じて、キャリアにおける包摂的平等を促進するために「制度を適正化する」こと、③セックス、ジェンダーとインターセクショナリティ分析を研究の中へと統合していくことで、科学技術における卓越性を活性化するために「知識を適正化すること」、すなわちGIを進めることです。

まさに、③にはっきり掲げられているように、GIは、「知識の適正化」を求めているのです。インターセクショナリティの視点からの「知の適正化」という視点は、科学技術にとどまらない問題を含んでいるのです。

人文社会系でも、「女性学」やそれに続く「ジェンダー研究」の登場は、それまで「人間＝（健常な）成人男性」を基準に研究が行われてきた学術研究に、大きな変容をもたらしました。女性の視点、あるいは家族や子どもの視点を導入することで、新たな研究領域の拡大と、より深みのある人文社会科学が発展してきたのです。インターセクショナリティの視点は、それをさらに深化させることになるでしょう。

今後は、SOGIの多様性の観点や心身に障がいのある人びとの視点、高齢者の視点、子どもの視点や、人種差別やエスニシティという面で社会の周縁に排除されてきた人びとの視座（ポストコロニアル研究などは、その一例だったでしょう）から、人文社会系の学術研究そのものの見直しが、より一層要請されることになるでしょう。

ＧＩの視点から考えれば、書いたものが、視覚障害者向けに音声化された時、聞き取りやすい書き方をしているかどうかという課題や、ディスレクシア（読み書き困難者）向けにどのような人文社会的情報の伝達方法があるかの工夫も必要になってくるはずです。ここには、ＧＩの視点と人文社会的知の連携が求められることになるでしょう。

8. ケアの力の欠如した近代社会の男性たち

男性主導の近代社会の限界を前に今求められているのは、人間社会の多様性と複雑性に対応した社会の形成や制度設計と、それを支える科学技術の新たな展開なのだと思います。ＧＩは、まさにこうした人類史的転換の中で、必然的に生まれたものとさえ言えるかもしれません。

男性主導の近代的理性は、世界や人間の多様性を、「ひとつ」に切り縮め、「枠」の中に押し込み整理・管理し、他方で、この「枠」から外れた存在を「ここにはいない者」として視野から外し、社会的に排除する構造を生み出してきたともいえます。数百年続いてきたこの構造にひびが入ろうとしている現在、抑圧され、「影の世界」に置かれてきた多様な存在の権利やその社会的包摂が本格的に問われているのです。

科学テクノロジーと人文社会的な知は、多様性・複雑性に開かれた社会に対応した再編が要請されています。そのためには、何よりもまず男性主導で展開してきた近代社会そのものを見直し、ハラウェイが「サイボーグ」として描いた部分性、曖昧さ、雑多性、さらに常に変容していくプロセスの中に、われわれが置かれていることを直視する必要があります。言いかえるならば、全体性・統一性・差異と同一性に囚われた知の構造から、部分性・多様性、複雑性と雑多性に開かれた知の再編成と、それに基づいた制度設計が問われているのです。

人間社会と人間というものそれ自体の多様性・複雑性の承認と、公正性の担保、さらにあらゆる存在を対等なものとして社会的に包摂していくためにも、新たな人間観の形成とこれまで「見えなかった」「周縁に置かれてきた」多様な存在への想像力の共有が必要になるでしょう。

そのためには、男性主導社会が見落としてきた視座の徹底した見直しが求められます。なかでも、特に重要だと思われる概念として「ケア」の視座があるのではないでしょうか。

ここでいうケアは、育児や養護・介護といった実際の行為と共に、それを支える視点としての「自他の生命、身体、気持ちなどへの配慮」という課題でもあります。近代社会において、多くの男性たちは、このケアを「女性のもの・女性の仕事」として女性たちに押し付け、自分達には関係ないもの（むしろ、自分にとって無用なもの）とさえ把握してきたともいえるでしょう（伊藤 二〇一八、二〇二三など）。

すでにみてきたように、近代工業社会においては、男性＝生産労働＝有償労働、女性＝ケア労働＝無償労働の構造が形成されてきました。男性たちは、女性による「ケア」を「当たり前のもの・こと」として受け止め、他方で、人間生活にとって不可欠な「ケア」労働を、極めて低く評価していたのです。その結果が、賃労働としてのケア労働＝まさにエッセンシャルワークとしてのケア労働への低い評価につながっています。

今、ＧＩを社会的に実装し、多様性・複雑性に対応した社会形成にとって、実は、このケアの視点、特に男性の「ケアする力」（ケアの視点から自分や他人へ配慮するとともに、その配慮によってケアの行為をする力）」が何よりも問われることになります。もちろん、ここには「男性のケアする力」「ケアの力」の観点は極めて重要なのではないでしょうか。と同時に、「ケアする主体」としての男性性の重要性と共に、「ケアされる」男性性の問題もあります。「ケアされる力＝ケアを受容する力」「ケアを受け入れ感謝する力」と男性性という課題です。というのも、多くの男性はケアをうまく受容しきれていないからです。ケアされるということは、他者に依存する＝男性性を失うということと思い込んでいることもあるのでしょう。また、女性のサポートを「前提」にするという、男性の側からの女性に対する「自覚なき依存」の問題もあります。それゆえ、ケアされる場合でも、威張ったり、命令したりすることになるのです。逆に、ケアを素直に受容できず（これもまた、他者への素直な依存ができないということです）、自分の要求をスムーズに出せない男性もいます。自分の弱さを他者にオープンにしつつ、感謝の気持ちでケアを受容する力もまた不可欠な課題なのです。

おわりに――ケアの視点とGIへ

いうまでもなく「ケアの倫理」は、『もう一つの声で』という書籍を書いたキャロル・ギリガン（二〇二二）以後、フェミニズムの運動の中で議論されてきました。しかし、この課題は、むしろ近代社会でケアの視点を喪失してきた男性の問題なのではないでしょうか。さらにいえば、この「男性のケアの力」の問題は、そのままGIの可能性とも深いところで連動しているのです。

生物学的性差（セックス）、社会的に構築された性別（ジェンダー）、さらにインターセクショナリティを基本的な観点とするなら、GIの視座は、まさに多様な人間存在、多様な生活のあり方や文化そのものに対しての「ケア」（配慮）と深く関わります。科学テクノロジーを、あらゆる人間を包摂する公正な社会の構築と深いところで結びつける必要があるのです。

男性とケアの問題は、より広く考えれば現在の気候危機をはじめとする環境問題とも深く関わっています。自然環境の危機の背景には、自然に対する「ケア」を忘れ、自然を搾取しコントロールすることだけを考えてきた男性主導の近代の科学テクノロジーの論理が存在しているからです。

あらゆる多様な人間に対する対等で公正な社会、不利な条件にある人びとを「誰一人取り残さない」社会的包摂を可能にする科学テクノロジーの新たな方向性をもつＧＩは、ケアの視点を持つことで、持続可能な地球の問題とも連動して発展していくことでしょう。

参考文献

伊藤公雄（一九八四）「〈男らしさ〉の挫折」作田啓一・富永茂樹編『自尊と懐疑——文芸社会学をめざして』筑摩書房、一二九〜一五九頁（伊藤 一九九三に収録）。

伊藤公雄（一九九三）『〈男らしさ〉のゆくえ——男性文化の文化社会学』新曜社。

伊藤公雄（二〇〇三）『「男らしさ」という神話——現代男性の危機を読み解く』ＮＨＫ出版。

伊藤公雄（二〇〇八）『ジェンダーの社会学』放送大学教育振興会。

伊藤公雄（二〇一〇）「サイボーグ・フェミニズム」、井上俊・伊藤公雄編『社会学ベーシックス５ 近代家族とジェンダー』世界思想社、二一九〜二二八頁。

伊藤公雄（二〇一八）「剥奪（感）の男性化 Masculinization of deprivation をめぐって——産業構造と労働形態

の変容の只中で」『日本労働研究雑誌』六九九号、六三〜七六頁。

伊藤公雄（二〇二三）「剥奪感の男性化（Masculinization of Deprivation）をめぐって」『社会学評論』七四巻一号、二〜一六頁。

伊藤公雄・多賀太・大東貢生・大山治彦（二〇二二）『男性危機（メンズクライシス）？——国際社会の男性政策に学ぶ』晃洋書房。

イリイチ、イヴァン（一九八四）『ジェンダー——女と男の世界』玉野井芳郎訳、岩波書店。

小川眞里子（二〇〇一）『フェミニズムと科学／技術』岩波書店。

ギリガン、キャロル（二〇二二）『もう一つの声で——心理学の理論とケアの倫理』川本隆史・山辺恵理子・米典子訳、風行社。

ケラー、エヴリン・フォックス（一九九三）『ジェンダーと科学——プラトン、ベーコンからマクリントックへ』幾島幸子・川島慶子訳、工作舎。

シービンガー、ロンダ（一九九六）『女性を弄ぶ博物学——リンネはなぜ乳房にこだわったのか？』小川眞里子・財部香枝訳、工作舎。

シービンガー、ロンダ（二〇〇二）『ジェンダーは科学を変える!?——医学・霊長類学から物理学・数学まで』小川眞里子・東川佐枝美・外山浩明訳、工作舎。

ハラウェイ、ダナ（二〇〇一）「サイボーグ宣言」小谷真理訳、ダナ・ハラウェイほか『サイボーグ・フェミニズム 増補版』巽孝之編、巽孝之・小谷真理訳、水声社、二七〜一四三頁。

バルベーロ、アレッサンドロ（二〇一四）『近世ヨーロッパ軍事史——ルネサンスからナポレオンまで』西澤龍生監訳、石黒盛久訳、論創社。

フーコー、ミシェル（一九七四）『言葉と物――人文科学の考古学』渡辺一民・佐々木明訳、新潮社。

マクルーハン、マーシャル（一九八六）『グーテンベルクの銀河系――活字人間の形成』森常治訳、みすず書房。

ラカー、トマス（一九九八）『セックスの発明――性差の観念史と解剖学のアポリア』高井宏子・細谷等訳、工作舎。

第8章

当事者研究と共同創造

熊谷晋一郎

はじめに

ジェンダード・イノベーション（以下、ＧＩ）は、研究に性差（女性）の視点を取り入れる取り組みですが、障害者もまた、自分たちの経験やニーズを、科学技術や医療・福祉などの公的サービスに反映させるべく活動を行ってきました。

たしかに、アカデミアが産出する科学技術や専門知識は、障害のある人びとの生活を豊かにする大きな可能性を秘めています。筆者も電動車いすに乗って生活や仕事をしていますが、この乗り物はもはや体の一部であり、それなしに今の暮らしは想像できません。これも、科学技術によって可能になった現実です。

一方で、専門家が目指すものと、障害のある人を含むマイノリティが望むものとが、時にすれ違うことがあります。たとえば、筆者は生まれつき脳性まひという身体障害をもっています。筆者が生まれた一九七〇年代は、脳性まひの子どもに対して、平均的な身体に近づけるための治療を行うことが一般的でした。筆者もまた毎日五時間ほど、主に母親から自宅でリハビリを施されていましたが、それは子ども心に痛く、辛い経験でした（熊谷 二〇〇九）。

しかしその後、エビデンスに基づく医療の機運が高まり、脳性まひに対するリハビリの効果が小さいということが明らかにされます。リハビリの効果を信じて、毎日多大な時間と労力をかけてきた筆者やその両親は、はしごを外されるような経験をしましたが、同時に、効果のないリハビリから解放されもしました。その時代に主流化した科学的方法論やそれを通じて産出される知識が、当事者の生活に大きな影響を与えることを痛感した体験でした。

現在ＧＩは、交差性の概念をもとに、たとえば障害のある女性など、複数のマイノリティ性のある当事者の経験やニーズを考慮に入れようとしています。しかし、交差性とは、複数の差別構造が互いに相互作用して、どちらの差別構造にも還元できない特有の抑圧として経験される状況を表すものです。したがって、たとえば、性差別を明るみに出した言説と、障害者差別を照射した言説を足し合わせても、女性障害者の被抑圧的な経験を十全に表すことはできません。

本章では、言葉が届かない交差性の領域に言葉や表現を与えようとした、当事者研究という日本固有の在野の研究実践を紹介するだけでなく、当事者研究がアカデミアと連携して研究の共同創造を行っている最近の展開と、そこで見えてきた課題を考えます。それを通じて、交差性をカバーしようとしつつあるＧＩの方法論について、一定の示唆を与えることが本章の目的です。

1. 当事者研究とは

◆障害者運動と依存症自助グループ

さて、リハビリには効果がないという事実を突きつけられた筆者やその家族にとって幸いだったのは、ちょうど同じ時期に世界的に勃興しつつあった障害者運動が、障害についての新しい認識枠組みとそれに基づく実践を展開していたことでした。彼らの主張は、「障害は、皮膚の内側にではなく、皮膚の外側に存在している」というものでした。たとえば、建物に階段しかなく、行きたい場所に行かれない障害者がいるときに、階段をのぼれないその人の体の中に障害が宿っているのではなく、エレベーターを設置しない建物の中に障害が宿っていると考えるのです。これを障害の社会モデルと呼びます（Dejong 1979）。障害の社会モデルは、未来を見失っていた筆者にとって、唯一無二の私の身体を否定せずに生き延びることを可能にするパラダイムでした。社会モデルの考え方は、その後、建築学や政策科学、リハビリテーション科学など、多くの専門家や市民社会に受け入れられていきました。

もう一つ、専門知とマイノリティの目指す方向性がすれ違い、その後、再合流した例として依存症自助グループの活動を挙げます。依存症とは、アルコールや薬物の使用などの行動が、本人のコントロールが及ばないまでに繰り返され、身体的、経済的、社会的状況を損なっている状態を指します。二〇世紀初頭までの専門家は、依存症に対してさまざまな宗教的、治療的、教育的、司法的介入を行いましたが、どれも効果は限定的でした（ホワイト 二〇〇七）。しかし一九三〇年代になると、アルコール依存症者本人が互いの経験を語り合う自助グループであるアルコホリクス・アノニマス（AA）が誕生し、その高い効果に注目が集まるようになりました（ホワイト 二〇〇七）。彼らは依存症の背景に、何らかの対人関係上の傷つき体験によって生じた「他人を信頼して依存することの困難」があり、そのために消去法で「自分の意思の力や能力」「物質」「人間扱いしていない他者（自分を導き評価する他者＝世俗的な規範や、自分の言いなりになる搾取可能な他者）」への過度な依存が生じていることを見出しました。自助グループでは、世俗的な規範どおりに振る舞うよう意思の力でコントロールできない等身大の自分を受け入れ（無力を認める）、責められることのない安全な場で、傷つきをも含む過去の記憶を正直に語り合い（棚卸し）、規範の代わりに等身大の自分を導く唯一無二の「自己物語」を共同製作することで、他人への信頼感が醸成され、その副産物として嗜癖《しへき》行動がおさまるという、まったく新しい依存症の回復像を打ち出したのです。その後、ＡＡの高い効果はさまざまな専門家から注目され、二〇二〇年三月にはエビデンスに基づく医療において国際的に最高水準であると認められているコクラン・ライブラリーに系統的レビューが公表され、ＡＡと連携したプログラムが、専門家のみによるプログラムと比較して、より効果が高いことが示されました（Kelly et al. 2020）。

障害者運動は、潜在能力の発揮を阻害する社会環境のもと、意思の力で人生を選びとる権利を奪われてきた障害者が、等身大の「身体」のままで力を取り戻せるように社会変革を迫りました。これは、能力主義や自己決定といった近代的個人の理想を障害者にまで普遍化しようとするものといえます。それに対し依存症自助グループは、自分の能力や意思の力、物質的環境への過度な依存を強いる近代的個人の病理から回復するために、世界にたった一つしかない自分の「物語」を再構築し、他者と共有していくことの重要性を発見しました。身体と物語、この二つは、私が私であり、他の誰とも異なる固有の存在である根拠を与えるものです。障害者運動と依存症自助グループは、近代の徹底と補完という対照的な特徴をもちつつ、どちらも唯一無二の私を肯定する社会環境や人間関係の実現を目指す代表的な当事者活動であり、その後のさまざまなマイノリティ活動に多大な影響を与え続けています。

◆マイノリティグループ内部の周縁化

一方、マイノリティグループの内部に目を向けると、たとえ同じカテゴリーを共有していたとしても、そこに還元できない多様なメンバーがいます。

たとえば依存症自助グループと障害者運動は、グループ外部への「公開性」という点で、一見すると相容れない特徴を持っています。依存症自助グループでは、グループ内部で語られたことは、世俗的規範が支配するグループ外部には口外しないというルールによって、語ることにリスクを伴う内容を正直かつ安全に開示できる場を確保しています。また、グループ外部の政治的な論争に対して意見を述べてはならないという運営方針も明記されています。対照的に障害者運動では、それぞれのメンバーが語る多様な内容を、「私たちの意見」としてまとめ上げ（ここで、メンバー一人ひとりの唯一無二性が捨象されがちです）、外部に公開することで、社会変革を目指してきました。こうしたそれぞれのグループの特徴は、グループの価値観やプログラムに合うメンバーと、合わずに周縁化されるメンバーの分断を引き起こします。

たとえばこれまでの障害者運動では、見てすぐに少数派の身体を持っているということが、自他共に暗黙の前提として了解されており、ゆえにニーズが明確で、後は主張して社会変革するだけだというところがありました。そこから周縁化されがちなメンバーには、発達障害や精神障害と呼ばれる診断を持つ人びとがいます。彼らの困難は他人に見えにくく、他人に見えにくい困難は当事者自身にも見えにくい傾向にあります。その結果、うまく立ち振る舞えないのは自分の努力が足りなかったり、意思が弱かったりするからだろうかという、依存症的な自責の念に巻き込まれていきます。そういう人の多くは、「社会変革をしよう」と言われても、何を主張したらいいのかわからないでしょう。こうした人びとにとっては、われわれ、としてまとめ上げられる以前の固有の経験を語り合うことを起点に、自分の身体について、どこは変えられてどこからが変えられないのかといった、有限性に関する知識を探求する必要がありました。

　周縁化された当事者は、依存症自助グループにおいても存在していました。そもそもAAで採用されていた回復プログラムは、比較的、社会的資源を持つ中産階級以上の白人男性が中心となって開発された背景があります。彼らは依存症の問題さえ

当事者研究の２つの系譜

難病・障害者運動	依存症自助グループ
欲望と意志の承認	欲望と意志の保留
自己決定	コントロールを手放す
社会変革を目指す	社会や他者に意見を持たない
エンパワメント（力を取り戻す）	無力を認める
語りの統合（シンフォニー）	**語りの陳列（ポリフォニー）**
近代的価値の徹底	近代的価値の補完

解決すれば社会の中に戻るべき居場所がありました。そういう人びとに照準されたプログラムは、家庭の中で日常的に暴力を受けていたり、社会的差別や排除を受けていたり、重複障害を抱えていたりする、近代的個人が享受すべき権利や社会資源をいまだに保障されていない当事者はうまくなじめない場合があります。彼らにとっては、自助グループは安全な場所だとしても、一歩外に出れば、差別や暴力、貧困の世界が広がっており、そうした困難を生き延びるために利用可能な資源は、依存物質以外にないという状況にすぐさま追い込まれていきます。こうした人びとには、女性の依存症者、ＬＧＢＴの依存症者、エスニック・マイノリティの依存症者などが含まれます。差別する社会の側を変えない限り生き延びられない彼らは、グループの外部に広がる社会に向けた公開性という契機を待ち望んでいました（上岡 二〇一九）。

こうして、依存症自助グループと障害者運動という二大マイノリティグループのどちらからも周縁化された当事者たちがはじめた当事者研究は、両者を受け継ぐ形で、自分の固有性を身体と物語の両面から探求し、それを外部に公開することで社会変革につなげていく新しい実践でした。

自分を語る言葉が多数派の言語の中にも、マイノリティグループの中で流通する言語の中にもなく、自らの経験や困難がないことにされがちな当事者の存在が、当事者研究の産みの親と言えます。そこで、当事者研究の説明をする前に、「経験を語る言葉がない」という周縁化された当事者の状況を表す「解釈的不正義」という概念を説明しておきます。

自分の経験を意味あるものとして認識するためには、対象物や人物、出来事や行為、状況などを表す概念やフレーズといった解釈資源が不可欠です。そうした解釈資源を発明したり、それを用いた証言を通じて異なる人びとが互いの経験や知識を伝達したりする営みは、私たちが社会生活を営むうえで極めて重要なものです。しかし一部の人びとは、社会にはびこる偏見や権力が原因で、こうした「認識実践」とも呼ぶべき営みから不当に排除されています。このような状況を、哲学者のミランダ・フリッカーは「認識的不正義」と呼びました（フリッカー 二〇二三）。

フリッカーは認識的不正義を二種類に分類しています。一つ目は、白人の裁判員が黒人の証言を信用しない状況のように、「聞き手が、偏見のせいで話し手の言葉に与える信用性」（フリッカー 二〇二三：一〜二）を過度に低くしてしまう「証言的不正義」です。そして二つ目は、産後うつという概念が存在しなかった時代に、女性たちが自分の体験を意味付けられず、周囲からも「非道徳的」「わがまま」と誤解されていた状況のように、抑圧された人びとが自らの経験を意味付ける概念やフレーズを生み出す空間から排除され（解釈的周縁化）、それゆえにそうした人びとの経験を意味付ける概念やフレーズが社会の中で流通しない状況が温存される「解釈的不正義」です。その上でフリッカーは、聞き手が自らの偏見を自覚し、証言的不正義に手を染めないために必要な徳（証言的正義）と、社会に流通する解釈資源が権力を持つ人びとに有利なものに偏っていることを自覚し、解釈的不正義に手を染めないために必要な徳（解釈的正義）について記述したのです。

注目すべき点は、フリッカーがこれら二つの徳を、不正義な状況を是正するために必要な「倫理的徳」であると同時に、真理や信実性を担保するための「知的徳」でもあるという意味で、「ハイブリッド型の徳」（フリッカー 二〇二三：一〇）と捉えている点です。

経験を意味付け共有するために不可欠な概念やフレーズといった解釈資源を発明する営みは、広義の「研究」と呼ぶことができます。ハイブリッド型の徳という考え方は、名状しがたい抑圧的な状況を言い当てる解釈資源を生み出す研究活動が、同時に、公正な社会の実現を目指す運動的な要素をもちうるということを示唆しています。

◆周縁を媒介に二大グループが合流してできた当事者研究

一九七〇年代、北海道浦河町にある浦河日赤病院に赴任したソーシャルワーカーの向谷地生良《むかいやちいくよし》は、学生時代に難病患者や障害者による運動の理念と実践に触れ、これを精神障害の領域にもたらしたいという志を持っていました。同時期に、活発に依存症臨床を実践していた旭川医科大学出身の精神科医である川村敏明は、研修医の頃に出会ったＡＡメンバーの語りに魅せられ、これをすべての精神疾患に応用したいと考えていました。当事者研究誕生に大きな影響を与えた二人、すなわち向谷地と川村の出会いは、統合失調症を中心とする精神障害の領域を舞台とした、障害者運動と依存症自助グループの出会いでもあったのです（綾屋 二〇二三a）。そして浦河町には、両者の合流を必要としていた当事者たち、すなわち、過疎地でアイヌとして差別を受け続け、精神障害や依存症を抱えながら生きる人びとなど、依存症自助グループと障害者運動という二大マイノリティ共同体のどちらからも周縁化された当事者たちが、地域から排除され、精神科医療に囲い込まれていました。

矛盾するように見える両者を統合する上で役に立ったのが、「研究」という枠組みでした。困難を抱える当事者に対する、「研究しよう」という呼びかけは、困難な状況に対して自責や他責で応えていた当事者に、免責された安全な観察者の立ち位置を保障し、より価値中立的に困難について考えることのできる条件を確保します。同時に、ある種の責任として、「無知の知」、すなわち自分は十分にまだ知らないという自覚や、捏造《ねつぞう》を避け、正確に経験を語ろうとする「正直さ」もまた、研究倫理から要請されます。これらの態度は主に、依存症自助グループを継承する形で、当事者研究に引き継がれています。一方、研究と言うからには、グループの外部と共有したり、対話したりする中で、さまざまな視点を互いに取り入れて客観性を強める「公開性」が求められます。依存症自助グループでは慎重に避けられていた公開性を強調することで、当事者研究は障害者運動からの社会変革の要素を受け継いでいます。

むろん、当事者研究においては、障害者運動が持っていた政治性や、依存症自助グループが持っていた安全性が弱まっている点は重要であり、既存の二つに取って代わるものではなく、共存する三つ目の実践として当事者研究を捉えることが極めて重要です。

さらに、「当事者」という語を置くことで、研究対象がカテゴリー化された障害属性ではなく、唯一無二の自分自身の身体と歴史であるという点を強調している点も、重要なものであり、名付けのない苦労をもつ周縁化された当事者こそが主役とならなくてはなりません。

こうして、解釈的不正義を是正する営みとして、当事者研究を理解することができます（鶴田二〇二一）。公正な社会やウェルビーイング（身体的・精神的・社会的に満たされた状態）の実現は、当事者研究の実践を導く倫理的徳といえます。しかし同時に、研究という語を用いる当事者研究は知的徳に導かれる側面もあります。

2．共同創造とその条件

◆共同創造の歴史と展開

知的徳に関連して、当事者の価値観に基づき、当事者参画のもとで研究を推進すべきとの原理が「研究の共同創造」(co-production of research) というキーワードと共に世界中で共有されつつあります。研究の共同創造とは、市民や当事者が、研究費の配分、仮説の提示、実験、分析、結果の解釈と公開など、研究のすべての段階に参画し、専門家と共に科学技術を推進する取り組みのことで、いわば研究の民主化とみなすことができます。研究の共同創造は二〇一八年一〇月に雑誌『ネイチャー』で特集が組まれるなど、国際的にも重要なトピックとなりつつあります。

たとえば、イギリスのジェームズ・リンド同盟は、当事者、支援者、臨床家が「優先課題設定パートナーシップ」を組み、合議によって、もっとも重要だと思われる課題を特定し、優先順位をつけることを目的にした団体です (Lloyd and White 2011)。合議の結果は、国立保健図書館のデータベースに登録され、既存の知識や研究によってすでに解明されていないかどうか、データアナリストによってチェックされます。残った不確実な事柄は、優先順位付けの合議的プロセスを経て、「優先して研究すべき課題：トップ一〇リスト」へとまとめられ、研究資金提供者に対して、当事者、支援者、臨床家にとって何が重要なのかに関する情報として提供されます。他にも、精神医学領域の権威ある雑誌である『ランセット・サイカイアトリー』が査読者の中に精神障害のある当事者を加える方針を打ち出したり、『ブリティッシュ・メディカル・ジャーナル』が投稿者に共同創造を行ったか否かの記載を義務付けたりなど、学術コミュニティも共同創造に向けて具体的な行動を起こし始めました。

◆東京大学ユーザーリサーチャー制度

筆者が現在所属している大学でも二〇一二年以降、共同創造を大学内に実現するさまざまな取り組みを行ってきました。たとえば、自らの当事者性に関する障害者コミュニティの中で仲間と共に活動してきた人物が、共同創造を担う研究者として雇用され、障害当事者の視点から自らの障害に関する研究をする「ユーザーリサーチャー制度」を、二〇一八年に日本で初めて試行的に導入しました。筆者らの研究室では現在、五名のユーザーリサーチャーが活躍しており、自分の経験だけでなく仲間たちの歴史・経験の多様性も豊富に持っていることや、そうした仲間たちの知恵をふまえて自分たち当事者にとって大切にすべきことを見出し、それを羅針盤として研究に取り組むことなどが期待されています（綾屋 二〇二三b）。

たとえば、転職を繰り返してきた発達障害のユーザーリサーチャーは、当事者研究を導入することで、障害の有無を超えてすべてのメンバーが、各々抱えている困りごとを脅かされずにオープンにでき、互いの知識や技術を共有し、補い合って高い達成を実現するチームが実現し、仕事を継続できたという経験をしました。これを検証するためにオンライン当事者研究導入講座を開発し、一三社、四八名に予備的に提供、その成果を論文にしました（熊谷ほか 二〇二二）。また、「心理的安全性」「知識の共有」「謙虚なリーダーシップ」の三つを測定する尺度の翻訳を開発し（Matsuo et al. 2023）、これらの要因と、ウェルビーイングやパフォーマンスの指標との関連を調べました。発達障害者雇用を積極的に推進しているデジタル分野の企業八社、四〇チーム、一九八名を対象に行った横断調査の結果、リーダーの謙虚さ（客観的な自己理解などで定義されます）が、心理的安全性の高さ（脅かされずに正直な意見表明や失敗の報告ができること）を媒介に、生産性の低下を防げる可能性が示唆されました（Matsuo et al. 2024）。そこで当事者研究の導入がリーダーの謙虚さを促進することで、働きやすい職場を実現するのではないかという仮説を検証すべく、独自に開発したプロトコール（東大倫理審査専門委員会No.19-373）に基づき、二〇二二年八月に介入試験を開始、二〇二三年七月時点で四企業、一二チーム、八〇名が研究参加しました。

また、受刑経験のあるユーザーリサーチャーは、刑務官の職場環境には改善の余地があると考え、社会復帰促進センター職員一四三名と、法務省補佐官級以下の職員一〇八八名を対象に法務省働き方総合アンケート調査を実施し、謙虚なリーダーがいる部署では心理的安全性が高く、職員のエンゲージメントやウェルビーイングが向上することを報告しました。この結果は、名古屋刑務所の不祥事に端を発した法務省内の組織文化変革の方向性に影響を与え、「矯正研修所高等科研修」「法務省政策評価懇談会」「全国刑事施設長会同」でのレクチャーで紹介されるとともに、ユーザーリサーチャーらと共同創造した矯正施設職員用プログラムが「上級幹部マネジメント研修」「上級管理科研修」で実施されることになりました。

その他、エコロジーモビリティ財団の援助のもと、空港や機内の快適性をテーマに、聴覚障害のあるユーザーリサーチャーが独自の快適性尺度を開発し、聴覚障害のある人は空間的快適性を低く感じていることを明らかにしました。この研究は日本渡航医学会マルコ・ポーロ賞を受賞し、彼女は東京大学大学院博士課程に進学しました。また、舞台芸術、テレビや映画といったエンターテイメントに手話通訳や文字字幕を付与するアクション・リサーチを長年してきた聴覚障害のあるユーザーリサーチャーは、数多くの賞を受賞するなどその社会的インパクトがみとめられ、二〇二三年四月より東京大学の特任研究員に着任するなど、ユーザーリサーチャーのキャリアパスが切り開かれつつあります。

◆共同創造を阻害するスティグマ

現在、研究の共同創造の意義を疑う人びとは少なくなりましたが、その実現方法については議論が続いています。たとえば共同創造を謳《うた》った研究プロジェクトの議事録を分析した研究によると、当事者の参画が形式的かつ象徴的なものに留まっているという報告がなされています（Horrocks et al. 2010）。さらに、多数派に合わせてデザインされた研究機関に身を置くことで、マイノリティが徐々に、多数派の価値観や認識枠組みに巻き込まれ、少数派視点での研究が実現しにくくなるという指摘もあり（松田 二〇一八）、これはジェンダー領域においても生じうるものでしょう。

こうした限界に対処するためには、マジョリティに包囲されながら個人個人がバラバラに活動するマイノリティではなく、少数派固有の価値・認識・実践を共時的にも通時的にも共有・更新するマイノリティ共同体の存在が重要になります。個人としてのマイノリティと、集団としての専門家共同体が共同創造するのではなく、それぞれが自律的に活動するマイノリティ共同体と専門家共同体とが共同創造することが肝要です。そういった面でも、依存症自助グループや障害者運動の歴史は、あるべき共同創造の姿に指針を与えています。

しかし現実には、マイノリティ性を持った研究者が既存のアカデミアに参入した際には、さまざまな壁が立ちはだかります。たとえばその壁の一つを表す概念がスティグマです。

スティグマとは、権力関係の作用する条件下で、さまざまな属性を使って人びとを分類する「ラベリング」、一人ひとりの個性を無視して属性全体を一括りにした典型的なイメージを持つ「ステレオタイプ」、一部の属性に対してネガティブな偏見をもつ「バイアス」、その人たちを地域社会から隔離したり、社会的ステイタスを奪ったりといった形で扱う「差別」が起きる現象のことです（日本工学アカデミー 二〇二二）。

スティグマには、非当事者が当事者に向ける「公的スティグマ」、当事者自身が自分に向ける「自己スティグマ」、そして、制度や物的環境といった構造に宿る「構造的スティグマ」の三種類があります。ここでは公的スティグマと自己スティグマの解消方法について簡単に説明します。

まず公的スティグマを解消するには、多数派と少数派の「個人レベルの対等性」を多数派が自覚することが必要です。少数派のことを「あの人は自分たちと脳が違う、身体が違う、遺伝子が違う」といった自分たちと異質な存在として理解しようとすることは、公的スティグマを増やします。むしろ、多数派と少数派を分けるのは困難の重さや頻度といった「量的な違い」に過ぎず、質的には異なるわけではないと理解する「連続性教育」が公的スティグマを減らすことが知られています（Schomerus et al. 2013）。また、障害者支援施設の職員を対象とした筆者らの研究では、リーダーの謙虚さが高いと、職場の心理的安全性が向上し、その結果、障害者への公的スティグマが低減することが見出され（Tsujita et al. 執筆中）、スティグマの観点からも当事者研究導入に効果がある可能性が示唆されます。

一方、自己スティグマを解消するには、お互いが属するグループ間の権力格差やさまざまな資源配分の偏りの歴史を意識しつつ接触し、その格差の是正に向けて取り組む「集団レベルでの対等性」が重要だとされています。たとえば、大学の新入生オリエンテーションで、集団レベルでの対等性を尊重する大学ポリシーをメッセージとして送った場合と、個性を強調し、集団の違いを取り扱わない個人レベルでの対等性を尊重するメッセージを送った場合とで、その後のマイノリティの学業成績を比較した研究があります。結果は、前者のメッセージを送った場合にのみ、マイノリティ学生とマジョリティ学生の成績格差が消失するというものでした（日本工学アカデミー 二〇二二）。

以上のように、集団レベルでの対等性と個人レベルでの対等性の双方をアカデミアの中に実装することで初めて、スティグマが低減し、共同創造の準備が整うと言えます。

おわりに

マイノリティの視点をアカデミアにもたらす共同創造を実装する上で、解釈的不正義やスティグマが障壁となること、そして、その障壁を取り除く方法の一つとして当事者研究に可能性があることを述べました。GIを、女性の視点を研究に反映させる共同創造の一例とみなしたら、今後、交差性を踏まえた展開を志向するときに、女性コミュニティ内部での解釈的不正義やスティグマの連鎖に対処する必要があるでしょう。

謝辞：本稿執筆の元となった研究は、文部科学省科学研究費補助金・学術変革領域研究（A）「当事者化の過程における法則性／物語性の解明と共同創造の行動基盤解明」（課題番号：JP21H05175）、JST CREST「知覚と感情を媒介する認知フィーリングの原理解明」（課題番号：JPMJCR16E2）、内閣府ムーンショット型研究開発制度「多様なこころを脳と身体性機能に基づいて繋ぐ『自在ホンヤク機』の開発」（課題番号：JPMJMS2292）の支援を受けた。

注：本稿は下記の論考を大幅に加筆修正したものである。
熊谷晋一郎（二〇二三）「共同的な知の方法」笠井清登・熊谷晋一郎・宮本有紀・東畑開人・熊倉陽介編『こころの支援と社会モデル――トラウマインフォームドケア・組織変革・共同創造』金剛出版、二一三～二二三頁。

参考文献

綾屋紗月（二〇二三a）『当事者研究の誕生』東京大学出版会。

綾屋紗月（二〇二三b）「共同創造に向けた精神医療・精神医学のパラダイムシフト」『精神医学』六五巻二号、一五五～一六一頁。

上岡陽江（二〇一九）「ダルク女性ハウスの当事者研究――多重スティグマを超える「記憶の共有化」」熊谷晋一郎編『当事者研究をはじめよう』金剛出版、一四～二六頁。

熊谷晋一郎（二〇〇九）『リハビリの夜』医学書院。

熊谷晋一郎・喜多ことこ・綾屋紗月（二〇二一）「当事者研究の導入が職場に与える影響に関する研究」『経済分析』二〇三号、二八～五八頁。

鶴田想人（二〇二一）「認識的不正義と当事者研究――科学論の「第三の波」を再考する」日本科学史学会第六八回年会、二〇二一年五月二三日。

日本工学アカデミー（二〇二二）『インクルーシブなＳＴＥＭ研究環境の構築』（https://www.eaj.or.jp/?p=17301）。

フリッカー、ミランダ（二〇二三）『認識的不正義――権力は知ることの倫理にどのようにかかわるのか』佐藤邦政監訳・飯塚理恵訳、勁草書房。

ホワイト、ウィリアム・L（二〇〇七）『米国アディクション列伝――アメリカにおけるアディクション治療と回復の歴史』鈴木美保子・山本幸枝・麻生克郎・岡崎直人訳、ジャパンマック。

松田博幸（二〇一八）「ピアワーカーの政治（politics）」熊谷晋一郎編『当事者研究と専門知』金剛出版、一〇五～一一一頁。

DeJong, Gerben (1979) "Independent living: From social movement to analytic paradigm," *Archives of Physical Medicine and Rehabilitation* 60(10): 435–446.

Horrocks, Janice, Christina Lyons, and Paul Hopley (2010) “Does strategic involvement of mental health service users and carers in the planning, design and commissioning of mental health services lead to better outcomes?,” *International Journal of Consumer Studies* 34(5): 562–569.

Kelly, John F., Keith Humphreys, and Marica Ferri (2020) “Alcoholics Anonymous and other 12-step programs for alcohol use disorder,” *Cochrane Database of Systematic Reviews* 3(3): CD012880.

Lloyd, Keith and Jo White (2011) “Democratizing clinical research,” *Nature* 474: 277–278.

Matsuo, A., M. Tsujita, K. Kita, S. Ayaya, and S. Kumagaya (2023) “Developing and Validating Japanese Versions of Psychological Safety Scale, Knowledge Sharing Scale and Expressed Humility Scale,” *Management and Labour Studies,* 10.1177/0258042X231191871. Advance online publication.

Matsuo, A., M. Tsujita, K. Kita, S. Ayaya, and S. Kumagaya (2024) “The mediating role of psychological safety on humble leadership and presenteeism in Japanese organizations,” *Work,* 10.3233/WOR-230197. Advance online publication.

Schomerus, Georg, Herbert Matschinger, and Matthias C. Angermeyer (2013) “Continuum beliefs and stigmatizing attitudes towards persons with schizophrenia, depression and alcohol dependence,” *Psychiatry Research* 209(3), 665–669.

第9章

自閉症とジェンダーの交差性

綾屋紗月

はじめに

科学的研究におけるバイアスはジェンダーに関するものだけではありません。私は自閉症[*1]の診断を持つ研究者であり、長年、外側からは見えにくい経験を内側から記述し、仲間と共に自らの経験の規則性を探っていく「当事者研究」に取り組んできました。そのモチベーションの一つは、マジョリティの特性やライフスタイルを規範的なものとした上で私たちを病理化している、既存の自閉症研究への違和感でした。近年は、マイノリティ性を抱えた当事者と既存の学術研究の対等な連携によって、当事者視点を踏まえた知識の生成を目指す「共同創造」に取り組んでいますが、その過程においても、アカデミアにおける偏見や差別に私は直面してきました。本稿では、こうした自身の実践をふまえ、自閉症研究におけるバイアスを是正するためのこれまでの取り組みについてお話ししてみようと思います。加えて、障害におけるバイアスとジェンダーにおけるバイアスが自閉症研究において共犯的に交差している現状を指摘してみたいと思います。

1. 経験を表す言葉がない世界

私が自閉症の診断を得たのは成人してからでしたが、物心ついた頃から私は、自分と周囲の人びととの間に日々、ズレを感じていました。身体感覚の面では、周囲の人よりもうまく声が出せないこと、うまく聞き取れないこと、うまく文字が読めないこと、うまく食べ物が呑み込めないこと、自分が空腹だと気づきづらいこと、などのズレがありました。世界の認識の仕方という面では、人が注目しない些細な部分を覚えていること、左右が覚えられないこと、AとBが似ているか否かの判断が周囲の人たちと一致しないこと、同世代の集団の会話の流れやルールが共有しづらいこと、などのズレを突きつけられました。そして行為の面では、周囲の人たちがすぐに決定できるような場面ではなかなか決められず、周囲の人たちが躊躇《ちゅうちょ》するような場面では迷わず決められること、工作や料理など手先を使う作業から体全体を動かすスポーツまで、周囲の人たちよりも著しく不器用かと思いきや、数年後に突然スッとできること、ひどく疲れやすいこと、などのズレを経験しました（綾屋 二〇二四a）。

私にとって何よりもつらかったのは、単にズレていることではなく、そのズレが周囲に気づかれず、承認もされないことでした。勇気を出してそれとなく相談しても、親や教師からは「気のせい」「誰にでもあること」と相手にされず、同級生からはあやしまれて無視されるようになりました。他者からの承認が得られなかった私は、「どうせ誰もわかってくれない」という不信感の中でますます孤立し、「普通のフリ」という名の過剰適応を続けました。しかし、自分の感覚・認識・行為が周囲と一致しづらい日常は、「私が感じている心身の変化は確かに生じているのか」「私の身の回りの事物は実際に存在しているのか」「私の行為は本当に適切なのか」といった、自分と世界への不信感と混乱をもたらし続けます。大きなストレスと慢性的な体調不良を抱えた結果、私は高校一年生の秋に体を壊し、しばらく学校にも通えなくなりました（綾屋 二〇二三a）。

やがて三一歳のとき、日本人女性の自閉症者による手記に出会いました。それまで専門家による自閉症の説明を読んでも「これは自分ではない」と感じていましたが、当事者が「外側からはこのように見えるかもしれないが、内側の感覚や考え方としてはこうなっている」と、自らの経験を語った文章は、これまでになく自分の経験と一致しました（綾屋 二〇二二）。それを機に、私はようやく自分の感覚が部分的に承認され、自閉症の診断につながりました。一方で、診断を得る前から私が思っていたのは、私に生じている人との関わりづらさはあくまでも結果としての現れに過ぎず、その手前には上述のような周囲の人びととは異なるさまざまな身体的特徴の違いによる苦労があるということでした。しかし、それらを説明する言葉は、世の中に存在していませんでした（綾屋 二〇二三c）。

2. 自閉症概念の問題点

さて、診断後すぐに私が気づかされたのは、診断を得たからといって自分に生じていることを誤解なく他者に理解してもらえるようになるわけではなく、むしろ差別や偏見といった「スティグマ」が増す場面もあるということでした（綾屋 二〇二三a）。その原因は自閉症の診断基準にあります。自閉症は、国際的な診断基準であるＤＳＭ－５によって、⑴さまざまな文脈を超えて、全般的な発達の遅れでは説明のつかない、社会的コミュニケーションと社会的相互作用における持続的な欠損があり、⑶行動、興味、活動の限局的かつ反復的なパターンが認められる、という二つの特徴で定義されています（ＡＰＡ 二〇一四）。しかし、そもそも「社会的

「コミュニケーション障害」を私たちに押しつけないで！

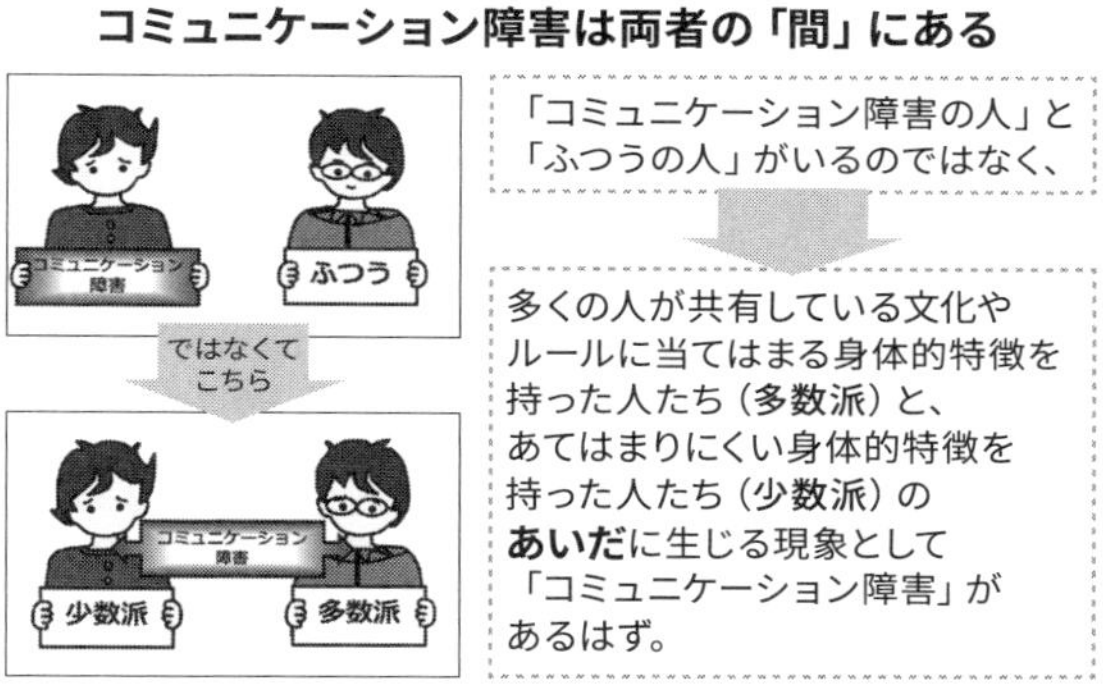
コミュニケーション障害は両者の「間」にある
コミュニケーション障害
ふつう
ではなくて
こちら
少数派
コミュニケーション障害
多数派
「コミュニケーション障害の人」と
「ふつうの人」がいるのではなく、
多くの人が共有している文化や
ルールに当てはまる身体的特徴を
持った人たち（多数派）と、
あてはまりにくい身体的特徴を
持った人たち（少数派）の
あいだに生じる現象として
「コミュニケーション障害」が
あるはず。

図は綾屋（二〇一八）をもとに筆者作成

コミュニケーション」や「社会的相互作用」のすれ違いは、複数の人と人との「間」に起こる「現象」であり、その原因を誰か一人の「中」にある「特性」には帰属できないはずです。正確に考えるならば、「社会的コミュニケーション障害の人」と「普通の人」がいるのではなく、多くの人が共有している文化やルールにあてはまる身体的特徴を持った、社会的多数派に属する人びとと、そうした多数派が自然と創り出した文化やコミュニケーションデザインにあてはまりにくい、さまざまな少数派の人たちがいて、その間に生じているミスマッチ現象が社会的コミュニケーション障害なのだと言えるでしょう（図）（綾屋 二〇二四b）。

　実際、私は診断後まもなく、人とのコミュニケーションにおけるすれ違いが生じたときに、私の特性のせいにされ始めました。こうした危険性をはらんだ診断ではなく、私の幼少期からの感覚体験を表した正確な診断を探す必要があると思うものの、これまでの経緯を振り返っても、自分の困難のすべてを一言で表す新たな診断が見つかるとは思えず、私は途方に暮れました（綾屋 二〇二二）。

3. 当事者研究で等身大の自己を生きる

◆仲間と共に自身の特徴を言語化する

そこで私は診断基準を一度脇に置き、「当事者研究」に取り組むことで、他者とのコミュニケーション以前に、一人でいるときにも生じている私の見え方、聞こえ方、記憶の仕方など、個人的な身体的特徴を誤解なく他者に伝えるための言葉をゼロから作り上げていくことにしました（綾屋 二〇二二）。その結果、私は自分の身体的特徴について、「身体内外からの情報を多くの人よりも細かく、たくさん、等価に受け取っているため、それらを絞り込み、意味や行動にまとめあげることがゆっくりである。また、一度できた意味や行動のまとめあげパターンも、パターンからのズレ（予測誤差）に気づきやすいために容易にほどけやすい」と言語化しました（綾屋 二〇二三a）。

こうして自身の身体的特徴が少数派であることを承認された私は、これまで既存の社会から強いられ続けてきた、私の身体的特徴にとって不適切なコミュニケーションルールやデザインから、距離を置くことができるようになりました。また、発達障害の仲間たちのコミュニティにもつながり、お互いのこれまでの苦労や感覚の経験を、言語的にも非言語的にも、初めて他者と共有できるようにもなりました（綾屋 二〇二四b）。このとき私は、人が自分の感覚や経験に確信を得るためには、似た経験をしている他者からの承認を日常的に受けられる状態であることが不可欠だと実感しました。多数派に該当する人びとは当然のようにそれを享受できていますが、なんらかの少数派に該当する場合、その機会を得ることが難しくなります。「どのように感じたり考えたりしているのか」を表す本人視点の言葉に出会い、「こうした感覚は少数派ではあるが、人としてありうることなのだ」という承認を得られることが命綱となるのだと私は考えています（綾屋 二〇二三a）。

一方で、同じ自閉症だとされていても、共通点は極めて限定的なため、仲間だからといって必ずしも直感的に理解しあえるわけではないことも、私は当事者コミュニティの中で感じてきました。しかし、そうした数多くの仲間の情報を得ながら部分的な共有を積み重ねるうちに、少しずつ「自分のこの感覚は確かにある」と信じられる部分が増えていき、私は自分の輪郭を獲得してきたのだと感じています（綾屋 二〇二三c）。

◆社会変革としての情報保障

このように自身の身体的特徴に関する当事者研究に取り組むことで、私は徐々に自分を把握し、これまでのバラバラな経験に意味や見通しを持てるようになり、自分の身体を乗りこなせるようになっていきました（綾屋 二〇二二）。しかし、それだけで生きづらさが解決するわけではありません。せっかく身体的特徴が明らかになったにもかかわらず、それを多数派の社会に適応的に変化させようとしてしまうのでは、心身に無理をさせる過酷な状況を変えることができないからです。自閉症とされる私たちが多数派向けのコミュニケーション様式の習得を強いられることなく、等身大の自分で生きていくために必要なのは、当事者研究で見出した自身の身体的特徴を否定しない環境を社会に提案することです。これは「障害の社会モデル」に則った考え方です（綾屋 二〇二三c）。

特に、ミスマッチ現象としての社会的コミュニケーション障害にアプローチする際に重要なのが、一人ひとりに適した情報提示のスタイルの保障、すなわち「情報保障」です。情報保障とは、多数派の身体的特徴に合わせて作られた社会を当たり前だとする考え方を問い直し、少数派の身体的特徴を持つ者にとって参入しやすい情報デザインやコミュニケーションルールを考案・実装することで、やりとりする情報を質・量共に多数派と等しくすることを目指す実践のことです（綾屋 二〇二三c）。たとえば私の場合は、残響の生じない静かな環境を選ぶこと、特定のフォント（Comic Sans）を使うこと、特定の事物の意味を複数人でやり取りしながら共同で探り当てること（意味づけ介助）などが情報保障として役に立ちます（綾屋 二〇一六）。

4. アカデミアにおける共同創造とその困難

次に、世界の自閉症者たちの当事者活動に目を向けてみましょう。一九九〇年代前半から始まったとされる自閉症者の権利運動の初期の活動家たちはそれぞれに、自閉症者による運動のモデルがない中で、黒人公民権運動、フェミニズム、ゲイ解放運動、身体障害者運動、デフ（ろう者）・コミュニティなど、他のマイノリティ運動を参照して部分的に取り込み、自閉症者にふさわしいかたちの運動へと応用させてきました（シルバーマン 二〇一七；Tisoncik 2020）。そして最近では、自閉症者たちが既存の自閉症研究に対して異議申し立てをしたり、研究者として参画したりする事例が増えています（例：Sanderson 2021; Pukki et al. 2022）。

こうした事例が示唆するのは、「研究には『当事者が主導的な立場で参加すること』が不可欠である」という点です。このような認識は、「共同創造（co-production）」というスローガンのもと世界的に広がりつつあります（綾屋 二〇二三b）。私も、ロボット工学、認知科学、医学、社会学、哲学といったほかの研究領域と連携し、自身の当事者研究から生まれた仮説の検証や、仮説に基づくテクノロジー開発などを行ってきました（例：Lin et al. 2015）。こうした一連の当事者研究や共同創造を通じて、私だけでない自閉症者に、ある程度共通する身体的特徴として、予測誤差への敏感さという特徴があるのではないか、と考えるようになりました。この仮説は、脳を予測や推論を行う器官としてモデル化する予測符号化理論からも提案されており、二〇一六年以降、予測符号化理論の研究者とも共同研究を行ってきました（Musser 2018）。

現在、研究における共同創造の意義を疑う人びとは少なくなりましたが、その実現方法については議論が続いており、いくつかの報告では、当事者が表層的な関与にとどまり、共同創造であるかのようにみせかけるためのアリバイ作りの状態になっていることが指摘されています（Millar et al. 2016; McDaid 2009; Horrocks et al. 2010）。アカデミアはいまだに、意識的であれ無意識的であれ、人種、ジェンダー、性的志向、障害などのマイノリティ属性に対してスティグマを持っており、文化的な規範の変革が不可欠な状態にあるのです。

私も一〇年以上続く専門家との共同研究の中で、当事者の研究者が自分だけであることや、当事者コミュニティ独自の専門的な知識が軽視されることなどを経験し、不安、焦り、恐怖、疎外感などから何度も心身の状態を悪化させてきました（熊谷他 二〇一八）。このようにアカデミアの中で当事者が孤立しないためには、当事者の先輩たちが苦労して積み重ねてきた知恵を蓄積・伝達・更新していく仕組みを、大学などの研究機関に実装していくことが重要だと、私は考えています。

5. ジェンダー化において生じるズレ

最後に、私自身の経験や自閉症研究におけるジェンダーと障害の交差性について触れてみたいと思います。

WHOによれば、「ジェンダーとは社会的に構築された女性、男性、少女、少年の特徴のこと」であり、「社会的構築物として社会によって異なり、時間と共に移ろいゆく」ものです（WHO n.d.）。すなわち、ジェンダーもまた、その時、その場所の多数派の人びとによって創り上げられていると言えます。そして、すでに述べてきた「多くの人びとよりも細かく、大量の情報を受け取りやすい」「予測誤差に気づきやすい」といった私の身体的特徴は、「女性らしさ」「男性らしさ」といった概念においても、多数派とのズレを私にもたらしました。

たとえば私が小学生の頃には、「男児は黒、女児は赤のランドセルを背負う」というジェンダー規範があったのですが、私は「赤いランドセルより黒いランドセルのほうが反射する光がどう見ても美しい」と感じており、赤いランドセルを背負うのがたまらなく嫌でした。このように私の身体感覚は、対象物が持つ、一つ一つの物質的な特徴と親密な対話をしていたのです。

これと同様に、「かわいいピンクのサンダルは靴擦れするので運動靴がいい」「タイツは股の部分がもさもさと余って気持ち悪いからズボンにする」など、身体から湧き上がる激しい不快感を潜在化できず、ジェンダー規範は二の次になりました。成人してからも、「ヒールのある靴を履くと首と腰がズキズキと痛くなる」「ファンデーションを塗ると毛穴がふさがれて顔に熱がこもるのが耐えられない」「短いスカートを履くと冷えて腰に刺すような痛みが走り始める」といったかたちで身体が悲鳴を上げるため、いまだに〝女性らしさ〟に乗りきれずにいます。このように私の身体感覚に対応した結果が、「黒いランドセル」「ズボン」といった男性らしいとカテゴリー化されるパーツに向かうこともあれば、「フリルがたっぷり入ったロングスカート」「長い髪」といった女性らしいとカテゴリー化されるパーツに向かうこともあるのです。

しかし、私の意識がパーツに向かいがちであると言っても、ジェンダー化された社会に生きる以上、私自身もジェンダーから自由ではありません。つまり、私は確かに、抽象的なレベルのカテゴリーとして、「女性らしさ・男性らしさ」を取り込んでいます。ですがそれはかなり弱々しく曖昧なものであり、それよりも、具体的な身なりや一挙手一投足のふるまいといったパーツ情報を指定してくるような、「清楚なお嬢様キャラ」「快活な運動会系の女子中学生キャラ」などの「キャラ」レベルの具象的なカテゴリーのほうが、私の中には鮮烈に取り込まれていきます。

また、「男／女」という抽象的なカテゴリーよりも、具象的なキャラレベルのカテゴリーのほうが鮮烈だということは、仮に私が社会通念としての「男性／女性」といったカテゴリーを認識したとしても、「部分的な情報の組み合わせ」としてなんとか束ねている状態であり、一つでも構成要素が変化すると、総体としてのカテゴリーも変化してしまったように感じて混乱することになります。矛盾しているように聞こえるかもしれませんが、結果、ふるまいにおいても、フォーマルな場で「品行方正な女子高生キャラ」「法事の裏方で段取りよく気働きする若い娘キャラ」など、具象的なレベルで指定されるその時々に合わせた女性キャラを遂行せざるを得ないときは、俄然、その女性キャラに見えるように、身体の快適さを犠牲にしてでも完璧にパーツを揃え、身のこなしも言葉づかいもきっちりお手本どおりにふるまい、徹底的に女性キャラ化しなければならないと強迫的にふるまうことになりました。当然、抑圧された身体からは「あちこちが不快だ！　早く脱ぎたい！」という異議申し立てが常に私の意識に届けられており、その女性キャラを遂行し続けられるタイムリミットはとても短いものでした。

このように私のふるまいは、具象的な女性キャラの通りに完璧にふるまおうとする局面と、身体のあちこちからの主張によってバラバラになり、パッケージ化された女性像を結べないどころか自己像そのものがほどけてしまう局面の、両極端を行き来するものでした。なお、自己像がほどける局面とは、パッケージ化された抑圧的な女性キャラから「解放」され、等身大の自分に戻ってホッとするという類いのものではなく、その等身大の戻るべき自己像すらない不安と混乱に満ちた状態です。そのためどちらの状態の時も「これが自分らしい状態だ」とは感じられず、私はいつまでたっても等身大の自己像がつかめない不安定さにひどく苦しむことになりました（綾屋 二〇二三d）。

6. 「超男性脳理論」の問題点

このように私は、ジェンダー規範へのなじめなさを感じてきました。自閉症の研究史をふりかえると、ジェンダーと自閉症を関連づけた言説がいくつかあります。たとえば、自閉症のイメージは、ステレオタイプな男性性、およびエンジニアや理系研究者のイメージと、しばしば結びつけられてきました。自閉症研究のパイオニアであるオーストリアの精神科医ハンス・アスペルガーは、自閉症を「男性的知能の一つの極み」だとみなしました。それから約四〇年後の一九八四年、アメリカのセラピストであるジーン・ホランズは、機械いじりが好きで、感情を読み取ることが苦手、親しい友達がほとんどいない、融通が利かないシリコンバレーの男性を「シリコン症候群」と名づけ、女性向け自己啓発本を出版しました。出版後、世界中のエンジニアや理系研究者の妻たちから共感の手紙が届いたそうです。その一〇年後、ホランズは、シリコン症候群と互換的な概念としてアスペルガー症候群を用いるようになったと言います（シルバーマン 二〇一七）。

やがて二〇〇二年になると、アスペルガーの影響を受けたイギリスの心理学者、サイモン・バロン＝コーエンが自閉症の「超男性脳理論」を唱え、「自閉症、男性、理系」という三つのイメージの結びつきに、生物学的な根拠を与えようとしました（Baron-Cohen 2002）。これは男性的な脳の極まった状態として自閉症の脳を理解しようとする学説で、自閉症と男性の脳の共通点として、システム化の能力（理系のイメージと結び付きやすいものです）が高く、共感能力が低いという特徴を挙げています。そしてこの理論では、ある個人が一度「システム化」もしくはその対極とされる「共感化」のどちらかに位置づけられると、同時にそのままジェンダー化され、スペクトラム状に配置された「女性―男性―自閉症」という軸の上に定位されることになります。

しかし、こうして自閉症・男性・理系の三つを安易に結びつけることには、いくつかの弊害があります。一つはホランズの事例にあるように、男性のパートナーとの関係に悩む女性に、「彼は自閉症だから」と解釈する資源を提供することで、男性側が一人の人間として負うべき責任や、二人の関係の背後にあるジェンダー構造の問題がないことにされ、その代わりとして、自閉症に対するスティグマを助長してしまうという点です。また、「女性よりも男性のほうが理系に向いている」という誤った言説に生物学的な根拠を与えるように見えてしまう、という問題点も挙げられるでしょう。さらに「従順で控えめ」という女性らしさに適応しようと努力している女性自閉症者の診断が遅れ、精神的不調を来たしたり、経験を分かち合える仲間と出会う機会を奪われたりする点も問題です。

超男性脳理論によれば、女性自閉症者がジェンダー規範になじめないと感じるのは、彼女たちの脳が、より男性的な特徴をもっているからである、とされています。しかし私の経験に限って言えばこのような性別二元論による説明はあてはまりません。女性らしさになじめないのと同程度に男性らしさにもなじめなさを感じているのです（綾屋 二〇二三d）。つまり、私のジェンダー規範へのなじめなさは、女性ジェンダーへのなじめなさではなく、ジェンダーを男女の二つに分ける二元論的な規範への違和感だったと言えます。こうした私の感覚体験を裏づけるものとして、自閉症の児童一四〇名と定型発達の児童一〇四名を比較した結果、自閉症の児童のほうがノンバイナリーの傾向が高いという研究報告があります（Corbett et al. 2023）。

超男性脳理論はその後、一部の研究者によって批判されました。たとえばユニバーシティ・カレッジ・ロンドンの行動・脳科学者デービッド・スクースは、そもそも、社会的コミュニケーションのような能力において、測定可能な男女差は存在しないか、あったとしてもわずかであると批判しています。カリフォルニア大学ロサンゼルス校の精神医学・教育学者キャサリン・ロードもまた、比較対象の定型の子どものデータの質や再現性に重大な問題があるとしてこの理論を批判しました。この理論を検証するための質問項目において、機械に興味があるかどうかを尋ねる際、機械の例としてミシンではなく車を用いるなど、システム化能力を測るアンケートが男性のステレオタイプに偏り過ぎているといった指摘もあります。さらに、トロント大学の精神医学者ライ・メンチュアンによる、この理論の裏づけのほとんどは、一人の研究者やその教え子たちの研究によるもので、再現研究が不足しているという批判もありました(Furfaro 2019; Subbaraman 2014; Von Horn et al. 2010; Jack 2011)。

7. 女性自閉症者の表現型

超男性脳理論に問題があるとして、では、自閉症と診断される男性は女性の三倍ほどいる事実はどのように説明されるのでしょうか。最近、有力視されている仮説の一つが、男性自閉症者に比べて女性自閉症者は、特に知的障害のない場合に、定型発達者らしい行動パターンを身につけ、自閉的特徴をカモフラージュしているため、過小診断されているのだ、というものです(Hull et al. 2020)。この説を提唱している研究者は、カモフラージュの度合いを測定するツールの開発が重要であると主張するだけでなく、現在の自閉症の診断基準が外在化型行動や機械的なものへのこだわりなどの特徴をもつ男性自閉症者の表現型にカスタマイズされており、内在化型行動や関係的なものへのこだわりによって特徴づけられる女性自閉症者の表現型（Female Autism Phenotype：FAP）に対する十分な感度をもっていないと指摘しています。たとえば血液検査でも、γ－GTP、中性脂肪、尿酸、クレアチニン、HDL－コレステロールなどは、病気への感度と特異度を最大化するために、基準値に男女差をもうけることは一般的です。自閉症はバイオマーカーではなく行動パターンによって診断されるために、なおさら、生物学的な性差だけでなく、ジェンダー規範の影響も考慮に入れ、女性自閉症者向けの診断基準の開発や、それに基づく研究が必要だと言えるでしょう。この方向性は、セックスとジェンダーが相互作用しながら特定の機能障害の表現型に影響を与える過程に注目している点で、シービンガーらがジェンダード・イノベーションの例として参照している慢性疼痛の研究（第4章も参照）とも重なります。

ただし、この説明にも問題がないとは言えません。カモフラージュとは何らかの自分の特徴を隠す行為ですが、現在の説明では、女性自閉症者は自閉的な特徴を示す「行動パターン」を隠していると想定されています。しかし、そもそも自閉症自体が行動パターンの特異性によって定義されている現状において、その特異性を行動レベルの学習でカモフラージュできたならば、その時点でカモフラージュされるべき自閉症が消失したことになってしまいます。つまり、カモフラージュ理論を推し進めようとするならば、カモフラージュされているのは行動レベルの自閉的特徴ではなく、行動レベルのカモフラージュによってもなお消失しない、自閉症に特異的な認知レベルの特徴を記述する必要がある、と私は考えています。私も長年、行動レベルで「普通のフリ」をしてきたという自覚がありますが、そこでカモフラージュしてきた特徴は、すでに述べた「予測誤差への敏感さ」です。

そしてこれは今後の経験的研究によって検証されなければならない仮説ですが、予測誤差への過敏さにおいては男性自閉症者と女性自閉症者の間に差はなく、予測誤差を減らそうとする戦略においてジェンダー規範による差が生じているのではないか、と私は考えています。一般に、予測誤差を減らすには、自分の予測通りに現実をコントロールする戦略と、現実を受け入れてそれにかなったものへと予測をアップデートする戦略の二つがありますが、前者の戦略をとるためには現実をコントロールできる権力が必要です。男性優位な社会においては、予測誤差を前にしたときに、相対的に男性が前者の戦略に、女性が後者の戦略に方向づけられたとしても不思議ではありません。男性自閉症者に外在化型行動が多く、女性自閉症者に内在化型行動が多いという事実も、このような予測誤差の低減戦略の違いによって説明されるかもしれません。このように現在、私が考えているのは、「予測誤差の過敏性」と「予測誤差低減戦略の違い」という二つの指標で自閉症者の個人差を表し、ジェンダー構造や、より一般的な権力勾配との関連を見るという方向性です。

おわりに

現在、私が自閉症者として直面しているのは、エスニシティやナショナリティと交差する領域の問題です。ここ数年、私は、イギリス、アメリカ、チリ、ヨーロッパの各国そして韓国など、世界の当事者研究仲間や当事者活動をしている仲間、特に自閉症者の仲間と、さまざまなイベントや共著論文の作成などを通じて交流を深めています。こうした国際的な交流を続ける中で、当事者が国際的に団結する意義を実感する一方で、改めて自閉症コミュニティと言っても一枚岩ではなく、国内で経験してきた以上に、背景や価値観に多様性があることに気づかされています。ここで言う多様性には二つの意味があります。一つ目は生物学的な多様性です。規範的なコミュニケーションの様式や、求められる社会性の異なるそれぞれの国や文化圏で、「社会的コミュニケーションの障害」と定義される自閉症者の生物学的特徴が異なったとしても不思議ではありません。二つ目は置かれている社会文化的背景の多様性です。仮に生物学的特徴が共通していたとしても、それぞれの国がたどってきた歴史や導入してきた制度、利用可能な社会資源が異なれば、おのずとニーズの優先順位は異なるでしょう（綾屋 二〇二四b）。今、私が気づいているだけでも、能力主義の強さ、自閉症児者の親のコミュニティとの関係性、福祉サービスの充実度、権利意識の有無、当事者が主導する研究の実践度などが、国ごと、個人ごとに違い、目指しているゴールもそれぞれ異なっています（綾屋 二〇二四a）。こうした多様性を抱えた私たちが連帯できる課題と方法はどのようなものなのかについて、引き続き考えていきたいと思います。

謝辞：本稿執筆のもととなった研究は、文部科学省科学研究費補助金・学術変革領域研究（A）「当事者化の過程における法則性／物語性の解明と共同創造の行動基盤解明」（課題番号：21H05175）、JST CREST「知覚と感情を媒介する認知フィーリングの原理解明」（課題番号：JPMJCR21P4）、および内閣府 ムーンショット型研究開発事業「多様なこころを脳と身体性機能に基づいてつなぐ『自在ホンヤク機』の開発」（課題番号：JPMJMS2292）の支援を受けた。

注

*1　小児自閉症、カナー症候群、高機能自閉症、アスペルガー症候群、広汎性発達障害、自閉スペクトラム症などを総称して、本稿では自閉症と記載する。

参考文献

綾屋紗月（二〇一六）「発達障害者の当事者研究――情報保障の観点からの考察」石原孝二・河野哲也・向谷地生良編『シリーズ精神医学の哲学3　精神医学と当事者』東京大学出版会、二〇六～二二四頁。

綾屋紗月（二〇一八）「ソーシャル・マジョリティ研究とは」綾屋紗月編『ソーシャル・マジョリティ研究――コミュニケーション学の共同創造』金子書房、一～二二頁。

綾屋紗月（二〇二二）「診断の限界を乗り越えるために――ある自閉スペクトラム当事者の経験から」『臨床心理学』二二巻一号、五五～五九頁。

綾屋紗月（二〇二三a）「自分と出逢い、社会とつながる――ニーズを明確化し社会変革に至るまでのプロセス」『総合リハビリテーション』五一巻一号、二五～三一頁。

綾屋紗月（二〇二三b）「共同創造に向けた精神医療・精神医学のパラダイムシフト」『精神医学』六五巻二号、一五五～一六一頁。

綾屋紗月（二〇二三c）「ようこそ！　新しい仲間たち――「コミュニケーション障害」はつながりの始まり」大内雅登・山本登志哉・渡辺忠温編『自閉症を語りなおす――当事者・支援者・研究者の対話』新曜社、一五五〜一六八頁。

綾屋紗月（二〇二三d）『当事者研究の誕生』東京大学出版会。

綾屋紗月（二〇二四a）「仲間・自己・責任――自己権利擁護の前提条件についての覚書」嶺重慎・熊谷晋一郎・村田淳・安井絢子編『語りの場からの学問形成――当事者、ケア、コミュニティ』京都大学学生総合支援機構協力、京都大学学術出版会、一三七〜一五二頁。

綾屋紗月（二〇二四b）「自閉スペクトラム者の経験――当事者研究と共同創造」『障害学研究20　障害学の展開――理論・経験・政治』明石書店、二〇〇〜二一五頁。

APA（American Psychiatric Association）（二〇一四）『DSM-5 精神疾患の分類と診断の手引』日本精神神経学会日本語版用語監修、髙橋三郎・大野裕監訳、染矢俊幸・神庭重信・尾崎紀夫・三村將・村井俊哉訳、医学書院。

熊谷晋一郎・秋元恵一郎・綾屋紗月他（二〇一八）「言いっぱし聞きっぱなしの「当事者研究会議」」『当事者研究と専門知――生き延びるための知の再配置』金剛出版、八〜二五頁。

シルバーマン、スティーブ（二〇一七）『自閉症の世界――多様性に満ちた内面の真実』正高信男・入口真夕子訳、講談社。

Baron-Cohen, Simon (2002) “The extreme male brain theory of autism,” *Trends in Cognitive Sciences* 6(6): 248–254.

Corbett, B. A., R. A. Muscatello, M. E. Klemencic, M. West, A. Kim, and J. F. Strang (2023) “Greater gender diversity among autistic children by self-report and parent-report," *Autism* 27(1): 158–172.

Furfaro, Hannah (2019, May 1) "The extreme male brain, explained," *The Transmitter*, https://www.thetransmitter.org/spectrum/extreme-male-brain-explained/（参照日：二〇二三年一〇月一五日）.

Horrocks, Janice, Christina Lyons, and Paul Hopley (2010) "Does strategic involvement of mental health service users and carers in the planning, design and commissioning of mental health services lead to better outcomes?," I*nternational Journal of Consumer Studies* 34(5): 562–569.

Hull, Laura, K. V. Petrides, and William Mandy (2020) "The Female Autism Phenotype and Camouflaging: a Narrative Review," *Review Journal of Autism and Developmental Disorders* 7: 306–317.

Jack, Jordynn (2011). "'The Extreme Male Brain?' Incrementum and the Rhetorical Gendering of Autism," *Disability Studies Quarterly* 31(3).

Lord, C., T. Charman, A. Havdahl, et al. (2022) "The Lancet Commission on the future of care and clinical research in autism," *Lancet* 399(10321): 271–334.

Pukki, H., J. Bettin, A. G. Outlaw, et al. (2022) "Autistic Perspectives on the Future of Clinical Autism Research," *Autism Adulthood* 4(2): 93–101.

Lin, I. F., T. Mochida, K. Asada, S. Ayaya, S. Kumagaya, and M. Kato (2015) "Atypical delayed auditory feedback effect and Lombard effect on speech production in high-functioning adults with autism spectrum disorder," *Frontiers in Human Neuroscience* 9: 510.

Musser, George (2018) "Does autism arise because the brain is continually surprised?," *Science,* http://www.sciencemag.org/news/2018/03/does-autism-arise-because-brain-continuallysurprised（二〇二三年六月

一三日取得）．

McDaid, Shari (2009) “An equality of condition framework for user involvement in mental health policy and planning: evidence from participatory action research,” *Disability & Society* 24(4): 461–474.

Millar, Samantha L., Mary Chambers, and Melanie Giles (2016) “Service user involvement in mental health care: an evolutionary concept analysis,” *Health Expectations* 19(2): 209–221.

Sanderson, Katharine (2021) “High-profile autism genetics project paused amid backlash,” *Nature* 598(7879): 17–18.

Subbaraman, Nidhi (2014, August 25) “Study on ‘extreme male brain’ theory of autism draws critics,” *The Transmitter,* https://www.spectrumnews.org/news/study-on-extreme-male-brain-theory-of-autismdraws-critics/（参照日：二〇二三年一〇月一五日）．

Tisoncik, Laura A. (2020) “Autistics.Org and Finding Our Voices as an Activist Movement,” in S. K. Kapp ed., *Autistic Community and the Neurodiversity Movement: Stories from the Frontline, Palgrave Macmillan*, 65–76.

Von Horn, A., L. Bäckman, T. Davidsson, and S. Hansen (2010) “Empathizing, systemizing and finger length ratio in a Swedish sample,” *Scandinavian Journal of Psychology* 51(1): 31–37.

WHO (World Health Organization) (n.d.) “Gender and health,” World Health Organization, https://www.who.int/health-topics/gender#tab=tab_1（参照日：二〇二一年五月八日）．

第10章

ジェンダード・イノベーションを駆動するデザインの力

池田美奈子

はじめに

主にこの世界は二つのやり方によって生み出されてきた。
一つは「慣習」で、もう一つは「デザイン」だ。
エツィオ・マンズィーニ（二〇二〇：七一）

サスティナビリティ・デザインやソーシャル・デザインなど、常に新しいデザイン概念を開拓してきたデザイン研究者のマンズィーニ[*1]は、「慣習モード」では誰もがこれまで当然だと思ってしていたように行動し、物事を規則にしたがって解釈し実行するが、その規則は先祖代々の取り組みの中で進化してきた価値や規範、知識などによって形作られた体系であり、人びとが継承していく暗黙知であると言っています。さらに慣習モードは、長い時間をかけて暗黙知が蓄積されることで機能しますが、十分な時間がない場合は、「デザインモード」で形式知を働かせなければならないと主張しています。

つまり、デザインモードでは、人びとは伝統によらず自ら判断して物事を選択し、説明できる形で形式知化しながら実行するのです。そして、マンズィーニによれば、現代の私たちは、暗黙知が科学によって形式知に置き換えられる「ポスト伝統社会」の中で暮らしているということになります。本稿のテーマであるイノベーションは、マンズィーニの言うデザインモードの中で必然的に生まれるものであり、その意味でデザインとイノベーションはセットで考えてみるのが良さそうです。

1. 中心と周縁の転回

二〇一九年から約三年半にわたって世界中を混乱させた新型コロナウイルス感染症は、社会のしくみにも大きな影響を及ぼしました。なかでもオンラインコミュニケーションの浸透は、人と会わずにコミュニケーションする日常を実現し、瞬く間に私たちのワークスタイルやコミュニティのあり方を変化させました。リアルに身を置く場と活動の場が一致しなくてもよくなり、日本にいながら海外の大学の授業を受けたり、世界中の人たちと同時にゲームを楽しんだりすることも普通になりました。なかでもリモートワークの一般化は、私たちの生活スタイルや価値観に大きな影響を与えています。

一九五〇年代の後半から一九七〇年代初頭にかけての高度成長期の日本では、急速な産業化と都市化に伴って人口が地方から都市へと流入し、都心部の住宅不足が深刻化するとともに都心部における産業活動の効率化が求められました。こうした背景から、郊外に団地や宅地が次々と開発され、都市に、中心（都心部）と周縁（郊外）から成る空間構成とそれに伴う職住分離が定着します。そして都心部は男性中心の生産の場、郊外は女性中心の生活の場（家事と地域活動）として二分され、男女の役割分担が浸透し、空間と役割分担がセットでジェンダー化されました。さらに、急速に開発された郊外の住宅地は世代や世帯構成が画一化し、都市的な生活時間の構成やライフスタイルを背景に男性の文化と女性の文化というサブカルチャーが生じました。一九九〇年代末にもなると共働き世帯が片働き世帯を超え（厚生労働省 二〇二二：一四九）女性が仕事を持つのが一般的になるとともに、ジェンダー化された都市生活の構造変化が促進されます。保育園の待機児童の問題や、仕事を持つ女性の家事育児労働の負担などの歪みが顕在化し、その解決に向けて、育児休暇やフレックスタイム制度、経済的な支援などさまざまな対応策が打ち出されてきました。しかし職住分離を前提にしたハード面での都市空間構成の中では、休暇やフレキシブルな就業時間などの制度というソフト面での対応だけでは解決に限界がありました。ところが、コロナ禍をきっかけに一気に普及したリモートワークのスタイルが、この難題を異次元の解決に向かわせつつあります。

突然訪れたパラダイムシフトを前に、都心部と郊外、職住分離、男女の役割分担といった「慣習モード」は急速に機能しなくなりました。こうした変化に対応するためには「デザインモード」を起動させて「慣習モード」を更新していくといったマイルドなスピード感ではなく、「デザインモード」への完全シフトが必要かもしれません。

「イノベーションは辺境から生まれる」という言葉には説得力があります。中央の渦中にいると気づかない問題が、辺境とまでは言わずとも斜めからはよく見えることがあります。周縁の視線は、中央から疎外された地点から、主流や大勢に対して向けられるクリティカルで客観的な眼差しです。都心部から遠ざけられてきた女性たちは、周縁に基盤を持つ周縁化された存在でした。女性たちは、家事や育児、地域社会のさまざまな活動を営む周縁の生活の当事者であり、その分野の専門家とも言えるでしょう。定年退職した男性が、地域コミュニティとうまく付き合えずに孤立してしまうことが問題視されていますが、地域社会での暮らしの専門家である女性たちは、「慣習モード」と「デザインモード」をスイッチさせながら、さまざまな状況に対してプロフェッショナルに対処してきました。

しかし、新型コロナウイルス感染症によってもたらされたリモートワーク環境の舞台は、職住近接どころか同一の空間であり、それはこれまで都心部に対する郊外と位置付けられてきた周縁です。こうした環境の中で経験を積んできた女性は、一気にこの新しいパラダイムの中心的な当事者となりました。デザインモードをフル稼働させてイノベーションを起こす可能性が高まってきているのです。

2. デザインにおける当事者の役割

デザインのプロセスにおいて当事者の視点は重要です。二〇〇〇年代に、デザイナーの考え方やデザインプロセスをビジネスや公共分野の従事者も身に付けて活用しようという「デザイン思考」が世界的に普及しました。それにより広い意味でのデザイン活動に携わる人が増え、デザインが身近なものとして受け入れられるようになりました。デザイン思考では、たくさんの思考法やツールが考案、活用されていますが、ベーシックなデザインプロセスは、(1)観察調査・洞察、(2)課題発見、(3)課題定義、(4)コンセプトメイキングとアイデア展開、(5)プロトタイピング（具体化）、(6)解決策の提案、となります。特に(1)と(2)のステップでは、どれだけユーザーに寄り添った考え方や発想ができるかが問われます。ユーザーの感じ方や考え方に最も近いのは、もちろんユーザー自身、つまり文字通りの当事者でしょう。その意味で、当事者が自らデザインできれば理想的かもしれませんが、現実にはそうはいきません。赤ちゃんのためのデザインを乳幼児がすることはできないし、男性のためのデザインを女性がすることも、その逆もあります。実際、当事者は案外、自分のことに夢中になって視野が狭くなってしまうこともあるし、自分のことはかえって見えづらいということもあるでしょう。デザインプロセスにおける当事者は、現実の当事者自身ではなくて「自分ごととして考えられる人」です。デザイナーは、自分ではないユーザーの立場に身を置いて自分だったらどうかと考えられる思考のスキルを磨きます。これはエンパシー（共感）と呼ばれる能力で、デザインの視点で重視されています。

「エンパシーの能力を持った当事者」になるための決まった方法はありませんが、経験と想像力が大事な要素であることは間違いありません。米国の工業デザイナーのパット・ムーアは、彼女が二六歳だった一九七八年から三年間、八五歳の老女に変装して生活するという実験を敢行し、その体験をまとめて『私は三年間老人だった』（ムーア 二〇〇五）を出版しました。メイクアップアーティストの友人の協力を得て特殊メイクを施し、外見から身体の動き、振る舞い、話し方まで、他人にまったく悟られることなく老女になりきって過ごしながら当事者のリアルを体験する中で、貴重な気付きと洞察を得ていきます。なかでも、都市における老人同士の人間的な触れ合いや、中流階級の老女に変装したときと、ホームレスの老女に変装したときの周囲の反応や対応の大きな差についての言及は示唆に富んでいます。

女性の活躍や性差による不平等の是正、男女共同参画といった現代の文脈でジェンダーが語られるときには、多くの場合、学歴も収入もある能力の高い女性たちが念頭に置かれています。しかし、ジェンダーに着目したイノベーションが、貧困と差別の中で生きざるを得ない切実な問題を抱えた女性たちの課題解決の道をひらく可能性も見逃せません。

エンパシーは共感と訳されますが、日本語の共感には、同意や賛成、同情といった意味合いがあります。対するエンパシーは、他人の立場に立って考え、感じられるデザイナーに必要とされる能力ですので、少しニュアンスが違います。しかし、どちらの言葉にも感情や感性が含まれています。岸田文雄首相が、内閣改造で五人の女性閣僚を登用した際に、「女性ならではの感性や共感力も十分発揮して……」と発言して批判を浴び、釈明する事態になりました。[*2] 批判のポイントは、わざわざ「女性ならではの」という言葉を追加したことと、「感性や共感力」という言葉から連想される客観性や論理性が欠如したイメージが女性に結び付けられたことだと思います。

「女性ならではの」と強調する必要はなかったかもしれませんが、女性は「女性」としての経験を蓄積した専門家であり、言語化しやすい論理性だけでなく、言語化が難しい感性もその経験の中に含まれています。それゆえに、「女性」という存在の総体としての当事者性は、男性よりも強いと言えるでしょう。つまり、経験の蓄積が多い当事者としての女性の気付きや洞察は、ジェンダード・イノベーションには有効です。もちろん、それは男性にも高齢者にも子どもにも当てはまることで、男性は「男性」の当事者、高齢者は「高齢者」の当事者、子育て中の人は「子育てをする人」の当事者で、それぞれの立場の経験が豊富な専門家と言えます。

一方で、このような「女性ならではの」という枕詞で語られるジェンダー観は、一九八〇年代、男女雇用機会均等法施行の前後に特に多く見られました。たとえば、一九八四年と一九八五年の二年間にわたって北九州市が主催した北九州レディスフォーラムの報告書では、当時、女性としては珍しい役職で、まちづくりを指揮していた経済企画庁国民生活局の半田真理子氏が「まちづくりに女性の観点がものすごく重要なのだということがわかりました。〔中略〕生活者の立場に立ってものをいい、しかもそれを実行できるベースにのせるということが私の仕事ではないかと思っている〔以下略〕」（北九州市レディスフォーラム実行委員会 一九八五：二九）と発言しています。財団法人緑の地球防衛基金理事の酒井憲一氏も「世界中で一番豊かなアメニティの北九州。そういう北九州に日々刻々なっていってほしい気がします。そうなるには、そうするにはどうしたらいいのでしょう。鍵は一つ。女性の感性を生かしていくことです。〔中略〕繊細な一つ一つの小さなアメニティを作り上げていくこと、これは女性においてほかにありません」（同書：一四二）と述べています。民間企業でもこの頃から女性の活用が意識されていました。同フォーラムのパネラーの一人であるサントリーの大森重志氏は、商品開発からキャンペーンまで女性だけで遂行したという、かわいらしいパッケージに入ったバレンタイン・ギフト用のブランデーのミニチュアびんの成功に言及して「女性がやりますと、消費者の立場というか、受け取ったときの気持ちとか、気配りとかいいますか、やさしさというか、その辺が加味されて〔以下略〕」（北九州市レディスフォーラム実行委員会 一九八四：八八〜八九）という表現で成功の理由を考察しています。また、当時は、家電メーカーでも、女性のデザインチームをつくって掃除機の開発をしていることが取り上げられたりしており（竹原・森山 二〇〇三：一五五）、女性の経験や感覚をまちづくりやものづくりに反映することが先進的な考え方だったことが伺えます。

このような文脈における女性の役割は、女性に受け入れられる政治やまちづくり、また女性市場を狙った商品開発のために、消費者としての女性の視点を反映するご意見番、あるいは消費者代表としての女性です。

3. 作り手としての女性

地理学者のレスリー・カーンは、『フェミニスト・シティ』の中で、建築や都市計画の場に女性が少ないことを指摘し、それぞれの場で女性の経験が看過されたり、ステレオタイプで判断されたりしやすいことを危惧する一方で、こうした専門分野に単に女性を「加える」こと、単に女性の経験を考慮に入れることにも警鐘を鳴らします。女性の経験は家父長的な社会の影響を受けているから、表面的に居心地よくデザインしても家父長制そのものを問い直せるとは限らないというのです(カーン 二〇二二：二七)。つまり、女性の経験やニーズを表面的に取り入れたデザインを施すことで、逆に本質的な問題を見えづらくしてしまうという危険性を指摘しているのです。これは、対象の欠点をカバーし、美しく、快適に、魅力的にする力を持つデザインの落とし穴と言えるかもしれません。

ここで、消費者やユーザーといったデザインの受け手としての女性ではなく、作り手としての女性の変遷を辿るためにデザイン史を探ってみます。近代デザインの源流の一つは、一九一九年にドイツのワイマールに設立された、工芸、美術、建築を教育する造形学校のバウハウスです。当時はまだ「デザイン」という言葉は使われていませんでしたが、バウハウスは近代デザインの基礎を築き、その先駆的な教育によって、歴史に名を残すデザイナーが数多く輩出しました。また多くの女子学生が在学していたことでも先進的でした。造形理論を学ぶ予備教育の上に、金属、木工、石、ガラス、陶器、織物工房などが置かれ、学生はそれぞれの興味と才能に応じていずれかの工房に所属し、職人的な技術を学ぶという独自のカリキュラムを持っていました。バウハウスは一九三三年にナチスによって閉鎖されてしまいますが、それまでの一四年間に、学生の約三分の一に当たる四六二人の女性がデザインを学びました（Otto and Rössler 2019: 6）。当時の写真にはクリエイティブな環境の中で生き生きと活動する女子学生たちの姿が残っています（図1）。しかし、それでも工房教育においては男女に偏りがあったようで、一九二〇年に女子学生の特別クラスが設置され、すぐに織物工房と合体されたという記述が残っています（Otto and Rössler 2019: 9）。例外的にハードな素材である金属や木工を扱う工房に入る女子学生もいましたが、ほとんどはソフトな素材を扱う織物工房に所属してテキスタイルデザインを学んでいました。実際、女子学生の方も男子学生と競

図1　バウハウスの織物工房の学生たち（1927年）
Otto and Rössler (2019: 6)

うことを好まず、織物工房は居心地のよい場所だったようです。現代においても、女性デザイナーの多くは柔らかい素材と色彩を扱う分野で活躍する傾向があります。たとえば、車のデザインは男女の役割分担がごく最近まではっきりしていて、車体のエクステリアデザインを手掛けるのはもっぱら男性デザイナーで、車体の色彩計画や座席シートのテキスタイルなどの柔らかいインテリアデザインの分野では女性デザイナーもちらほら見られるという具合でした。

バウハウスと同時期、オーストリアのウィーンでも近代デザイン運動が躍動していました。その中心は一九〇三年に総合芸術と生活の芸術化の理想を掲げて、建築家のヨーゼフ・ホフマンとデザイナーのコロマン・モーザーが設立したウィーン工房です。建築の他に、家具調度や食器のほか、壁紙やテキスタイル、ファッションデザイン、小物などをデザインし、販売していました。ウィーン工房には多くの女性デザイナーが在籍し、主にテキスタイルやファッション、小物のデザインを手がけていました。その多くは、一八六七年に設立された国立ウィーン工芸学校の卒業生でした。同校は、設立当初から女性の入学を許可していました。彼女たちは植物や鳥などのモチーフや柔らかな幾何学模様を、時には優しい色彩、時には大胆な明るい色彩で描き、ファンタジー溢れるデザインを大量に生み出しました。彼女たちのフェミニンなデザインは、趣味の手芸にすぎないと批判されることもありましたが、ウィーン工房ブランドのファブリックや壁紙が室内を飾り、街を歩く女性たちのファッションが、当時のモダンなウィーンの街を彩りました。

また、当時、女性としては非常に珍しく建築家となり、後にイノベーションと呼べるキッチンをデザインしたマルガレーテ・シュッテ＝リホツキーもウィーン工芸学校の出身者でした。リホツキーは卒業後の一九二〇年から、ウィーンの公営住宅計画などに携わり実績を積んでいましたが、一九二六年に、建築家エルンスト・マイの要請によって、第一次世界大戦で焦土となったドイツの深刻な住宅不足を解消するために、フランクフルト・アム・マイン市で計画された集合住宅建設プロジェクトに参加することになりました。労働者向けの公営住宅は低コストで面積も限られていたことから、極めてコンパクトで機能的なキッチンの設計を任されたのでした。敗戦後の厳しい条件下で生活する市民の誰もが一定の豊かさを享受できるようにとの理想のもと、リホツキーは、女性がキッチンでどのように動き、どのような作業をしているのかを観察し、その分析に基づいて、家事を徹底的に合理化すべく綿密なデザインを考えました。彼女は、女性の社会進出を念頭に置き、家事の負担から解放するために規格化された画期的なキッチンを考案したのです。これはフランクフルトキッチンと呼ばれ、現代のシステムキッチンの原型となりました。キッチンの設計プロセスを記録した当時の映像が残っていますが（図2）、そこにはリホツキーの当事者の視点がはっきりと見て取れます。

もちろん現代の目から見れば、女性がキッチンの利用者であるという男女の役割分担の前提

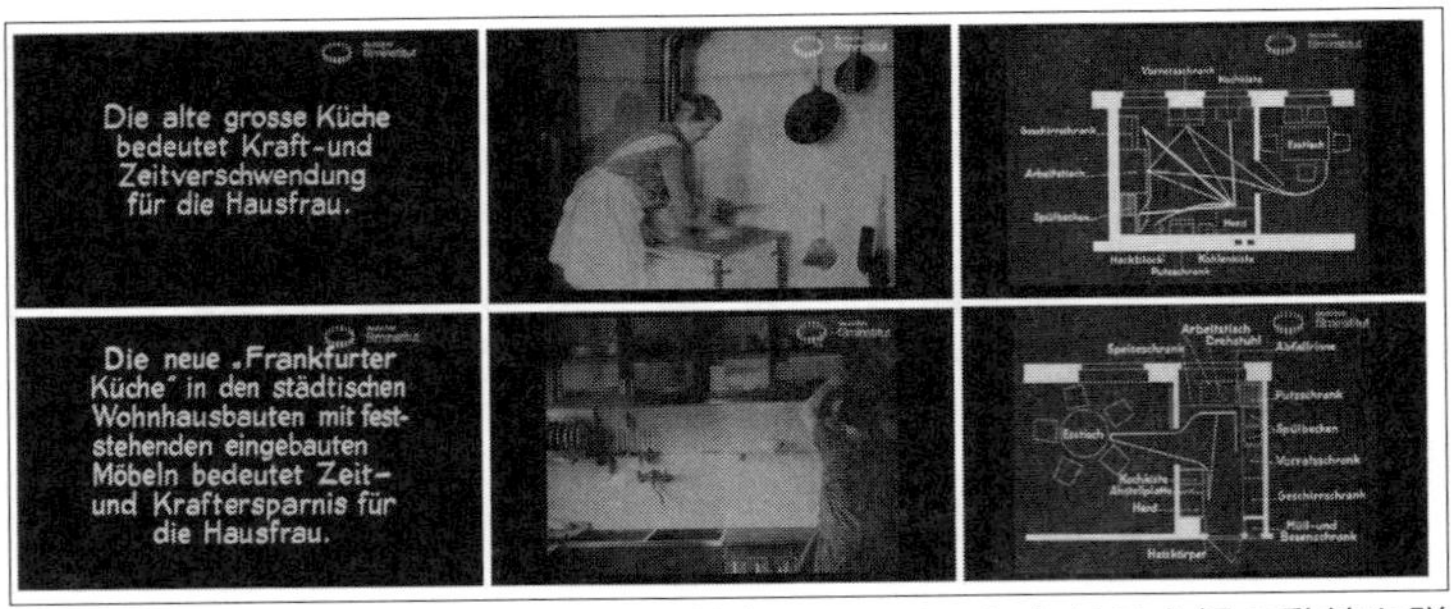

図2　「フランクフルトキッチン」：従来のキッチンにおける主婦の動線を詳細に観察、記録、分析した上で、集合住宅の面積の狭さを逆手にとって主婦の負担を軽減する機能的なキッチンをデザインした。
Die Frankfurter Küche (1927) - Kurz-Dokumentarfilm
Copyright: Dr. Paul Wolff & Tritschler Historisches Bildarchiv (Offenburg)
https://www.filmportal.de/video/die-frankfurter-kueche-1927

が踏襲されていることや、キッチンを機能的にデザインすることで、かえって女性を家事労働に閉じ込める結果となったのではないかといった、さまざまな批判があることは事実です。しかし、単に消費者やユーザーとしての女性のニーズや不便の解消を反映したデザインではなく、鋭い当事者の視点と洞察から都市生活の変革を目指す先に生み出された実験的なデザインは、後世に大きな影響を与えたイノベーションと言えます。

　バウハウスやウィーン工房などの近代デザイン草創期の中心地においては、才能あふれる多くの女性デザイナーが活躍していましたが、彼女たちに共通するのは、家や家庭という有形、無形の構造を持つ「箱」の内部、たとえばインテリアやテキスタイル、ファッションデザイン、あるいはキッチンや家具といった内部的な対象を扱っていたということです。家具自体は構造を持っていますが、家という大きな構造の内部に置かれる小さな構造物です。そして家を包含するさらに大きな構造物は都市です。

家の建築や都市計画に携わったのは、歴史的にもっぱら男性だったことは否めません。前述した一九八四年の北九州レディスフォーラムの報告書の中で、経済企画庁で「緑のまちづくり」に取り組む半田氏が、学生時代に専門を造園学に転向した際、女性でそんな大きな仕事ができるのかという不安を覚えたと振り返り「まちづくりというと、再開発とかですね、道路づくりだとか、ものすごく大きな事業で、とても女の出る幕ではないのではないかという気がして、ものすごく不安があったのです。事実そのころ女性で私のような仕事をする人は少なかったのです」（北九州市レディスフォーラム実行委員会 一九八五：二九）と回想しています。男性の領分だった都市という大きな構造の仕事に携わることに、女性自身が躊躇《ちゅうちょ》していたことがうかがわれます。しかし、彼女は「まちづくりに女性の観点がものすごく重要なのだということが身をもって分かった〔中略〕まちをつくるといっても、私たちは毎日生活をしているわけですから、要するに、暮らしやすいまちをつくるということ、これが本当のまちづくりなのです」（同書：一四二）と続けています。彼女の発言の中には、単なる閉じた内部性ではなく、自らが内部と外部をつなぐインターフェースになろうとしていることが読み取れます。

内から外へ向かう方向性、言いかえれば人に近いところから外側の構造へと向かう方向性、内部とそれを包含する外部、たとえば家と家を包含する都市をつなぐインターフェースの役割です。まちづくりにおける構造の中にあるソフトな部分は、それまでの内側における経験の蓄積がある当事者としての女性が貢献できる場とも言えるでしょう。

4. ソーシャル・イノベーションを駆動する女性の視点

これまで、デザインにおける当事者としての女性のあり方について考察してきましたが、ここで、ジェンダード・イノベーションにおける当事者としての女性について考えてみます。ジェンダーについては、一般に生物的な意味での性差と社会文化的な意味での性差の二つの視点で多く語られてきました。

イノベーションとの関わりでいうと、生物的な当事者の視点は、現代ではフェムテック分野での貢献が注目されます。女性の身体に寄り添った実効性のある発展に寄与できる可能性は大きいと思います。フェムテックは、技術駆動型のイノベーションを生み出し、これまで見過ごされてきた多くの課題を解決に導くでしょう。

もう一つの社会・文化的な当事者の視点は、当事者の知恵や集合知が草の根的にイノベーションを駆動していきます。新しい技術開発がきっかけとなるイノベーションとは異なり、当事者視点によって炙り出された個人や社会の必要性から新たな社会のしくみや制度、慣習を生み出す社会駆動型のイノベーションです。これは、現代社会にあふれる、原因の特定が困難で、解決策の正解が見出せない「やっかいな問題」(wicked problem)[*3]への対処として期待されています。現代社会を生きる多様な当事者が、それぞれの視点から原因を考え、正解のない解決策を模索していく小さなプロセスを重ねる中で蓄積された集合知と創造力がイノベーション創発の駆動力へと転化する可能性があります。

『フェミニスト・シティ』の中で、カーンは、自身の経験に言及し、自分が赤ん坊を抱えていたとき、およびその後にトイレトレーニング中の幼児を連れているときにトイレへのアクセスが都市の問題として見えてきたと振り返っています。「緊急のおむつ替えや授乳が必要で、ある程度の清潔さとゆとりが欲しいとき、いちばん当てになるのはデパートだ」(カーン 二〇二二:一五四〜一五五)ということをすぐに学習したと述べています。「女性の居心地のよさを念頭においてデザインされた空間であるデパートは、特に母親向けとしてアピールしていない場合でもトイレは広めで個室も多く、エレベーターかエスカレーターでアクセスしやすく、授乳のために座れる場所やおむつ替えのコーナーがあり、ベビーカーを個室の外における」(カーン 二〇二二:一五四〜一五五)などのメリットがあります。こうした当事者のリアルな気付きはデザインの出発点となります。デザインは、こうした気付きを構造的に捉えることで、単なる不便といった局所的な問題を対症療法的に解決することにとどまらず、社会全体に関わる体系として構想することです。

他にも、北欧の事例で、雪が降ると小さい子どもがいる女性は外出しづらいという声から、除雪の順番を変えて保育園や学校の周辺を優先することにより、子どもを学校に送ってから出勤する男性のニーズにも応えられたという事例が報告されています。当事者としての女性の視点が、女性だけでなく男性にも、さらには多くの市民にもメリットをもたらした好例です。ほかにも女性が活躍している国は長時間労働ではないという調査結果もあります（日野・永田二〇二三：二五四）。今まで課題だと認識されていなかったことに気付く当事者の目があることで顕在化したニーズを個別のものと捉えずに、制度として社会化すると、当事者だけでなく、一般市民にとっても快適な社会制度をデザインできます。実際、こうした、ジェンダー視点をデザインに意識的に取り込むことでソーシャル・イノベーションにつながる事例が世界各国で生まれています。

このように今まで周縁にいた女性が当事者としてデザインに参画することで、これまで気付かれていなかったトピックに光が当たります。さらに、新型コロナウイルス感染症を機にオンラインネットワークが私たちの日常に浸透した今、周縁と中央という概念が急速に消失し、人びとの活動のフィールドが分散型になっています。こうした状況の中では、生活の場としての郊外と、働く場としての都心部という分離された都市構造ではなく、職住が一体化した構造が生まれます。職住一体の場には、ビジネスの論理で動く都心とは異なる、よりソーシャルな視点が重視される生活コミュニティの論理が主導的になってくる可能性があります。

おわりに――ジェンダーバイアスをイノベーションに

先ほど、近代デザインの源流をさかのぼってその草創期のデザイナーのありようを探りましたが、そこから高度成長期を経て消費社会の到来にいたる時代におけるデザインは、もっぱらデザイナーが消費者のためにデザインする「Design for people（人びとのためにデザインする）」でした。一九九〇年代には、ユニバーサルデザインや参加型デザインが意識されるようになり、多様なユーザーや消費者を観察したり、彼らの意見を聞いたりしながらデザインする「Design with people（人びとと一緒にデザインする）」の考え方が出てきました。そして、二〇〇〇年代になり、デジタル機器やソフトウエアが普及するとともに、デザインスキルを持ったデザイナーだけでなく、誰もがデザインに携われる可能性がひらけたことで、人びとが欲しいものを自らデザインする「Design by people（人びとがデザインする）」の考え方が注目されています。「Design with people」、そして「Design by people」は、どちらもユーザーと共にデザインするという意味でコ・デザイン（Co-design）という新しいデザインのあり方を提示しています。ここで、ジェンダード・イノベーションに戻ると、コ・デザインでは、ユーザーや消費者がデザインプロセスに深く関わってくることから、自分ごととしてものごとを考えられるという意味での当事者としての女性の洞察や創造性が今まで以上に有効になります。

英国で活躍するスウェーデン出身のジャーナリストでフェミニズムに関する著作もあるキラス＝マルサルの『これまでの経済で無視されてきた数々のアイデアの話　イノベーションとジェンダー』（キラス＝マルサル 二〇二三）には、お決まりのジェンダーバイアスによって妨げられた数多くのイノベーションの事例が紹介されています。車輪付きのスーツケースが世に出るまでに気の遠くなるような年月を要したというエピソードは、重い荷物を手で持ち運ぶことが男らしさの象徴で、スーツケースを引きずって歩くのは力強さに対する敗北だという価値観が原因だったそうです。また、二〇世紀初頭は、徒歩や馬、ロバ、列車、路面電車、自動車などさまざまな交通手段が使われていたようで、中でもヨーロッパでは、自動車の三台に一台は電気自動車で、アメリカではさらに割合が高かったといいます。当時のガソリン車は始動させるのが難しく、音もうるさく、信頼性も低いもので、高速移動用のたくましいマシンと認識されていたのに対し、電気自動車は始動も簡単で、音も静かで整備も楽な乗り物で、スピードはそこそこで信頼性の高い車という位置付けだったことから、女性が乗る車というイメージが強くありました。それが原因で電気自動車は姿を消し、意のままにならない機械を制御する男らしい力を誇示できるエンジン車が長く主流となったというのです（キラス＝マルサル 二〇二三：三六〜四二）。CO_2削減を一刻も早く実現しなければならない現代の状況からすれば、不思議というほかありませんが、それほどにジェンダーバイアスは確固とした存在だったとも言えます。

しかし、人はバイアスから完全に逃れることはできないでしょう。バイアスは、人びとの感覚や経験、あるいは利便性といった成功体験から形成された価値観、あるいは慣習である場合が多いと思います。時代が変わり、もはや意味をなさなくなった慣習が見直されることなく継承されてきたことで、バイアスのかかった価値観と現実が乖離し、イノベーションを妨害しているとしたら、バイアスの根源を改めて見直してみるのも新しいデザインを考えるには有効でしょう。

本稿の冒頭で、マンズィーニの「慣習」と「デザイン」についての一文を引用しましたが、知恵や知識、経験の蓄積としての慣習が機能しない場合に必要となるデザインの場面では、これまでの知の蓄積を知った上で、その違和感を特定し、そこから飛躍することが必要なのだと思います。そもそも、偏りという意味でのバイアスを完全に排除するのが難しいとすれば、逆に一人ひとりのバイアスを持ち寄り、周縁を押し広げ、お互いのバイアスを相対化することでギャップを見出し、それを梃子に新たなデザインを考えるという方法も、コ・デザインのプロセスの中では有効です。ジェンダーバイアスは、もしかしたらジェンダード・イノベーションの契機にさえなるかもしれません。

注

＊1 エツィオ・マンズィーニは、イタリアのデザイン研究者でミラノ工科大学名誉教授。デザインの国際ネットワークＤＥＳＩＳ（Design for Social Innovation and Sustainability）を設立し、ソーシャル・イノベーションやサスティナビリティ、ストラテジック・デザインなどに関する多くの著作でデザインの国際的な潮流に影響を与えている。ヨーロッパやアジア各国の大学で教鞭をとっている。

＊2 岸田文雄首相は、二〇二三年九月に第二次岸田再改造内閣で過去最多の五人の女性閣僚の登用を発表した。この年の日本のジェンダーギャップ指数は一四六か国中一二五位で低迷しており、特に政治分野のスコアは一三八位だった。

＊3 wicked problem は、一九七三年にホルスト・リッテルとメルヴィン・M・ウェッバーが提示した社会政策立案における概念で、日本語では「やっかいな問題」と訳されている。複合的で複数の問題が関係し合いながら常に変化するため原因を特定できず、個別的で、善悪の判断や検証も難しいため、科学的、工学的なアプローチでの解決策が見出せないとされる。

参考文献

カーン、レスリー（二〇二二）『フェミニスト・シティ』東辻賢治郎訳、晶文社。

北九州レディスフォーラム（一九八四）『入門 街並みの美学――北九州レディスフォーラム'84 報告書』北九州市。

北九州レディスフォーラム（一九八五）『提案 街並みの美学――北九州レディスフォーラム'85 報告書』北九州市。

キラス＝マルサル、カトリーン（二〇二三）『これまでの経済で無視されてきた数々のアイデアの話――イノベーションとジェンダー』山本真麻訳、河出書房新社。

厚生労働省（二〇二二）「令和五年版 厚生労働白書（令和四年度厚生労働行政年次報告）」。

関村オリエ（二〇一四）「都市郊外空間の変容と住民の地域参加に関する一考察――ジェンダーの視点から」『群馬県立女子大紀要』三五号、一三一～一四二頁。

竹原あき子・森山明子監修（二〇〇三）『カラー版 日本デザイン史』美術出版社。

日野佳恵子・永田潤子（二〇二三）『新しいビジネスをつくり出す――「女性たちのウェルビーイング」マーケティング』同文館出版。

マンズィーニ、エツィオ（二〇二〇）『日々の政治――ソーシャルイノベーションをもたらすデザイン文化』安西洋之・八重樫文訳、ビー・エヌ・エヌ新社。

ムーア、パット（二〇〇五）『私は三年間老人だった――明日の自分のためにできること』木村治美訳、朝日出版社。

Brandes, Uta (2017) *Gender Design Streifzüge zwischen Theorie und Empirie*, Birkhäuser Verlag.

Henerson, Suzan R. (2009) "Housing the Single Woman: The Frankfurt Experiment," *Journal of the Society of Architectural Historians* 68(3): 358–377.

Müller, Ulrike (2019) *Bauhaus-Frauen Meisterinnen in Kunst, Handwerk und Design*, Elisabeth Sandmann Verlag.

Otto, Elizabeth and Patrick Rössler (2019) *Bauhaus Women: A Global Perspective*, Herbert Press.

第11章

フェムテックの倫理的課題とジェンダード・ソーシャル・イノベーションの提案

渡部麻衣子

はじめに

フェムテック（FemTech）とは、女性の身体に特有の課題を技術的に解決する一群の製品を表す言葉です。日本では二〇二一年六月に、内閣府の発表した『経済財政運営と改革の基本方針』いわゆる『骨太方針二〇二一』の中で、第五節「四つの原動力を支える基盤作り」の中の「女性の活躍」と題された項目に、「フェムテックの推進」という文言が盛り込まれ、フェムテックを推進するという政府の方針が明確にされました（渡部 二〇二三）。本稿では、この「フェムテック」と呼ばれる一群の製品にある倫理的な課題を検討し、それらを解決する一つの方法として、ジェンダード・ソーシャル・イノベーションの視座を取り入れることを提案します。

1. 「フェムテック」とは何か

そのためにまず、「フェムテック」とは何であるのかを確認しておきましょう。

「フェムテック」は、デンマーク出身の起業家イダ・ティン（Ida Tin）によって作られた言葉です。二〇一二年にベルリンで月経周期管理アプリ[*1]を提供する会社、クルー（Clue）を立ち上げたティンは、二〇一六年に書いた起業の経緯を振り返るブログ記事の題名として、はじめて「フェムテック」という言葉を用いました。題名には「新しいカテゴリーの登場：フェムテック」とあります。記事の中でティンは、生理用品等を対象とする「フェムケア」領域、避妊や生殖、あるいは更年期に関わる領域に導入されるデジタルアプリケーションの市場を、「フェムテック」市場と名づけることを提案しました。この言葉の出自からわかることは、言葉の生みの親であるティンが「フェムテック」として想定していたのは、月経周期を中心とする女性の身体に特有の課題を対象とする「デジタルアプリケーション」である、ということです。

「(フェムケア市場)は、アップルヘルスキット、グーグルフィット、クルー等のＡＰＩ[*2]を通して提供される新しいサービスのデータとリンクされ統合されるでしょう」と、ティンは書いています(Tin 2016)。ブログ記事が書かれる二年前の二〇一四年、アップルとグーグルという二大ＩＴ企業が身体情報を収集するアプリの提供をはじめ、注目を集めていました。ティンはブログの中で、クルーを起点とするフェムテックは、それらのアプリと同様に、収集する身体情報と「市場」をつなぐ領域となることを予言していたのです。

しかし今日、少なくとも日本では、「フェムテック」という言葉の指し示す範囲は拡大し、おそらくティンは想定していなかった対象をも含むようになっています。

たとえば、フェムテックの一つとして紹介されることの多い「月経カップ」は、シリコン製のカップに経血を溜め、一杯になったら捨てることで繰り返し使うことのできる、環境配慮型の新しい形の生理用品(Oster and Thornton 2012)で、デジタルアプリケーションにつながる要素はありません。「吸水ショーツ」も同様です。日本で「フェムテック」として紹介されているいる製品のほとんどは、アプリを介して身体情報を収集するものではありません。デジタルア

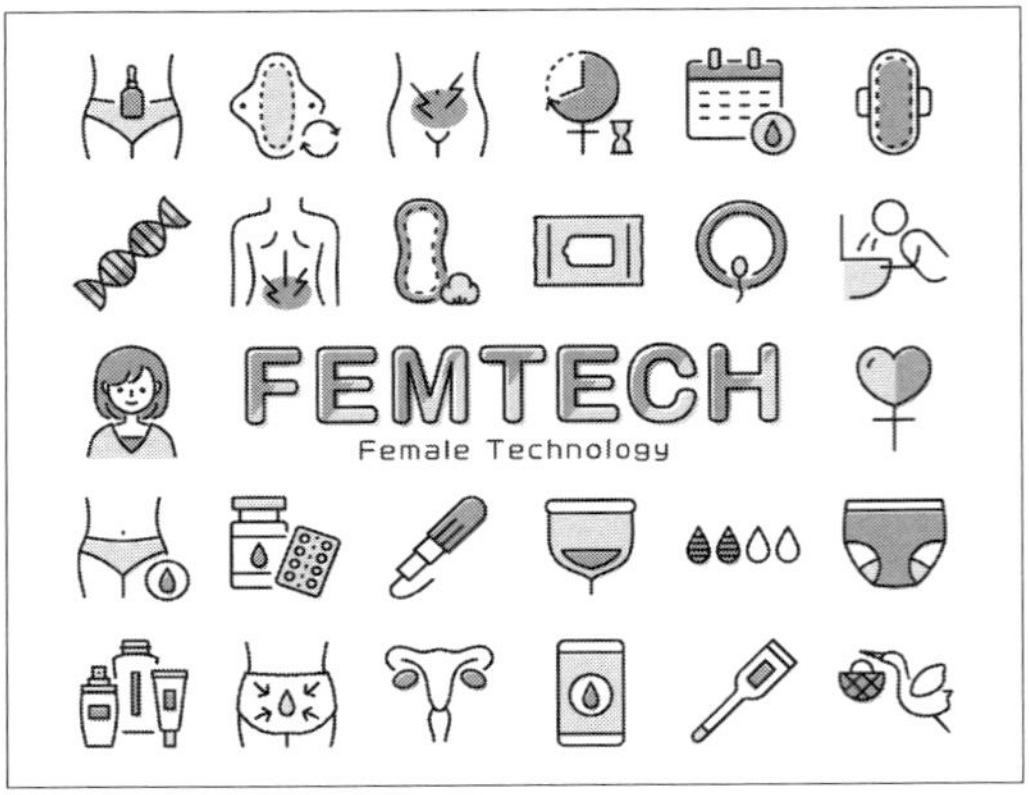

さまざまな FemTech 製品

プリケーションと関係があるかないかにかかわらず、女性の身体的課題を技術によって解決する新しい製品であれば何でも、「フェムテック」と呼ばれると言ってもよいくらいです。

「テック企業」と言えば、何らかの形でデジタルアプリケーションに関わる企業を指し、たとえば「フィンテック」と言えば、デジタルアプリケーションを介した金融サービスを指すわけなので、「フェムテック」も、デジタルアプリケーションと関わる製品のみを指すべきだ、と考える人もいるかもしれません。しかし、ジェンダー不平等が長らく社会課題として認識されてきた日本で、「フェムテック」という言葉が、当初の意味を超えて、女性の身体的課題を技術によって解決する製品を広く対象とする名称として受容され、政府の政策文書にまで登場するに至ったことは、それ自体興味深く、また、倫理的課題を指摘しうる現象です。そこで本稿では、ティンが意図したデジタルアプリケーションとしての「フェムテック」だけではなく、女性の身体的課題を技術によって解決する新しい製品としての「フェムテック」も含む、広い意味での「フェムテック」にある倫理的課題も検討したいと思います。

2. フェムテックの倫理的課題

◆自己情報コントロール権の保障

とは言え、これまでフェムテックの倫理的課題としては、デジタルアプリケーションとしてのフェムテックに関する課題である、「自己情報コントロール権」をめぐる問題が主に検討されてきました。たとえば法律家のセリア・ローサス（Celia Rosas）は、「個人の健康情報の保護」に関する事業者の義務を定めた米国の法律、ＨＩＰＡＡ[*3]が、フェムテックを提供する企業を規制対象に含めていないことを問題として指摘しています（Rosas 2019）。ＨＩＰＡＡは、規制対象となる事業者に、健康情報の取り扱いに関する規則の遵守を求めています。しかし、フェムテックを提供する企業は、この法律によって規制される対象に含まれていないために、個人の特定が可能な形で健康情報を含む個人情報を集積し、第三者と共有することが可能な状態にあり、利用者が危険に晒されていると、ローサスは警告しています。フェムテックが安全に提供されるためには、ＨＩＰＡＡの規制対象を拡大して、規則の遵守を企業に徹底させる必要がありますが、フェムテック提供企業の多くが新興企業で経済的に不安定な状態にあることが、ジレンマを生んでもいます。規制がイノベーション推進を妨げないバランスが必要だと、ローサスは述べています。

一方、知的財産権を専門とする法律家のアリサン・スキャタデイ（Allysan Scatterday）も同様に、米国の個人情報保護に関する法律は、フェムテックを十分に規制していないと指摘しています。スキャタデイによれば、フェムテック提供企業の多くが取得した個人情報を第三者に販売していますが、利用者に、個人情報に関する利用規約の確認を求めない例も多いことから、自分の情報が誰の手に渡っているのかを利用者が知らない状況にあります。「性的指向も含めた個人の身体情報を、利用者の同意なく第三者の手に渡すことは、自分の最も個人的な情報に誰をアクセスさせるかを決定する個人の自律的権利を損なう」（Scatterday 2022）と、スキャタデイは批判しています。

◆自律の尊重

ローサスやスキャタデイらが指摘した、デジタルアプリケーションとしてのフェムテックにある「自己情報コントロール権」をめぐる課題は、「自律をいかに尊重するか」という、より広い倫理的課題と接続しています。人が自己の情報をコントロールする権利を持つとされる根拠は、自己の情報をコントロールできることが「道徳的に自律した主体」に必須の条件である、ということに求められるからです。つまり、「自己情報コントロール権」が保障されていない状況とは、「人の自律性」の侵害が可能な状況です。インターネット上で広く個人の情報を取得し利用する「デジタルプラットフォーマー」の台頭が警戒され、欧州を中心に規制する動きが広がっているのはそのためです（千葉 二〇一九）。

特に身体に関わる情報には、その身体の持ち主が、いつ誰と共有するのかをできる限り自分で決定したいと考える、機微な内容が多く含まれています。たとえば疾患の治療中であることを、自分の同意なく誰にでも公開していいと考える人はいないでしょう。特に、社会的な偏見の対象となりうる疾患の場合、無闇に公開すれば社会生活に不利益が生じるため、通常は、誰にそのことを伝えるかを自分で慎重に判断したいと考えるはずです。しかし、デジタルアプリケーションは、日々の生活や投薬の記録、あるいは心拍数や体重等、さまざまな身体情報を集積し、そこから疾患の有無を推測することさえ原理的には可能にします。ですから、デジタルアプリケーションで取得可能な個人の身体に関わる情報は、特に保護を必要とする機微な「自己情報」とされています（森田・佐々木・中塚 二〇一九）。

デジタルアプリケーションとしてのフェムテックによって収集される情報に含まれうる月経周期、あるいは月経周期に付随したピルの服薬や性行為の時期や回数、日々の気分等も、そういった機微な自己情報となり得ます。論者たちが主張するように、デジタルアプリケーションとしてのフェムテックは、適切に規制されなければ「個人の自律性」を脅かすことになります。

◆ジェンダード・イノベーションの道具としてのフェムテックに特有の課題

フェムテックの場合には、さらに、自律性を脅かされる人が「女性」に限られるという、特異な状況が存在します。

フェムテック企業の適切な規制を求めるスキャタデイは、一方で、フェムテックが、これまで医科学の領域に不足してきた女性の身体情報を収集する道具となる点を評価しています。スキャタデイは、フェムテックはジェンダード・イノベーションの道具となると主張しています。実際、日本では、月経周期管理アプリを用いて収集したデータによって「月経随伴症候群」の詳細が明らかになりました。「女性の身体に特有の課題」を対象とするデジタルアプリケーションとしてのフェムテックは、スキャタデイが言うように、ジェンダード・イノベーションが問題としてきた、医科学における「女性の身体」への「無知」を解決する手段となりうるでしょう。スキャタデイは、そのために、フェムテック提供企業が収集する繊細な個人情報を保護するための、より厳密な法的枠組みが必要だと主張しています。

フェムテックをジェンダード・イノベーションの道具として位置付けるならば、それを利用する女性の自律が尊重されない状態を許容するわけにはいきません。なぜならジェンダード・イノベーションは、男性中心主義的な知識生産の現場で、女性に関する知識が歴史的に不足してきたことへの批判から出発したフェミニズム的視座に立脚しているからです（Schiebinger 2008）。そのための道具であるならば、フェミニズムの理念に沿って、女性の自律を尊重することが特に期待されるはずです。この期待に反して、女性の自律を尊重しないまま用いられれば、フェムテックは、フェミニズムの理念に基づく知識生産のために、女性から不当に情報を搾取するという自家撞着的状況に陥ってしまいます。したがって、デジタルアプリケーションとしてのフェムテックを、ジェンダード・イノベーションの道具として積極的に位置付けるためには、自己情報コントロール権を十分に保障し、女性の自律を尊重することが、特に重要な倫理的課題となります。

◆自己決定権の保障

個人の自律性は、しかし、自己情報コントロール権の侵害によってのみ危機に陥るわけではありません。それは、個人の自律性が、自己情報コントロール権だけではなく、自己の行為を主体的にコントロールする権利によっても成り立っているためです。自己の行為を主体的にコントロールする権利とは、すなわち「自己決定権」のことです。つまり、個人の自律を尊重するためには、自己情報コントロール権と共に、自己決定権も保障される必要があります。自己決定権は、さまざまな形で侵害され得ますが、フェムテックにおいて想定されるのは、まず、フェムテック製品を購入する時です。

個人が消費者として製品を購入するか否かを決定する際、参考にする重要な判断材料に、広告やパッケージから得られる情報があります。消費者は通常、製品について、製品を提供する企業よりも多くの情報を持っていません。つまり、消費者と企業の間には、圧倒的な情報格差が存在します。この情報格差を利用して、企業が消費者に対して製品に関する適切な情報を適切に提示しない場合に、消費者の自己決定権は侵害され、その自律性が危機に陥ることになります。

これを防ぐために日本では、「消費者保護基本法」冒頭に記されている通り、「消費者の安全が確保され、商品及び役務について消費者の自主的かつ合理的な選択の機会が確保され、消費者に対し必要な情報及び教育の機会が提供され」ることを目指す、消費者保護に関する種々の法律が定められています。フェムテックのように、身体に触れる製品を提供する際は、消費者保護に関する一般の法律だけではなく、「医薬品・医療機器等の品質、有効性及び安全性の確保等に関する法律（薬機法）」にも準拠することが求められます。[*4] 企業から消費者に提供される情報の適切さに関わる具体的な法令としては、「景品表示法」と「薬機法」第六六条が挙げられます。

特に、「何人も、医薬品、医薬部外品、化粧品、医療機器又は再生医療等製品の名称、製造方法、効能、効果又は性能に関して、明示的であると暗示的であるとを問わず、虚偽又は誇大な記事を広告し、記述し、又は流布してはならない」と定めている「薬機法」の第六六条は、何を虚偽や誇大な情報とするかを判断するための基準の設定が問題となる、重要な条文です。企業の提供するすべての情報が虚偽や誇大でないこと、つまりすべての情報の信頼性が、第三者によって検証されることが理想ですが、現実的ではありません。そのため、規制当局である厚生労働省は、製品を、目的や機能が人体に及ぼす影響の重大さに応じてクラス分けし、国の指定する機関による検証を受けるべきものから、届け出るだけでよいものまでを定めています(川上二〇一六)。このように、法律に基づいて広告やパッケージに記載される情報の信頼性を保証することは、消費者の自己決定権を保護し、その自律を尊重する具体的な方法です。

しかし「広いフェムテック」の中には、「薬機法」の対象となる目的を持っているにもかかわらず、そのことを製品の広告やパッケージに表記しないことで、規制対象から外れるものも存在してきました。これには、規制の対象となるのを避けるために、提供企業が製品の目的をあえて表記しない場合と、「薬機法」では定義の存在しない新規の目的や機能を持つ製品のため、規制枠組みが存在せず、そのために効能を表記できない場合とがあります。

わかりやすい例が「吸水ショーツ」です。「吸水ショーツ」は、経血を吸収する機能を持つことが特徴の製品で、「広いフェムテック」の代表例としてもよく紹介されます。[*5] 薬事規制では、経血を吸水する機能を持つ製品は、通常、「生理処理用品」に分類され、これを販売する時には、材料の安全性や製品の機能が基準を満たしていることについて承認を受けることが求められます。[*6] しかしこの基準の中に、素材が白であることを求める要件があるため、さまざまな色やデザインで販売される「吸水ショーツ」は、基準を満たさないことが最初から明らかです。そのため「生理処理用品」として審査を受ける選択肢はありませんが、その結果、経血を吸水する機能を明記することもできない状態が続いてきました。

しかし「吸水ショーツ」という表記だけでは、製品が経血を吸収するか否かを消費者が明瞭に知ることができません。また、同じ「吸水ショーツ」という名称を持つ製品の中で、生理用品として利用するのに十分な吸水力を持つものと持たないものとを消費者が区別することもできません。このように、規制枠組みがないために、効能を表記して販売することができない状況では、消費者の自己決定権を十分に保障できません。「吸水ショーツ」と同様に、骨盤底筋を鍛える機器や、生殖を支援する器具なども、規制当局が「これまで見たことのない目的性」(村上二〇二二)を持つものであるために、規制の枠組みが存在しない状態にありました。したがって、フェムテック製品の多くが、消費者の自己決定権が保障されない状況で提供されてきたと言えるでしょう。

ただし、このフェムテックにおける「自己決定権の保障」をめぐる課題については、厚生労働省がすでに解決に取り組んでおり、製品のカテゴリーや承認要件の見直し作業がはじまっています（村上二〇二二）。

3．ポストフェミニズム的課題

さて、ここまで「自己情報コントロール権」と「自己決定権」という、「自律の尊重」に関わる権利をめぐる倫理的課題を取り上げてきました。これらは、製品が企業から消費者に提供される際に常に生じうる課題です。ただし先述の通り、フェムテックの場合、対象が「女性」であるため、必然的に、これらは「女性の自律」に関わる課題となります。

「女性の身体的課題を技術的に解決する」ことを目的とするフェムテックが「女性の自律」を尊重するものであるか否かは、フェムテック製品が、なぜ女性の身体的課題を技術的に解決しようとするのかに関わる、つまりフェムテックの社会的な意味を左右する問題です。

では、「自己情報コントロール権」や「自己決定権」など、女性の「消費者としての権利」が保障されれば、フェムテックにおける「女性の自律」に関する問題は解決するのかといえば、そうとも言い切れません。なぜなら、「フェムテック」を実際に手にすることができるのは限られた女性だけであるという構造的な問題が存在するからです。

「女性の身体的課題を技術的に解決する」ことを目指すフェムテックは、市場において提供されています。ですから、単純に言って、製品を購入することのできる人だけがその恩恵を得ることのできる構造にあります。購買力は、経済力だけでなく、製品に関する情報へのアクセスや、製品を評価する価値観にも依存しています。つまり、フェムテックが技術的に解決するのは、「すべての女性の身体的課題」ではなくて、フェムテックにアクセスするために必要な「社会的、文化的、経済的資源が十分な女性の身体的課題」なのです。

しかし、このような消費者の背景は、購買行動の過程では不可視化されています。そのため、フェムテックの購入は純粋に「自律的選択」として位置付けられています。そして、フェムテックが市場原理に基づいて提供されることで、つまり製品の購入が可能な人にだけ分配されることで、技術を用いて身体的課題を解決できる人と、そうでない人の間に元々ある社会的、文化的、経済的格差はさらに開いていきます。しかも日本では、フェムテックが労働政策の文脈で推進されており、女性はフェムテックを用いて身体的課題を個人的に解決することで、有償労働に積極的に参加できるようになることが期待されています（渡部 二〇二三）。けれども、フェムテックを購入できるのは、格差構造の中ですでに資源がより多く分配されている側の、いわば「恵まれた女性」です。言いかえれば、女性がフェムテック製品を購入すると、女性の身体的課題が解決され、より多くの女性の労働力を活用できるようになるという、フェムテックに期待されている効果は、実際にはすでに十分な資源を持つ層の女性においてのみ有効であるということになります。この前提を踏まえなければ、実際にはフェムテックにアクセスする資源のない女性が、「フェムテックを選択し、身体的課題を解決しようという努力の足りない人」として低く評価され、女性の間の格差がさらに広がる結果になることが懸念されます。これが、フェムテックとポストフェミニズムと呼ばれる現象との間に親和性が見出される所以です。

ポストフェミニズムは、フェミニズムの思想を市場原理と結びつけた、現代に顕著な女性をめぐる社会的思想です（Ahl and Marlow 2021）。フェミニズムの思想を「商品化」し、個人的な選択の対象とすることで、フェミニズムが女性の連帯に基づく社会運動を通して希求してきた女性の「可能性」を、個人の自律的な選択によって達成可能な「能力」として位置づけるのが、ポストフェミニズムの特徴です。女性が自身の「能力」を追求することを推奨しているため、一見すると、ポストフェミニズムはフェミニズム的です。しかし実際には、ポストフェミニズムにおける「自律的な選択」によって達成される「能力」を得ているのは、選択する手段を持っている個人だけです。自律的な選択をするのに必要な資源が平等に分配されていない社会構造を問題とせず、資源を持たない人、つまり社会構造の中で最も不利な立場に置かれた個人を議論の枠外に置くポストフェミニズムは、個人の苦しみの基盤にある社会構造を指摘し、これを連帯によって変革することを目指してきたフェミニズムとは本質的に異なっています。

フェムテックは、市場原理に基づいて提供される製品を女性が自律的に選択することによって「女性の身体的課題」を解決することを目指す点で、ポストフェミニズム的です。特に日本においてフェムテックは、女性の身体に生じる生理現象がもたらす経済損失の算出を契機として、国によって推進されてきました。[*7] つまり、女性の身体に生じる現象が社会経済的課題として位置付けられ、これを個人的な選択によって解決する道具として、フェムテックは注目を集めてきたのです。したがって、日本においてフェムテックは、ポストフェミニズムとの親和性がより顕著な状況にあります。つまりそれは、自律に必要な資源をすでに持っている層が、国による支援によってより一層資源を獲得し、資源を分配されていない層との格差がより開いていくような状況です。このような状況の中で、フェムテックは、いかに消費者の権利が保障される形で提供されようとも、資源を分配されていない側の「女性の自律」を可能にすることはできません。そればかりか、女性間に存在する格差構造を助長することで、十分な資源を持たない側の女性の自律をますます阻害する道具として機能することにもなり得ます。

「女性のため」の道具として提供されるフェムテックにとって、「女性の自律」を阻害する帰結に至ることは、特に避けるべき倫理的課題のはずです。しかし、「女性の課題の解決」というフェミニズム的な意識と市場原理の交点に位置するフェムテックが、「自律」に必要な資源を女性に不平等に分配するポストフェミニズム的状況を避けることは、おそらく容易ではありません。

4. ジェンダード・ソーシャル・イノベーションへ

それでも、フェムテックが「女性の自律」を阻害する道具となるのを避けるための方法として一つ考えられるのは、フェムテックが、「女性の自律」を阻害する社会的要因の解明や、社会構造の改善に積極的に寄与する道具となることです。そのためにまず、フェムテックが解決しようとする「身体的課題」が、なぜ女性にとって課題であるのかということから、考察し直してみてはどうでしょうか（渡部 二〇二二）。

たとえばフェムテックを用いた解決が期待される月経随伴症候群が、女性個人にとっての課題であるとすれば、それは、それが経済産業省の報告書で強調されたように、年間四九一一億円の労働損失を産むからではなくて、個人の社会生活を困難にし、労働機会を損なうことにつながりうるからです。そして、障害学において長く論じられてきた通り、身体が個人の社会生活における課題となるのは、身体の側にではなく社会の側に課題があるからです（オリバー二〇〇六）。つまり、月経随伴症候群が社会生活の困難や労働機会の損失につながるのは、月経随伴症候群として表される諸々の症状のためではなく、それらの症状を伴う存在を許容しない社会環境や労働環境があるからです。

このことを認識し解決へとつなげる上で、ジェンダード・イノベーションで用いられるジェンダー分析的視座が役立つはずです。なぜなら、ジェンダー分析的視座は、「身体的課題」の原因を一方の性の身体にのみ課すことを防ぐからです（渡部二〇二〇）。ここから言えることは、「女性の身体に特有の課題」[*8]が顕在化する場面において必要なことは、「課題」を「女性の身体」において解決することを目指す技術のイノベーションではなくて、社会において解決する、ジェンダー分析的視座に基づく社会のイノベーション、いわば、ジェンダード・ソーシャル・イノベーションであるということです。

そこで、本稿で論じた、「女性の自律の尊重」をめぐるフェムテックの倫理的課題を解決する一つの有効な方法として、フェムテックを、「女性の身体」に顕《あらわ》れる課題を社会的に解決する、ジェンダード・ソーシャル・イノベーションの道具として発展させ、それを「自己情報コントロール権」や「自己決定権」が保障された形で提供することを提案したいと思います。既存の製品の中には、月経に伴う女性の経験を集約して社会に提示した月経周期管理アプリ[*9]のように、すでに、ジェンダード・ソーシャル・イノベーションの道具となっていると言えるであろうフェムテック製品もあれば、そうではない製品もあります。それぞれを区別し、前者を推進していくことを、「倫理的なフェムテック」に向けた次なる目標とすることを提言して、本稿の結びとしたいと思います。

謝辞：本稿は、令和四年度ＪＳＴ・ＲＩＳＴＥＸ・ＲＩｎＣＡプロジェクト採択課題「FemTech のＥＬＳＩ検討に関する企画調査」（代表：標葉靖子）における分担研究の成果、および令和五年度科研費海外連携研究「人の身体を対象とする科学技術」の社会的位置付けとジェンダー規範の関係の研究」（代表：渡部麻衣子）における研究の中間成果の一部です。記して、ＪＳＴおよび日本学術振興会、共同研究者の皆さまに謝辞を表します。

注

＊1　月経の周期は人によって異なります。月経周期管理アプリは、自分の月経の日や症状、行動をカレンダーに記録することで、自分の月経周期を知り、次の月経に備え、避妊や妊娠を計画するのに用いられます。

また、利用者の情報を収集することで、人が月経時にどのような症状を経験しているのかを示す量的なデータを得るのにも用いられています。

＊2 APIとは、Application Programing Interface の略で、各アプリケーションの機能を統制するプログラム、つまりアプリケーションプログラムの内容のことです。

＊3 Health Insurance Portability and Accountability Act（医療保険の携行性と責任に関する法律）。

＊4 「薬機法」は「医療機器」を対象とする法律です。「医療機器」とは、「疾病の診断、治療もしくは予防に使用される、または、「身体の構造もしくは機能に影響を及ぼす」ことが目的とされている機械器具と定義されています。

＊5 Sakura Karugane「おしゃれで高機能な吸水ショーツ8。人気ブランドからおすすめを厳選」[https://www.vogue.co.jp/beauty/article/best-sanitary-short]（二〇二二年一〇月二八日公開）

＊6 厚生労働省（二〇二一）「生理処理用品製造販売承認基準について」[https://www.mhlw.go.jp/content/000797719.pdf]

＊7 経済産業省ヘルスケア産業課（二〇一九）『健康経営における女性の健康の取り組みについて』。[https://www.meti.go.jp/policy/mono_info_service/healthcare/downloadfiles/josei-kenkou.pdf]

＊8 ここには「女性の身体とは何か」という問いも含まれます。

＊9 西村尚子（二〇二〇）「「ルナルナ」のビッグデータ解析で月経周期に新事実」『日経 BP』[https://project.nikkeibp.co.jp/behealth/atcl/feature/00004/012700141/]

参考文献

オリバー、マイケル（二〇〇六）『障害の政治――イギリス障害学の原点』三島亜紀子・山岸倫子・山森亮・横須賀俊司訳、明石書店。

シービンガー、ロンダ（二〇〇二）『ジェンダーは科学を変える!?――医学・霊長類学から物理学・数学まで』小川眞里子・東川佐枝美・外山浩明訳、工作舎。

森田正実・佐々木隆之・中塚靖彦（二〇一九）「欧米のヘルスデータプラットフォームにおける「セキュリティ・プライバシー」規制の概況について」『医薬産業政策研究所政策研ニュース』五八巻、二五～三〇頁。

千葉恵美子（二〇一九）「デジタル社会における消費者政策の課題――時代の変化に対応した政策立案を目指して」『生活協同組合研究』五二七巻、二一～二九頁。

川上浩司（二〇一六）「医療機器開発に向けた薬事行政――日米の違いと国際調和」『医療機器学』八六巻五号、四七三～四七五頁。

村上まどか（二〇二二）「医療機器規制の観点でみたフェムテック製品と最近の取組み」『三田評論』[https://www.mita-hyoron.keio.ac.jp/featured-topic/2022/03-3.html]

渡部麻衣子（二〇二〇）「ジェンダー分析的視座から見るHPVワクチンのもう一つの問題――HPVワクチンの定期接種の対象は「少女たち」だけでよいのか?」『現代思想』四八巻一六号、三八～四五頁。

渡部麻衣子（二〇二二）「フェムテックとは何か?――その可能性と抱えるジレンマ」竹﨑一真・山本敦久編『ポストヒューマン・スタディィーズへの招待――身体とフェミニズムをめぐる一一の視点』堀之内出版、五四～六三頁。

渡部麻衣子（二〇二三）「政策的関心の対象としての「フェムテック」とその倫理的課題」『現代思想』五一巻六号、二二一〜二三〇頁。

Ahl, Helene and Susan Marlow (2021) "Exploring the false promise of entrepreneurship through a postfeminist critique of the enterprise policy discourse in Sweden and the UK," *Human Relations* 74(1): 41–68.

Oster, Emily and Rebecca Thornton (2012) "Determinants of Technology Adoption: Peer Effects in Menstrual Cup Take-Up," *Journal of the European Economic Association* 10(6): 1263–1293.

Rosas, Celia (2019) "The Future is Femtech: Privacy and Data Security Issues Surrounding Femtech Applications," *Hastings Business Law Journal* (15): 319–341.

Scatterday, Allysan (2022) "This is No Ovary-Action: Femtech Apps Need Stronger Regulations to Protect Data and Advance Public Health Goals," *North Carolina Journal of Law & Technology* 23(3): 636–668.

Schiebinger, Londa, ed. (2008) *Gendered Innovations in Science and Engineering*, Stanford University Press.

Tin, Ida (2016) "The rise of new category: Femtech," https://helloclue.com/articles/culture/rise-newcategory-femtech.

第III部

ロンダ・シービンガー講演録

凡例

一　ここに掲載した五つの講演の原注については、初出の掲載誌を参照いただき、ここでは新たに起こしたものも含め訳注のみを掲載した。本書に収めるにあたり、一部訳文を改めた。

一　gendered innovations の訳語で、一時期使用した「性差研究に基づく技術革新」という訳語は廃し、ジェンダード・イノベーション（ＧＩ）で統一した。

一　セックス／ジェンダー分析は、性差分析と読み替えた。

一　〔　〕は訳者による補足である。

一　講演録に出てくるＵＲＬに関して、すべて二〇二四年五月二〇日に再度確認した。

1

科学と技術における女性とジェンダー

（『GRL Studies』二〇一九年第一号所収）

なぜ女性科学者はこれほどまでに少ないのだろうか。この問いに対して、これまでたくさんの説明がなされてきた。もっとも簡単でおそらく一般的なのは、女性は単に科学的な思考ができないからだ、というものだ。女性の脳の構造にある何かが、この分野における彼女たちの能力発揮を妨げているという。一七世紀にイギリスの自然哲学者マーガレット・キャヴェンディッシュが女性の脳は単純に「冷たすぎて」かつ「柔らかすぎて」厳密な思考に耐え得ないと述べたとき、彼女は大勢の意見を代弁していた。

女性の脳にあるとされる欠陥は時代と共に変化していった。一八世紀後半には、女性の頭蓋腔は恐らく小さすぎて、重くて高性能な脳を入れておくことができないとされた。一九世紀後半には、女性が脳を使うと卵巣を萎縮させることになると言われた。二〇世紀には、右脳の特性が空間関係を視覚化する女性の能力を鈍らせているのだろうとされた。こうした考え方はあまりに根強く残っているので、二〇〇五年になっても、ハーバード大学の学長ローレンス・H・サマーズは、一流大学に女性が少ないのは、彼女たちが数学や科学に対する「本質的な適性」を欠くからだと断じた。

しかし、女性の行く手に投げ入れられる障害物を考えるときに、厳密に生物学的な説明に飛びつく必要はないように思われる。何世紀にもわたって、女性は女性という性別を理由に大学に入ることを妨げられてきた。たとえば東京医科大学は、一〇年以上にわたって女性学生の数を制限し、入学試験の得点を意図的に改ざんしていたことを二〇一八年になって認めた。

もしも女性が科学者であるなら、どんな違いが生まれるだろうか。最近の調査では、女性は研究に新しい視点をもたらすという。たとえば、生物医学、臨床医学、公衆衛生分野では、論文執筆陣の指導的立場（第一著者と最終著者）に女性がいると、研究で性差分析を行っている傾向があるという。

科学におけるジェンダーを問う学問は非常に学際的である。歴史学者は男女の科学者の生活を研究組織の文脈で検討してきた。社会学者は科学の制度にあるバイアスと障壁のメカニズムを分析してきた。生物学者は、いかにして科学が知力や性別や人種を研究してきたのかということを検証してきた。文化史家は、女性性と男性性の標準的な理解の仕方を探求してきた。科学哲学者と科学史家は人間の知識のジェンダー化を分析してきた。

女性数の確保

大学、政府、そして産業界はここ数十年、科学と技術におけるジェンダー平等に向けて三つの戦略的アプローチをとっている。女性数の確保、組織と制度の整備、知識の再検討である。これらのアプローチを分析の目的で区別することは便利ではあるが、それらは相互に密接に結びついてもいる。研究機関の組織と、知識の創出に伴う底深い問題が理解され刷新されてはじめて科学と工学に女性を採用しとどめておくことに成功するのだということは、よく理解されねばならない。では順番に見ていこう。

「女性数の確保」は、女性およびマイノリティの埋もれた才能を十分活用することによって、科学に携わる労働人口を増加させること（および国家の競争力の強化）に焦点を定めている。一九八〇年代に本格的にこの方面での取り組みが始まった。政府機関は、科学と工学分野の労働人口における女性に関する統計を収集し、女性のキャリアを活性化させるプログラムを提供した。女性が取り組む研究への助成金を増やし、女性に資金調達の交渉術を教え、メンターのネットワークを作り、要するに男社会でどのようにしたら成功できるかを伝授した。

科学における女性の歴史を描くことは少なくとも一八七〇年代にまでさかのぼる。しかしアメリカとヨーロッパの学術機関において、科学におけるジェンダーに現代的な注意が向けられるようになったのは、ようやく一九七〇年代になってのことである。女性科学者は、科学で名をあげる彼女たち自身の奮闘について一次資料を残すことに貢献し始め、女性の生活について重要な一連の問いに取り組んだ。何が彼女たちの科学に対する興味を刺激したのか。いかにして科学の道具と方法にアクセスしたのか。どのようにして発見を成し遂げたのか。こうした問いの多くは「偉大な男性の歴史」という型にあてはまるもので、単に男性を女性に置き換えただけのことだった。この種の歴史に伴う問題点の一つは、卓越性の評価尺度として男性規範をそのまま踏襲してしまうことにある。

初期の歴史研究の多くがヨーロッパとアメリカの白人女性に焦点を当てていた一方で、歴史研究者はマイノリティの女性科学者が性差別と人種差別の「二重の差別」に苦しんでいることにすぐに気づいた。それは今や「インターセクショナリティ（交差性）」と呼ばれるものである。具体的にはジェンダーや年齢、あるいはセクシュアリティやエスニシティに関わるさまざまな次元の差別は、個人の中で結びついて交差しており、それを分析しようというのである。異なる社会的、経済的、そして民族的背景を持っている女性の科学者や工学者の歴史は、進歩は必然的であるという神話、すなわち座して待てば平等は来《きた》るという考えを一蹴《しゅう》するものであった。女性にとっての好機は、科学と女性性の両方についての、変化する規範的な理解の中に深く埋め込まれている。科学分野への女性の参画は戦争や平和、政治や経済、世論といった運の巡り合わせとともに変化するものである。

一九八〇年代、政府は技術分野の女性の数を増やそうとする取り組みにさらに力を入れた。一九五七年のソヴィエト連邦のスプートニク打ち上げは、西ヨーロッパとアメリカが競争力を保つために一層多くの科学者と工学者を必要とするという意味で追い風となった。こうした空気の中で、女性とマイノリティは価値ある国家的資源として現れたのだ。一九六〇年代と一九七〇年代に再燃した女性運動とあいまって、国の法令は女性の前進を後押しした。一九八二年には、米国国立科学財団（NSF）は最初の隔年の報告書である『科学と工学における女性とマイノリティ』（一九八四年から障がいをもつ人の統計も追加）を発表した。一九八九年、NSFは科学と工学における女性のキャリアを支援しようと女性のためのプログラムを検討する特別委員会を立ち上げた。欧州連合（EU）は二〇〇〇年の欧州技術評価ネットワーク（ETAN）の画期的なレポート[*1]の中で、アメリカと同様の方策を推奨した。二〇〇三年にはEUの研究総局は最初の統計冊子『シー・フィギュアズ』を発行し、EU加盟国における〔科学・技術分野への〕女性の参加傾向を報告した。

これらのデータは、科学における女性とマイノリティに関して「垂直」方向〔＝職位〕と「水平」方向〔＝分野〕の格差を示したものである。垂直格差が示すのは、女性は下位のレベ

図１－１　アメリカの大学における女性ポスドク・女性教員（博士号保持者のみ）の分野および職位ごとの割合

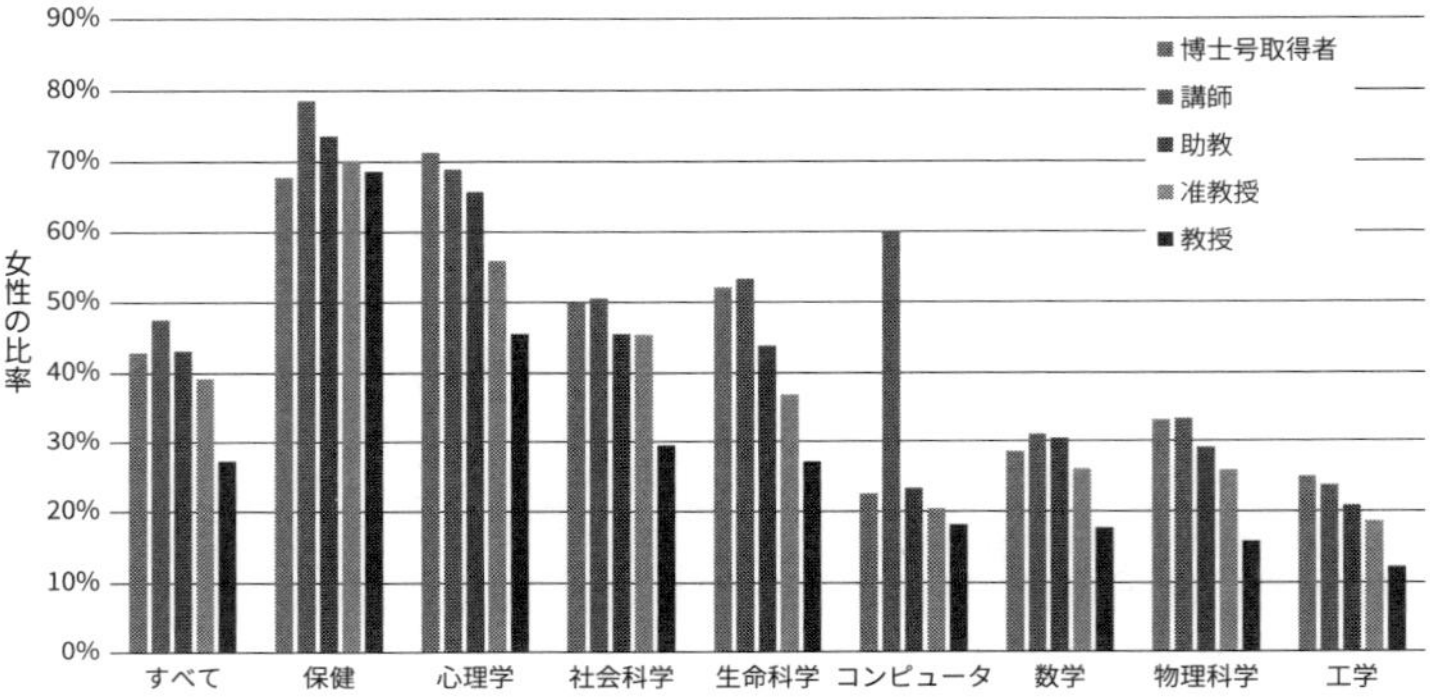

注：四年制の学位授与機関における博士号取得済み教員のみを示す。博士以外（医学士、理学修士）の教員は含まれていない。二年制大学の教員も含まれていない。図はフレヒル氏が本稿のために作成してくださった。記して感謝する。

出　典：Frehill, L.M. analysis of data from the National Science Foundation, National Center for Science and Engineering Statistics, Survey of Doctorate Recipients: 2017, Table 17; and Survey of Earned Doctorates, 2017, Table 16

ルの職に就く傾向にあり、トップの地位にはほとんどいないことである。水平格差は、男性と女性は異なる科学の分野に集中していることを明らかにした。たとえば、女性は心理学と生命科学の博士号取得者の多くを占める一方で、男性はコンピュータ科学や数学、物理科学、工学に多い（図１－１）。

女性（図１－２のグラフの濃いグレー部分）は一九九六年から二〇一一年の間に科学分野で大きく進出した。ここに示したエルゼビア社の研究によれば、ブラジルとポルトガルでは科学論文の著者数で男女ほぼ同数になっている。女性は公刊された論文の著者の四九％を占める。オーストラリア、カナダ、EU、デンマーク、フランス、イギリス、アメリカでも女性は出版論文数を伸ばしている。〔一方〕日本では、科学論文の女性の著者は二〇%のみであり、他国に後れを取っている。

図1－2　科学における女性の割合（論文の著者名による算出）

EU28か国	1996~2000	343,916	732,359	32%	68%
	2011~2015	965,025	1,389,772	41%	59%
アメリカ	1996~2000	310,666	696,947	31%	69%
	2011~2015	705,579	1,071,606	40%	60%
イギリス	1996~2000	68,912	154,175	31%	69%
	2011~2015	166.481	253,257	40%	60%
カナダ	1996~2000	36,539	77,569	32%	68%
	2011~2015	99,055	137,259	42%	58%
オーストラリア	1996~2000	22,632	45,665	33%	67%
	2011~2015	75,600	97,908	44%	56%
フランス	1996~2000	58,396	114,205	34%	66%
	2011~2015	121,948	185,350	40%	60%
ブラジル	1996~2000	18,171	29,620	38%	62%
	2011~2015	153,967	158,873	49%	51%
日本	1996~2000	49,173	273,604	15%	85%
	2011~2015	105,384	411,394	20%	80%
デンマーク	1996~2000	7,089	16,984	29%	71%
	2011~2015	21,240	30,813	41%	59%
ポルトガル	1996~2000	5,134	7,409	41%	59%
	2011~2015	27,561	28,935	49%	51%
メキシコ	1996~2000	8,072	15,792	34%	66%
	2011~2015	34,410	55,042	38%	62%
チリ	1996~2000	3,021	6,024	33%	67%
	2011~2015	13,377	22,099	38%	62%

出典：*Gender in the Global Research Landscape*, Elsevier, 2017.
2020年3月下旬に新しいレポートがリリースされた。新しいレポート *The Researcher Journey Through a Gender Lens*, Elsevier, 2020 のダウンロードはこちらから。http://www.elsevier.com/connect/gender-report.

組織と制度の整備

女性および多様なジェンダーの人びとのキャリアを支援することはきわめて重要だが、それだけでは、ジェンダー平等を創出することはできない。つまり具体的には、研究制度を変える必要があるということだ。二つ目の包括的で戦略的なアプローチ、すなわち「組織と制度の整備」は、すべてのキャリアをよりよく支えるために制度の再編を求めている。二〇〇〇年代以降、政府と大学は採用と昇進の際のジェンダーバイアスを減じ、制度をよりファミリー・フレンドリーなものとするよう取り組んできた。

一九九〇年代から、学者たちは研究制度に埋め込まれた捉えにくいジェンダーバイアス、すなわちジェンダーのステレオタイプ化に注目してきた。ステレオタイプとは振る舞いを左右する信念や期待のことである。多くのステレオタイプが無意識に維持されているので、教職員は彼らの態度と振る舞いが採用と昇進にいかに影響を与えているかに無頓着なことが多い。

捉えにくいジェンダーバイアスが、採用慣行や推薦状、学生の評価、交渉活動にあることが立証されてきた。二〇一二年に全米科学アカデミーによって公表された注目すべき研究は、今日でも男女両方の教授が、同等の研究業績であるなら女性よりも男性を雇う傾向にあることを示したもので、多くの関心を集めた。その研究では、応募者の研究業績を評価してもらうために生物学者、化学者、物理学者あわせて一二七名に同じ書類一式を送付した。その際に用意されたのは、半数を「ジョン」とし、他方を「ジェニファー」という〔女性の〕名前にした書類であった。その書類一式は同じものであり、ただ名前だけが違っていた。ところがジョンの書類を送られた六三名の評価者は男女とも、彼に高い能力点をつけ、七点中四点を与えた。他方、ジェニファーの評価者は三・三点を彼女に与えた。加えて、ジョンにはより高い初任給が提示されたのだった。

バイアスはワーク・ライフ・バランスの問題にも広がる可能性がある。興味深いことに、アメリカでは家の外でも働く母親は、母親でない女性よりも専門的な能力が低いと見なされる。二〇〇七年に、子どもがいるかどうかという状況のみが異なる（その他の応募書類項目は同じ）二人の女性の採用候補者の応募書類について評価を行う社会心理学実験が行われた。評価者たちは、母親でない女性と比べて、母親である女性を能力が低く仕事への熱意も欠けるとみなし、低い初任給を提示した。全体的にみて、母親はそうでない女性より少ない稼ぎとなり、このことは白人とアフリカ系アメリカ人〔の場合〕にもあてはまる。

これとは対照的に、男性は父親であることによって通常不利になることはなく、仕事上ではときに強みとなる。日本のやや強引な「ウーマノミクス」はより多くの女性を労働力へ参入させることを狙っているにもかかわらず、女性は夫の何倍もの家事と育児を負担している。経済協力開発機構（ＯＥＣＤ）の生活時間調査によれば、日本の男性は世界のもっとも豊かな国々の男性に比べ家事と育児に費やす時間がもっとも少ない。

多くの機関で「解決策」が提供され始めたのは二〇〇〇年代初頭であった。ＮＳＦの大型プログラムADVANCE[*2]は二〇〇一年に立ち上がり、（個人ではなく）組織を支援し、ジェンダー平等の推進を目指して構造的な変化を実現させた。特に成功したADVANCEプログラムはミシガン大学の「多様性と卓越性向上のための採用戦略」（ＳＴＲＩＤＥ）[*3]であり、採用時のジェンダーバイアスを取り除くことを狙ったものだった。ミシガン大学は科学と工学分野で、ＳＴＲＩＤE以前は平均一四％だった女性の採用割合を約三〇％に上昇させた。このプログラムの推進にあたり、科学と工学分野の優秀な上位職の教員（男性五人と女性四人）が、採用、評価、昇進の際のバイアスに関する学術的文献を研究した。これら九名の（大学によってその時間を補償された）ＳＴＲＩＤＥ教員は、学部の雇用委員会に向けてプレゼンを行う準備をした。それによって採用慣行が改善されただけではなく、この新たに訓練された「ジェンダーの専門家たち」は終身在職権《テニュア》をもち尊敬を集める学部構成員であったため、学部全体のジェンダー問題に対する姿勢は劇的に改善されたという。ヨーロッパでは、欧州委員会（ＥＣ）が二〇一一年に影響力のある『研究組織の構造的変革』を出版して同様の改革を奨励した。

レズビアン、ゲイ、バイセクシュアル、トランスジェンダー（LGBT）の人びとが抱える問題を取り巻く根本的な変化が産業界においても起こってきている。「聞くな、言うな」[*4]という文化は徐々に薄れつつある。二〇〇八年までには、アメリカにあるフォーチュン500の企業[*5]の八二%がジェンダー・アイデンティティとジェンダー表現を保護する方針を打ち出した。特に重要なのは、こうした方針がトイレの使用や、代名詞、名前の変更を調整することによって、移行期のトランスジェンダーの人びとを支えていることである。

知識の再検討

組織と制度を改造することは決定的に重要だが、こうした改革は、それらの内部で起こること、すなわち研究がジェンダー中立であることを前提として可能になる。組織と制度の再構築は知識に埋め込まれたジェンダーバイアスを除く取り組みによって補完されなければならない。第三の戦略的アプローチである「知識の再検討」は、もっとも新しい提案で、科学と技術におけるジェンダーバイアスを克服することに的確に焦点を当てている。

何十年にも及ぶ研究は、社会と研究制度に組み込まれたジェンダーバイアスが、科学と技術にもジェンダーバイアスを作り出していることを示してきた。研究におけるセックス／ジェンダーのバイアスは生命とコストの両面で高くつき、かつ科学的創造性と卓越性、および社会的利益を制限してしまう。たとえば、生命を脅かす危険を理由に一〇の医薬品が最近アメリカの市場から撤収された。このうち八つは女性により深刻な脅威を与えるものであった。こうした医薬品の開発には何十億ドルという費用がかかっているだけでなく、もし失敗したら、死亡事故や人的被害を引き起こすものである。

　科学と技術におけるジェンダーバイアスを特定することはきわめて重要である。しかし、分析をそこで終えることはできない。性差分析を研究に統合することは、新しい知識と技術を刺激することにつながりうる。発見とイノベーションのためにジェンダー分析の創造的な力を用いることによって得られるものは多い。効果的な問いとは以下のようなものである。発見のために性差分析の創造的な力をどのように利用することができるのか。ジェンダーを考慮することが研究に価値ある視点を加えるのか。それは研究を新たな方向に導くのか。

　歴史的に見ると、フェミニストは事後的に科学と技術を批評してきた。四〇年にわたる科学と技術のジェンダー研究に基づき、事後ではなく最初からジェンダー分析を基礎研究や応用研究に統合することで、ジェンダーの専門家は今や批判の鉾《ほこさき》先を明確な研究プログラムに向けつつある。性差分析は、優先順位を立てるための戦略的考察から、問いを立てたり、方法論を構想したり、データ解釈をするという日々の業務に至るまで、研究のすべての段階できわめて重要である（図1－3）。

ジェンダード・イノベーション（以下、GI）は二〇〇五年に現れ始めた科学と工学へのアプローチである。このアプローチは（科学者や工学者と共同して——図1－4）、科学と工学に対する性差分析の実際的な方法を開発している。性差分析の最先端の方法は、科学／医学／工学分野における研究、政策、実践について、その卓越性を高めるために、他の方法論と共に機能し、さらなる変数すなわち対照群（バイアスを明らかにするためのフィルターの役割を果たすもの）を提供する。性差分析の方法は、研究者がプロジェクトに持ち込むだろう数ある方法の一つである。あらゆる方法と同様に、新しい方法が形成され、状況の変化と共に他のものは捨てられるだろう。そうした方法をとることがどのような価値を生み出すかは、研究チームの創造性にかかっている。

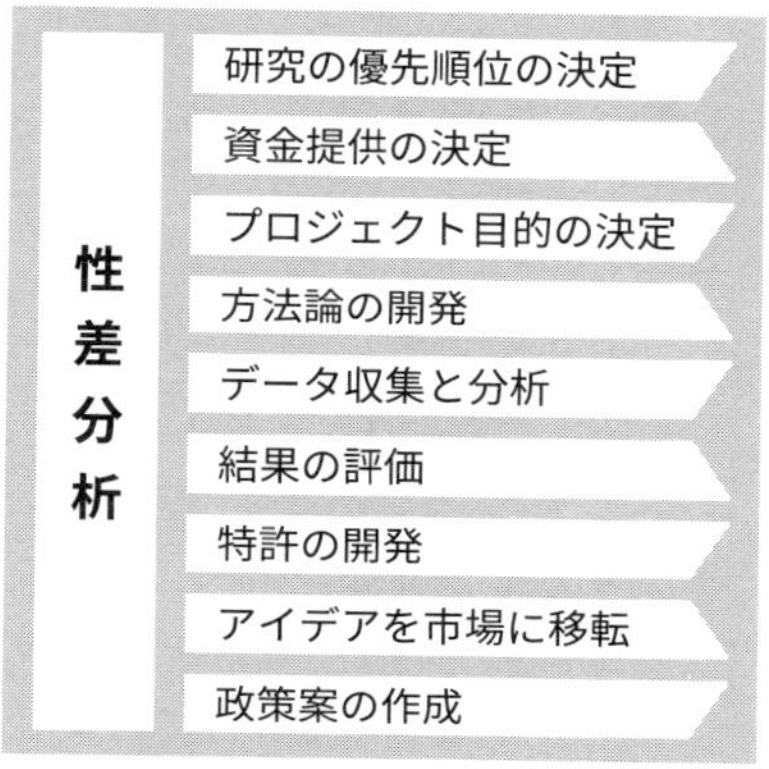

性差分析	研究の優先順位の決定
	資金提供の決定
	プロジェクト目的の決定
	方法論の開発
	データ収集と分析
	結果の評価
	特許の開発
	アイデアを市場に移転
	政策案の作成

図1－3　性差分析はすべての段階で研究を強化する

GIは、科学者や工学者、ジェンダー専門家同士の広い国際的な協力であり、今日までに二六の事例研究を開発し、いかにジェンダー分析が新たな知識へと導くかということを示してきた。たと

- ✓ 研究の優先順位と結果の再考
- ✓ 概念と理論の再考
- ✓ 研究課題の考案
- ✓ セックス分析
- ✓ ジェンダー分析
- ✓ セックスとジェンダーの相互作用の分析
- ✓ セックス／ジェンダーと深く関係する要因の分析
- ✓ イノベーション過程の設計
- ✓ 健康及び生体医学的研究の計画
- ✓ 参加型研究と設計
- ✓ 標準と参照モデルの再考
- ✓ 言語と視覚表示の再考

図１－４　性差分析の方法

えば、「男性の骨粗しょう症研究」という事例研究は「標準モデルと参照モデルの再考」という方法を際立たせる。医学研究者は診断と治療を確立するために準拠集団に依存する。骨粗しょう症に苦しむ男性が比較的多数いるにもかかわらず、その病気の基本的な診断は若い白人女性（二〇～二九歳）を使って、つまるところ男性におけるリスクをうまく特定できない準拠集団に基づいて開発されてきた。

この事例にGIが現れたのは、男性骨粗しょう症の診断用に若い男性の準拠集団が確立された一九九七年のことであった。現在では男性のための準拠集団は確立されているが、ほかの疑問は残る。男性は女性のカットオフ値（陽性／陰性を分ける値）を使っていまだに診断されている。このカットオフ値が男性に適用できるかどうかは不明のままである。

明敏なる読者は、準拠集団に「白人」が使われているという事実が気になるだろう。骨粗しょう症の事例で使われるもう一つの方法は、「セックス／ジェンダーと交差する要因の分析」である。これは男性間の差異を考慮に入れた骨粗しょう症研究へと展開した。骨粗しょう症はセックス／ジェンダーの両面から考察すべき要素をもつ疾患である。骨は遺伝、および文化間で大きく異なるライフスタイル（食事、喫煙、運動）とで決まってくる。たとえば、広く使用されている白人用の骨のミネラル濃度値の基準は、アメリカ在住の男性とデンマーク在住の男性とでは著しく異なることが研究で明らかにされている。

他の事例研究は、機械学習に埋め込まれたバイアスを解決することに目を向ける。機械学習のアルゴリズムは重大なジェンダーバイアスとエスニックバイアスを含んでいることがある。たとえば、グーグル検索では、高給が支払われる管理職の求人広告は男性に対しては女性の五倍も表示される傾向がある。ソフトウェア開発では、〔日本のメーカーである〕ニコンのカメラは誰かがまばたきをしているときは写真を撮らないように設計されているが、それはアジア人が絶え間なくまばたきしているかのような誤った印象を与えている。保健や医療の分野では、研究者は写真から皮膚《ひふ》がんを特定するために畳み込みニューラルネットワーク[*6]を整備してきた。しかし、肌が黒めの人の画像はそれらのデータを学習するために利用される画像全体の五%にも満たない。したがって選別装置が肌の黒めの人びとでもうまく作動できるかは不明である。こうした事例研究は、機械学習パイプラインの中のどこにバイアスがあるのかを特定する。それは社会的平等を推進し、少なくともそれを損なうことのない自動化プロセスを創出しようという努力によるものである。

さらにもう一つの事例研究はサハラ以南のアフリカの「水インフラ」を調査し、「参加型の研究と設計」という方法を強調するものである。世界では一〇億もの人びとが水への確実なアクセスができないでいる。サハラ以南のアフリカでは、女性と少女が水の運搬に年間四〇〇億時間も費やしている。ここでのＧＩはこの地のローカル・ナレッジ〔現場知〕を活用する道を拓いた。水の運搬は女性の仕事であるから、多くの女性は土壌とその土地の湧水《ゆうすい》について詳細な知識をもっている。そうした知識は井戸や給水栓の位置を決めるとき、土木技師にとって非常に重要なものである。参加型研究を通じてこうした知識を持つ女性たちを設置場所の選定過程に引き入れるプロジェクトは、水関連事業のいっそうの効率化に寄与する。

ここではウィン・ウィンの関係が成立している。少女は水を運んでいない時は学校に行く傾向があり、そこに貧困の連鎖を断ち切る可能性がある。

ＧＩ研究は、ほんの数例を挙げても、ビデオゲームの設計から女性の心臓疾患[*7]の研究、公共交通、気候変動、社会ロボット工学まで、科学と工学の多様な専門分野を扱っている。

科学のインフラ

政策は科学と技術の推進力の一つであり、ジェンダー分析を科学と工学に組み込むためのきわめて重要な構成要素である。相互に連動しあう複数の政策は、助成機関から査読付きジャーナルの編集者、大学や産業界に至るまで、すべてのステークホルダーに働きかけることを必要としている。

第一に、助成機関は、申請された研究に性差分析がどのように関係するのかを説明するよう応募者に求めることができる。この点ではカナダ衛生研究所と欧州委員会はＧＩ政策における世界的リーダーである。しかし、他の多くの機関もさらに力を入れている。研究申請に性差分析を奨励する諸政策の概要は、以下で見ることができる（http://genderedinnovations.stanford.edu/sex-and-gender-analysis-policies-major-granting-agencies.html）。日本がこのリストにすぐにも載ることを期待している。

第二に、査読付きジャーナルの編集委員会は掲載する論文を選ぶ際に精緻な性差分析を求めることも可能である。重要なことに、二〇一六年に『ランセット』は性差分析を研究報告に盛り込むための著者と査読者に対するガイドラインを導入した。生物医学と保健のジャーナルは広くこうしたガイドラインを取り入れたが、工学のジャーナルではいまだ取り入れられていない。ジャーナルとそれらのガイドラインのリストは、以下から見ることができる（http://genderedinnovations.stanford.edu/sex-and-gender-analysis-policies-peer-reviewed-journals.html）。

第三に、大学は適切に次世代を教育するために、性差分析の知識を自然科学と工学のコアカリキュラムに盛り込む。

最後に、産業界はジェンダー研究のもっとも賢明な側面を取り入れる必要がある。そうすることによって、新しい市場を開拓し、製品や製造過程、サービス、インフラにイノベーションを起こすことが可能になるだろう。

ここで分析上区別された三つの戦略アプローチ、すなわち女性数の確保、組織と制度の整備、知識の再検討は相互に関係するものである。このことをしっかり認識することが重要である。他のアプローチなしに、一つだけではうまくいかない。女性の参画を増やそうという取り組みは性差分析を研究に統合しなければ成功しないし、ジェンダー分析を研究に取り入れることは、女性と男性の完全な補完がなければ成功しない。女性と新世代の男性を科学に参入させるためには、生産的な研究生活と回復をもたらす私生活の両方を支える制度の刷新も必要である。なすべき仕事は山積《さんせき》している。

（翻訳：横山美和・小川眞里子）

訳注

＊1　ＥＴＡＮ（European Technology Assessment Network）エキスパートと呼ばれる研究グループによる報告書のため『ＥＴＡＮレポート』として知られる。

＊2　ADVANCEは、テニュアトラック女性教員のための助成金（ＰＯＷＲＥ）の後継プログラムとして二〇〇一年に登場したもので、Increasing the Participation and Advancement of Women in Academic Science and Engineering Careers の略称である。前者が研究者個人の支援であったのに対し、ADVANCEは組織ぐるみの変革を目指すものである。

＊3　ＳＴＲＩＤＥ：Strategies and Tactics for Recruiting to Improve Diversity and Excellence

＊4　"Don't Ask, Don't Tell." 元々は、同性愛者の入隊を禁じていた米軍が、彼ら／彼女ら（they/them）が性的指向を公言しない限り入隊を認めるとした法律。

＊5　ビジネス誌『フォーチュン』が毎年発表している収益等が全米上位五〇〇位のリスト。公式サイトは https://fortune.com/ fortune500/.

＊6　Convolutional Neural Network（ＣＮＮ）．深層学習に多く利用されている画像処理のアルゴリズム。

＊7　虚血性心疾患については男性と女性、とりわけ若い女性とで症状に大きな違いがあり、ＧＩの事例の中でもとくに有名なものなので少し踏み込んで訳した。

2

自然科学、医学、工学における ジェンダード・イノベーション

（『学術の動向』二〇一七年一一月号所収）

アメリカでは一九九七～二〇〇〇年の間に一〇種の医薬品が、健康に有害と判定されて市場から取り下げられた。このうち八品目は男性より女性に健康リスクが顕著であった。医薬品の開発費用は何十億ドルにもなるので、失敗したとなると経済的損失は莫大である。加えて人的被害も少なくなく死者すら出しかねない。

それゆえ研究の正しい遂行は、救命にも重要になるのだ。たとえば、アメリカの「女性の健康イニシアティブ」によるホルモン療法の治験分析は、要した費用一ドル当たり、各納税者に一四〇ドルの利益還元となった。治験分析のおかげで、心臓血管病は七万六〇〇〇症例の減少、乳がん患者は一二万六〇〇〇人の減少、質調整生存年は一四万五〇〇〇年の延長をもたらした。結果の大半はこうした前向きなものであったが、骨粗しょう症骨折は二六万三〇〇〇例

の増加だった。

研究は最初から正しく遂行されることが肝要である。ジェンダード・イノベーション（以下、GI）は、性差分析の最新の方法を提供する。この方法を基礎研究や応用研究に用いれば、科学や保健・医療や工学の研究、政策、実装で卓越した成果を生み出せる。性差分析という手法は研究者がプロジェクトに持ち込む多くの手法の一つである。

GIは、欧州委員会（EC）と米国国立科学財団（NSF）とスタンフォード大学の国際的な協力のもとに生み出され、科学と技術の世界的展開に合わせて広くアメリカ、カナダそしてヨーロッパ全域から、八十余名の自然科学者や生物医学研究者、工学者およびジェンダー研究者が協力し、国際ワークショップを重ねて展開されてきたものだ。そして今では韓国にも広がり、遠からず日本にも定着することを願っている。

ジェンダー研究は国の政策として採用され、ヨーロッパでは欧州委員会、アメリカでは国立衛生研究所（NIH）、カナダではカナダ衛生研究所（CIHR）によって取り組まれている。欧州委員会（科学、医学、工学の研究助成主体でもある）は二〇一三年以降、助成金の応募者に性差分析を申請研究にいかに考慮しているかを記載するよう求めている。二〇一四年に欧州委員会は、研究に性差分析が有効と思われる科学技術分野一三七領域を定めた。それらには、情報処理用電子機器、建築、ナノテクノロジー、海洋学、地理学、有機化学、航空学、宇宙医学、生物多様性学、生態学、生物物理学などが含まれる。欧州委員会の二〇一四～二〇二〇年のフレームワーク・プログラムであるホライズン２０２０において、ＧＩは欧州委員会のジェンダー視点に関する政策に実証的な基盤を与えるものである。

イノベーションは、まさに性差分析を研究デザインに組み込むことにかかっている。重要なのは、性差分析の創造的な力をいかに発見へとつなげていくかであり、ジェンダーを考慮することによっていかに研究に価値ある視点を加え、新たな方向性をもたらすかである。

研究の背景

アメリカや西ヨーロッパの政府、大学および各種の企業は、過去数十年間にわたってジェンダー平等（男女共同参画）に向けて三つの戦略的アプローチをとってきた。

一、「女性数の確保」は、科学、保健と医療、工学分野の女性数の増加を図る。

二、「組織と制度の整備」は、研究機関における構造的変化、たとえば研究者同士カップルの雇用やワーク・ライフ・バランス政策で、ジェンダー平等の推進を目指す。

三、「知識の再検討」すなわちＧＩは、研究に性差分析を適用することによって、科学と技術分野の卓越性を高める。

ここでは、GIに他ならない三番目の戦略的アプローチ、すなわち科学と発見とイノベーションの未来にとって最新にして最強のアプローチに焦点を定めよう。

性差分析による発見とイノベーション

◆事例一　妊婦用シートベルト——セックスを分析する

自動車事故は妊婦の死に伴ぅ胎児死亡の主原因である。時速五六キロでさえ衝突事故に遭った胎児の七五％に危害が及ぶと推定され、それは衝突の激しさと共に増大する。アメリカでは、控えめな算定でも年間三六九件の自動車事故関連死が、妊娠二〇週以上の胎児で起こっている。別の算定では、事故で母親が生き延びたとしても三二〇〇人中八〇〇人の胎児が死亡している。胎児の自動車事故関連死は一日に二から八件に上る由々《ゆゆ》しい事実である。

問題は従来の三点固定式のシートベルトが、妊娠女性に適合していないことである。この事例において、研究者は性差分析を怠り、全ユーザーの必要を考慮しなかった。妊婦はシートベルトを使うべきとされるが、そうした三点固定式ベルトは衝突の際に妊婦の腹部を強く圧迫し、胎児が傷つくリスクを増大させる。

ある大手自動車メーカーは妊婦にとっても安全であるようシートベルトのデザインを見直しつつある。成功すれば公共の安全を増大させるGIの主要な事例となり、世界的規模で少なくとも九四〇〇万人の妊婦に絶大な利益となるだろう。

◆事例二　自然言語処理――ジェンダーを分析する

シートベルトの事例で行うべきは「セックス分析」で、セックスは身長、体重、遺伝的性質、ホルモンなど生物学的特質に関係する。次の事例は自然言語処理で、ビッグデータとアルゴリズムにおける「ジェンダー分析」である。

私の経験からお話ししよう。数年前に私はマドリードで新聞数社からインタビューを受けた。帰国してその記事をグーグル翻訳に入力してみると、驚いたことに繰り返し私は「彼は」として言及されていた。ロンダ・シービンガーは、「彼は言った」「彼は考えた」となっていて、ときには「それは書いた」となっている始末であった。原因の一つは、スペイン語が日本語などと同様に、主語を省くことの多い言語だからであろうが、グーグル翻訳が男性をデフォルトとしてきていることに留意すべきである。なぜ「賢い《スマート》」会社がそんな基本的な誤りを起こしたのだろうか。

図２－１　1900-2008 年におけるアメリカの書籍に登場する男性代名詞の女性代名詞に対する比率

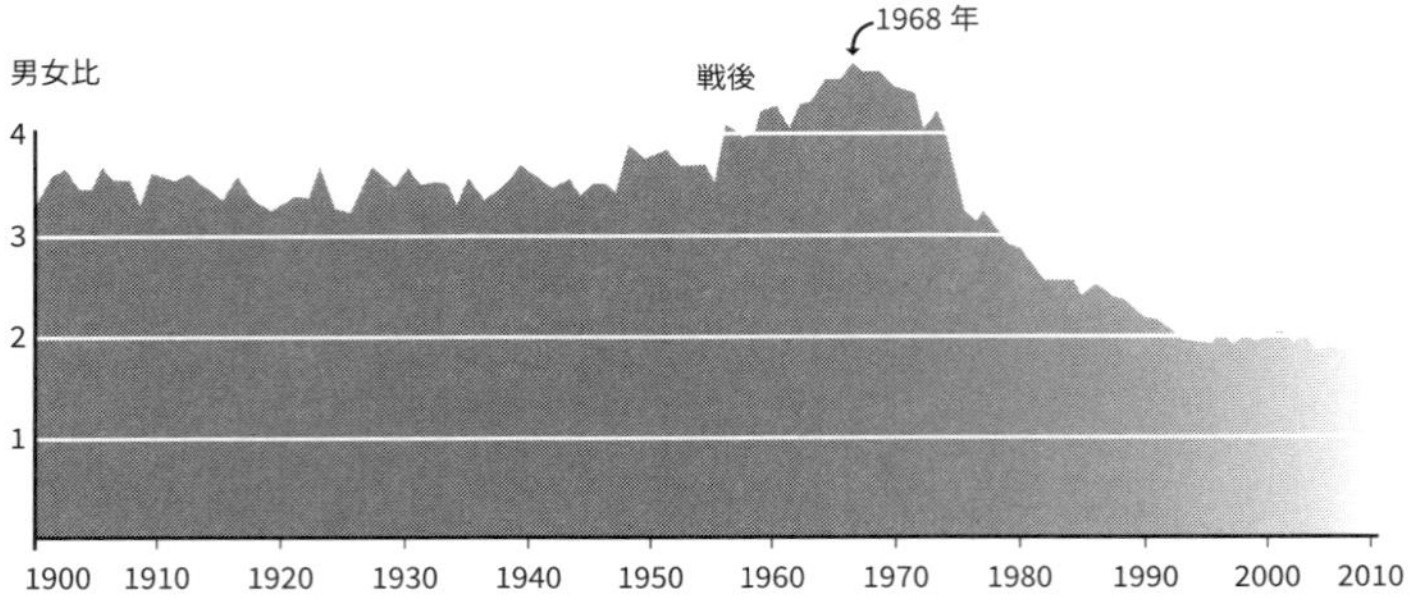

比率の変化は女性の労働市場への参画、教育の向上、初婚年齢の上昇などと並行している。
男性代名詞（｢彼｣）の女性代名詞（｢彼女｣）に対する比率はピーク時の 1968 年には４：１以上だった。2000 年には、この比率は２：１までに急降下した（Twengel et al., 2012）。

ここにジェンダー分析の余地がある。グーグル翻訳が男性代名詞をデフォルトとしたのは、「彼が言った」はウェブ上で「彼女が言った」よりもありふれていたからだ。「彼が言った」の「彼女が言った」に対する比率は、一九六〇年代のピーク時には四対一であったが、二〇〇〇年以降には二対一にまで劇的に落ちた（図２－１）。これはフェミニズム運動の時期、ならびに欧米における科学分野の女性数増大のための積極的な助成が始まる時期と正確に連動している。グーグルが一つのアルゴリズムで文化的変動の年を押し通したのは、まさしく無意識のジェンダーバイアスであった。

そこで、解決に向けた取り組みが始められた。ＧＩプロジェクトは自然言語処理の専門家を数人招いてワークショップを開催した。約二〇分間、集まった専門家は話を聞いて、「直すことができる」と言った。直れば幸いだが、一律に女性向けに改造することは、取るべき方途ではない。そこで、いくつかの製品を精査し、もしもアップルやグーグルその他の企業がジェンダー分析をしっかり行うことによって製品開発研究を始めるなら、何をすべきか。どんな革新的新技術、ソフトウェア、システムが考え出されるのだろうか。

ここでのポイントは、過去の無意識のジェンダーバイアスが、将来のジェンダー不平等を拡大しているということだ。(グーグル翻訳のように)過去のデータで訓練されると、そのシステムはバイアスを引き継ぐことになる。たとえグーグルが問題を解決しようとしても、彼らはできないことがわかっている。ひとたび基本的なプラットフォームがセットされると、何かを解決することは往々にして困難なのだ。重要なことに、グーグル翻訳は未来を創造しつつある。技術すなわち、私たちの電子デバイス、プログラム、処理プロセスが人間の態度、行動、文化を形成するのである。換言すれば、過去のバイアスは、政府や大学や企業が平等を育てる政策を実践してきているときでさえ、未来へ永続化される。それゆえ問題は、私たちが望む社会を創造するために、自動化された過程に人間がいかに介入できるかである。

重要なGIがここでまさに進行している。コンピュータ科学者は公正さを保証するアルゴリズムの最適化を行うために、公正さの数学的に厳密な定義を創造しようとしている。そのようなプロジェクトの一つは、ハーバード大学の理論コンピュータ科学者シンシア・ドウォーク率いるところの「公正さを定義する——未来に関する社会技術アルゴリズムとシステムについて」であり、もう一つはボストンのマイクロソフト・リサーチ・ラボとスタンフォード大学との共同開発によるもので、単語埋め込み（word embedding）からバイアスを除去しようとするものである。これらの学際的なチームは、公正さを最適化するアルゴリズムの設計方法を解明しようとしている。

◆事例三　動物の研究——セックスとジェンダーの相互作用の分析

人間と同様に、セックス／ジェンダーは動物の生涯を通じて相互作用を行う（図２－２）。動物研究はセックス（生物学的形質、たとえば遺伝子、ホルモン、年齢、繁殖期、血統など）とジェンダー（文化的すなわち環境的過程、たとえば飼育カゴの扱い、研究者の態度や行動、飼育室の温度、食事など）の間の相互作用を含む。

飼育環境の影響は雌雄の動物で異なる。オスのげっ歯動物は、一緒だと争うから大抵一個体ずつ収容して飼育する。そうすると「体温維持により多くのエネルギーを消費するので、カロリー摂取、筋肉の活動性、代謝速度、脂肪分布、身体の大きさなどのパラメータに違いが生じるし、そうした潜在的な端末の効果が身体レベルや細胞レベルの活動に過剰な影響を及ぼ

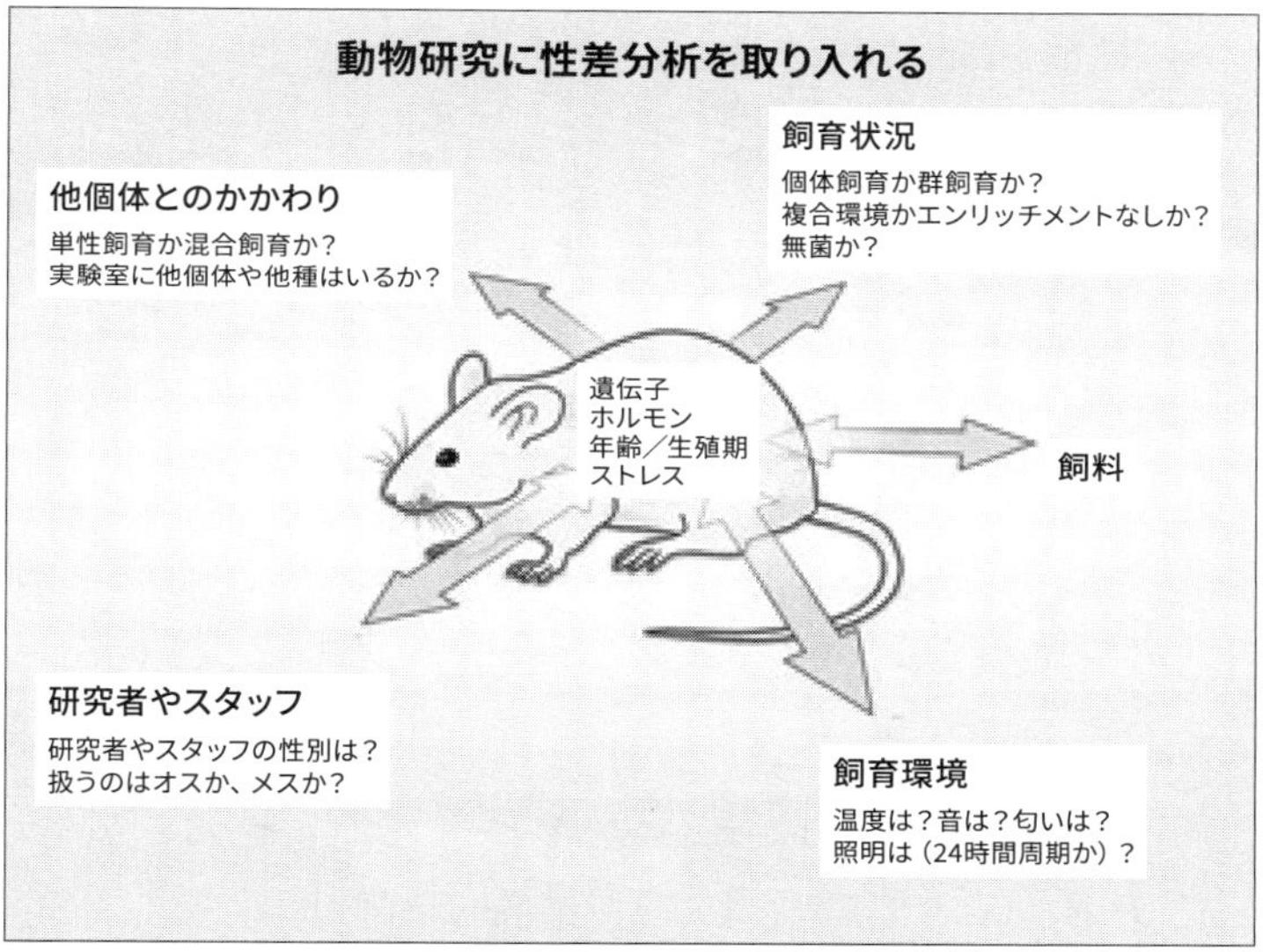

図２－２　セックスとジェンダーの視点から見た動物研究

す」。これが基礎代謝を変化させうる。これに対しメスの場合は、経費の節約にもなるので、飼育カゴに複数個体を同居させる。メスは群れて眠り、結果として体温維持エネルギーを少なくできる。この筋書きでは、「性差」は飼育条件の差異から生じると言えるかもしれない。重要なのは、雌雄の生物学的差異と雌雄の動物の飼育状況の違いを研究者が混同しないことである。

次はジェンダー関係、すなわち研究スタッフの性別と飼育動物との間に生じるジェンダー力学を吟味する。おもしろいことに、ストレスが重要ファクターであるげっ歯動物研究においては、実験者の性別は攪乱《かくらん》変数であるかもしれない。

げっ歯動物は、誰もいない部屋よりも男性実験者が存在する場合に痛覚応答の減少を示し、その一方で、女性実験者の存在はなんら違いを生じないことが見出されている。この「男性観察者効果」を、女性よりも男性で高濃度に見いだされる腋窩《えきか》分泌物であるアンドロステロンとアンドロステンジオンに対するストレスと解釈している。

この事例では実験者の性別が問題となっている。標準的な実験作業は、影響がある場合には、実験者の性別を考慮する必要があろう。ジェンダーや、この事例では実験室の条件が関係するもっと複雑な相互作用が働いているような場合にも、実験動物の「性別」のみが報告されることがあまりに多い。

政策

政策はイノベーションの推進力となるもので、科学者や工学者が研究にジェンダー分析を行うよう後押しできる。研究のインフラを整えるためには、種々の政策を連結する必要がある。たとえば助成機関、査読付きジャーナル、大学のカリキュラム、そして産業界である。

助成機関は、申請研究に性差分析がいかに関連しているのか応募者に説明を求める。欧州委員会はＧＩ政策のグローバル・リーダーであり、研究とイノベーションに性差分析を行うことで、科学研究の質ならびに科学や技術の社会的連関の向上を図る。

こうした政策で最初に世界をリードしたのは欧州委員会ではなくカナダ衛生研究所で、その全一三機関が二〇一〇年に研究にセックス／ジェンダーを考慮するよう応募者に求めた。アメリカの国立衛生研究所は、最終的に二〇一六年一月一日、公的基金による脊椎動物と人間の研究における生物学的変数として性別による違いを説明するよう求めた。さらに同研究所は研究に際し性別を基本的変数とするよう一〇〇〇万ドルの資金投入を行った（PA-15-034）。私は、この領域で日本もこうした政策をとるよう強く勧めたい。

査読付きジャーナルは、掲載論文の選択に当たって性差分析への熟慮を求め、医学分野における長足の進歩が果たされた。二〇一六年に世界的な医学雑誌『ランセット』は、著者と査読者に対し、研究に性差分析を求めるガイドラインを採用する英断を下した。さらに二〇一六年に国際医学雑誌編集者委員会もこれらのガイドラインを採用した。生物医学や保健研究にとって、性別が考慮されるべき生物学的変数であるのは、今や明らかだ。そのようなガイドラインが、工学やコンピュータ科学の雑誌についても開発される必要がある。

大学のカリキュラムは、新世代の研究者を効果的に育成するために、セックス／ジェンダーに関する知識に配慮すべきで、このことは前述のごとく工学部で重要であり、また医学部でも重要だ。ベルリンのシャリテ医科大学は、入学後の基礎科学から後の臨床モジュールをこなす六年間の教育訓練の中にジェンダー医学を組み込むことにもっとも成功してきている。成功の秘訣は、(1)学部長の支持、(2)「変化の担い手」すなわちその過程を監督し、主要人物間の意思疎通を促しながら、支援組織の枠組みを確立する学部メンバーの存在である。シャリテ医科大学におけるこのプログラムの評価は、セックス/ジェンダー要素が講義の二一%、セミナーの一二%、実習の八%に組み込まれていることを示した。これは大きな前進である。

産業界は、複雑で多様な利用者の必要に見合う製品を生み出すことができる。ジェンダーの視点を取り込んだ製品やシステムは世界的な競争力や持続可能性を高めると同様に、新たな市場の開拓を可能にする。シリコンバレーで、この必要に応じるためにGIプロジェクトは、一連の技術円卓会議のジェンダー・シリーズを発足させている。それは企業が社会的要請に応え、製品の安全性を高め、広範な利用者層を獲得できるよう企画されたものである。そうしたことのすべてが、詰まるところ企業の最終収益に貢献するのである。以下の三分間のビデオもご覧いただきたい(http://genderedinnovations.stanford.edu/innovations-in-design/video.html)。

結論

なすべきことは多い。研究者は性差分析の洗練された手法を学び、大学はこれらの手法をカリキュラムに取り入れる必要がある。助成機関は応募者に対し、研究の申請に際して性差分析をどう行うか説明するよう求め、ジャーナルの編集部は掲載論文の選定を行うときに適切な性差分析を要求すべきである。産業界は革新的な製品、工程、サービス、施設に賢いジェンダー視点を採用せねばならない。

イノベーションが世界を動かす今、ジェンダーに無頓着であった時代に戻ることはできない。ＧＩは新たな展望を与え、新たな疑問を提起し、研究の新領域を拓く。逃してはならない好機なのだ。

（翻訳：小川眞里子）

3

医学、機械学習、ロボット工学における ジェンダード・イノベーション

（『学術の動向』二〇一八年一二月号所収）

ジェンダード・イノベーション（以下、ＧＩ）については第Ⅲ部2で概略をご紹介したので、今回はさらなる展開に注目して最新情報をお届けしたい。

ＧＩは二〇〇九年にスタンフォード大学で始まり、欧州委員会（ＥＣ）や米国国立科学財団（ＮＳＦ）をも巻き込む国際的協力によって発展してきた（二〇一一〜二〇一三年）。二〇一八年から再び欧州委員会と協力して（二〇一八〜二〇二〇年）、従来の方法に修正を加え、オンラインで行うトレーニングを創出し、数々の新たな事例研究の開発を行っている。現在のところ、一二〇名を超える基礎科学研究者とジェンダー研究の専門家が合同ワークショップを開催してきている。欧州連合（ＥＵ）、カナダ、アメリカで新しい政策が進行中であり、私たちもグーグルやフェイスブックといった産業のリーダーたちと技術円卓会議を重ねて、共同の輪をシリ

コンバレーに拡大している。

イノベーションは、性差分析を研究のデザインに組み込むことに関わる。そうした実践面での問題は、性差分析の創造的な力をいかにして発見へと関連付けるかである。ジェンダーを考慮することで、研究に価値ある視点を加え、研究を新たな方向に向かわせることができるだろうか。

間もなく『ネイチャー・ヒューマン・ビヘイヴィア』で公表される新しい論文は、多様性を三タイプで定義している。(1)研究チームの多様性、(2)研究方法の多様性、(3)提起される問題の多様性、である。この論文は、多様性の(2)と(3)に焦点を定めているが、当然ながら、これら三タイプすべてが相互に強くつながっている。そのことは、医学分野で私たちが示してきたところである。すなわち、一五〇〇万件もの医学論文を精査し、性差分析を取り入れて研究の卓越性を高めること（研究方法の多様性）と、医学研究の分野に女性の数を増加させること（研究チームの多様性）との間に、重大な経験的連関を見出したのである。

研究は、問われるべき問題と研究のデザインとにおいて、最初から正しく遂行されることが決定的に重要である。科学と技術における卓越性を確実にするために、ＧＩプロジェクトは、(1)性差分析という最新の方法を開発し、(2)ジェンダー分析が発見とイノベーションにいかにつながるかという具体例を与えるため、事例研究を提供する。

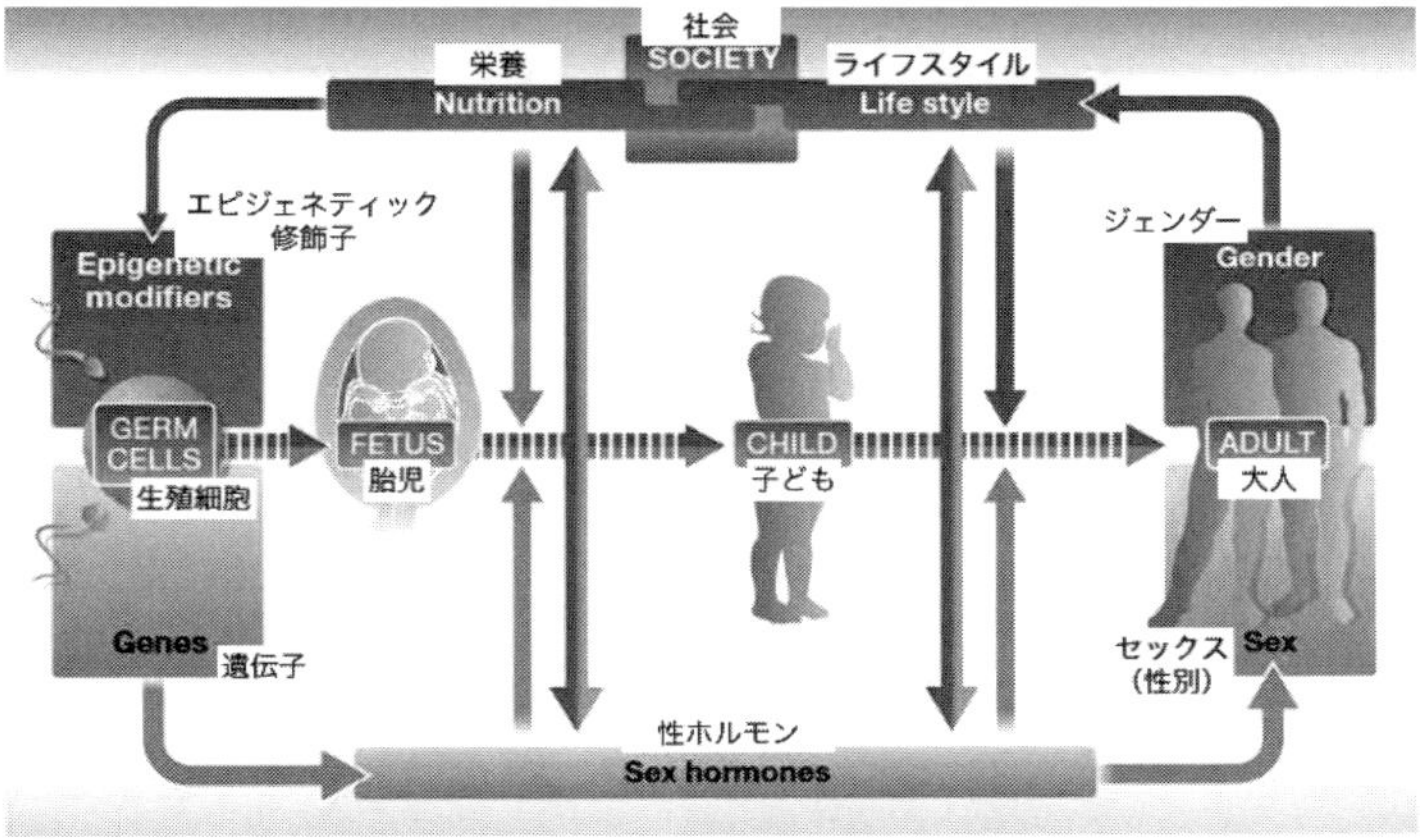

図3－1　セックスとジェンダーの複雑な依存関係

最初に、「セックス」と「ジェンダー」という用語の意味するところを見ておこう。図3－1に示されるのは、ドイツ第一級の心臓学者ヴェーラ・レギッツ＝ツァグロゼクが作成した図で、セックスとジェンダーの複雑な依存関係を示している。セックスは、遺伝子やホルモン、身長や体力といった生物学的な特質と関係し、ジェンダーは、男性または女性であることと関連付けられる社会的態度や行動を意味する。栄養やライフスタイルに加えて、ジェンダーは、教育、社会経済的地位、民族などにおける、男女およびそのどちらでもない多様なジェンダーを有する個人の間での相違に対応している。ここで重要なのは、セックス／ジェンダーが生涯を通じて相互作用し、私たちの本質を作り上げていることである。

性差分析がいかに研究の卓越性と革新性を高めるか

◆事例一　医学におけるセックスの分析

大抵の生物医学研究は、人間であれ、動物であれ、細胞や組織であっても、オスまたはオス由来の材料で行われる。図３－２は、研究で使用された動物の性別を示している。横棒グラフの「オス」は、免疫学と生殖分野を除いて、ここに示したすべての生物医学分野でメスよりもオスが多く使われていることを示している。それも問題であるが、私が注目したいのは、使用された動物の性別が記載されていない「不明」の部分である。これは研究費の無駄遣いである。たとえば医薬品の開発の初期段階で、もし性別が報告されず分析もされなければ、その薬は女性には使えないかもしれない。

両性を研究し、それらの間の相互作用を考察することは多くの場合に重要であるが、とりわけ助成金を提供する機関、たとえば米国国立衛生研究所（ＮＩＨ）が、生涯にわたる生物学的変数として性別を分析するよう求めていたりする場合には重要である。スタンフォード大学のアン・ブルネットの研究室では加齢の研究をしているが、彼女たちは、異性の存否が個体の寿命にいかに影響しているかという重要な問題に取り組んでいる。彼女たちが発見した結果は

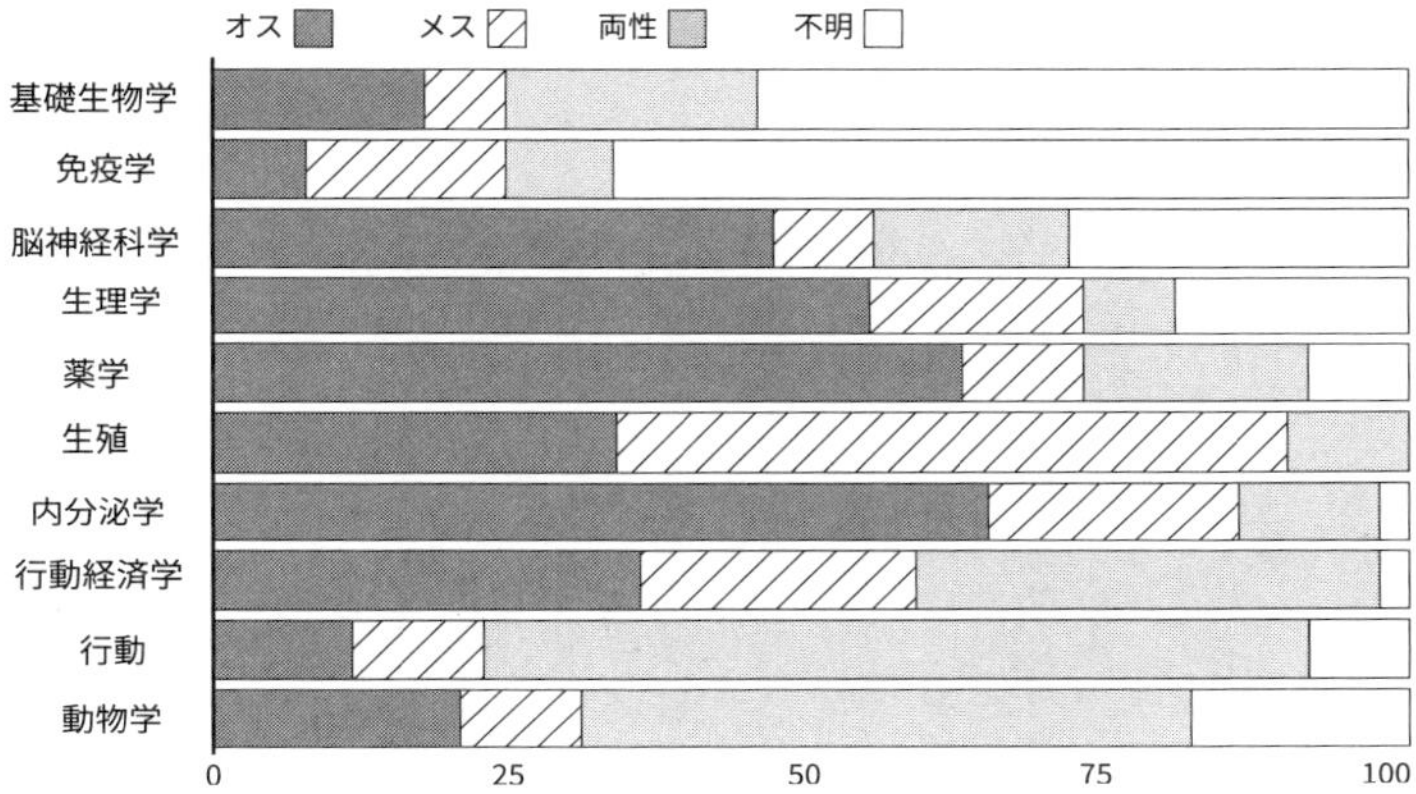

図３－２　オス／メス／両性の動物を使用した研究の割合

From published journal articles within specified biomedical subfield, 2009

Beery, A., & Zucker, I. (2011). Sex bias in neuroscience and biomedical research. *Neuroscience and Biobehavioral Reviews,* 35 (3), 565-572. 許可を得て掲載。

こうである。線虫の一種C・エレガンスでは、オスの存在が反対の性をもつ個体（この事例では、雌雄同体）の加齢を加速したという。要するに、雌雄同体の個体はオスの存在の下で通常より若くして死ぬのである。彼女たちはこれを「雄性誘導死」と名付けている。

　動物研究において、オスとメスは別々に研究されがちだ。しかし野生の状態では、両性は共に暮らし、そのことがそうした動物の寿命に影響しているかもしれない。オスの何が、無防備な雌雄同体の個体を死に至らしめるのだろうか。それは、オスが放出するフェロモンである。雄性誘導死は交配することなく起こり得て、雌雄同体個体はかつてオスが存在していた培地に置かれるだけで死が早まる。これは、進化過程の結果であるかもしれないと研究者たちは言う。いずれにせよ、雌雄同体個体にとって、繁殖能の有無にかかわらず、オスは歓迎すべからざる存在である。

◆事例二　機械学習におけるジェンダーと公正さ

先のC・エレガンスの例は性別を分析することをテーマとしたが、次の事例の機械学習ではジェンダー分析の重要性を強調したい。

機械学習のアルゴリズムはジェンダーと人種に関する意味深長なバイアスを含んでいる。すなわち人工知能は、政府や大学、グーグルやフェイスブックといった企業が、バイアスのない平等性を目指して政策を実施してきていても、過去のバイアスを無意識のうちに未来へ引き継いでいってしまうかもしれないのである。人工知能は未来を創造しつつあるという点に留意すべきである。技術、すなわち電子デバイス、プログラム、処理過程が人間の態度や行動、文化を形成するのである。それゆえ生じる重大な問いは、私たち人間が、人工知能を社会的公正の支えとなるように、いかに上手く保証しうるかということである。

無意識のバイアスがソフトウェアのアルゴリズムやシステムに組み込まれている事例は数多くある。

*グーグル検索で見ると、高収入を約束する管理職の求人は、男性のほうが女性よりも五倍以上も多く提供されている。

*人がまばたきしている時に写真を撮らぬようデザインされたニコン製カメラのソフトウェアは、アジア人はたえずまばたきしていると解釈している。

*単語埋め込み（word embedding）は、単語間の関連性を把握するものだが、有害なステレオタイプを恒久化してしまう危険がある。たとえば、男性＝コンピュータ・プログラマー、女性＝主婦といった固定化である。分散表現[*1]はそれぞれの英単語に幾何学的なベクトルを配置するもので、よく知られた機械学習の手法の一つである。ベクトル間の距離は対応する単語間の意味の類似性を表している。単語埋め込みは、「男性」に対して「王」という単語を、「女性」に対して「女王」という単語を対応させるようにうまく類推できる場合もある。しかし、同じ分散表現でも、ステレオタイプ化し、ときに時代遅れの類推、たとえば「男性」に対して「医者」を、「女性」に対して「看護師」に対応させるような類推を引き出すこともある。そのようなアルゴリズムのバイアスを除く対策を講じなければ、私たちは一九五〇年代の性差別をずっと延命させることになりかねないのである。

GIは、解決志向型のプロジェクトである。解決には、公正を保証するようアルゴリズムを最適化するため、コンピュータ科学者、法律家、政治学者、歴史家、ジェンダー専門家からなる分野横断的な複数のチームを必要とする。機械学習のバイアスがどこにあるかを突き止め、解決への道筋を示し、これらの問題を解決する意思決定に誰が関与すべきかを議論するワークショップを、二〇一八年三月にスタンフォード大学で開催した。コンピュータ科学者か、倫理チームか、政府の監督委員会か、関与すべきは誰か。このワークショップの成果については一部を『ネイチャー』上に公表した。

◆事例三　ロボット工学におけるジェンダー

ロボットはジェンダー規範、性自認、ジェンダー関係のある世界で設計されている。したがって、設計者としてであれ利用者としてであれ、人間は機械をジェンダー化する傾向にある（なぜなら、人間の文化では、ジェンダーは主要な社会的カテゴリーだからである）。人間社会における多くのタスク領域は、ジェンダー固有のものであり、すなわち女性対男性によって支配されている。たとえば家庭内労働や健康管理は、女性に固有な領域と考えられて、そこでは「女性」ロボットが上手く仕事を捌《さば》いていく。それというのも、そうした領域に対する私たちの期待によく適合しているからである。これとは対照的に、セキュリティ管理や数学の個人指導だったりすると、男性固有とみなされて、利用者は「男性」ロボットを好む。

ロボットのジェンダーを私たちの期待に合わせれば、おそらくロボットの受容は容易になるだろうが、その一方で、そんな風に合わせてしまうことで人間社会における性別役割分業を強化することになりはしないかという危惧《きぐ》が残る。たとえば、女性の仕事――総じて安価な仕事――とみなされていることを行うロボットに「女性」のジェンダーを割り振れば、社会的不平等を強化することになるかもしれない。そこで現行の文化的ステレオタイプに挑戦する看護師ロボットを作り出せば、看護の領域に男性を受け入れるよう促すことができるかもしれない。

私が機械学習で論じたことがらとよく似て、現行のステレオタイプに合わせて（ロボットなどの機械装置、すなわち）ハードウェアを設計すると、それらのステレオタイプを未来へと拡張することになるかもしれない危険がある。設計者がなすべき課題は、(1)ジェンダーがロボットにどのように体現されるのかを理解すること、(2)社会的平等を促進するようなロボットを設計することである。二〇一八年一月にＧＩのワークショップを開催し、二つの事例研究を行った。

何がロボットをジェンダー化するのか。ソフトバンクが日本で開発したロボットのペッパー（図３－３）をあなたはどう読み解くだろうか。**色彩**は一つの要素である。ある研究者グループは、男性の黒い帽子あるいは女性のピンクの耳あて《イヤーマフ》は、利用者がロボットを男性あるいは女性として認識するに十分であるとした。同様に**音声**も文化的情報をふんだんに帯びている。声の

図3－3　ペッパー

高低は、ロボットが男性か女性か、あるいは子どもであるかの決め手になる。西洋文化では、低い声は一層の権威を帯びて受け取られる。たとえば、イギリス初の女性首相となったマーガレット・サッチャーは、ボイストレーナーから訓練を受けて、自分の発声を低くコントロールし、さらに権威に満ちた首相となるよう努めた。ペッパーの声は、多くのアシスタント的ロボットと同じように子どもっぽいものである。子どもっぽい声は、脅威と無縁と認識される。

ペッパーの設計者は、それを「彼」と呼んでいるが、その名前は少なくとも英語では見事にジェンダー中立である。私が知る唯一のペッパーという名前の人物は、女優のグウィネス・パルトローが映画『アイアンマン』の中で演じている典型的なアシスタント的役どころの女性である。

最後に**身体構造**であるが、これは視覚的手掛かりを与えるものである。私にとってはペッパーの身体構造は困惑するものである。髪の毛がなく、頭はボーイッシュであるが、細く絞られたウエストやスカートに覆われたような脚部は女性的である。

ジェンダー不平等を永続化する無意識のステレオタイプに陥らぬように、ロボット研究技術者に少なくとも六項目の提案をしたい。

一、現行のジェンダー・ステレオタイプに挑戦するようなロボットを製造する。
二、利用者が望む特徴を加味できる、カスタマイズ可能なロボットを設計する。
三、ジェンダーレスなロボットを設計する。
四、ジェンダー流動的で平等主義的な規約に従ってロボットをジェンダー化する。といっても私はこれに関する事例を見たことがない。
五、人間の社会的関係から踏み出す。たとえば日本では患者を抱き上げ移動するのに、頭部が特大の愛らしいテディベアになっているロボットが、病院で使われている。
六、社会的ステレオタイプを回避する「ロボットに固有な」アイデンティティを設計する。

設計者に求められるのは、社会的な平等を育む良循環を作り出すことである（図3－4）。ジェンダー分析によって、また人文系研究者や社会科学者と共同することを通して、ロボット研究技術者は、社会的平等を促進し、利用者がジェンダー規範を再考する手助けをし、結果としてジェンダー規範を変化させるようなハードウェアを創造することによって、この文化の良

図３－４　良循環

循環に進入する機会をもってほしい。この過程が、社会的な責任を有するロボットにつながることであろう。

日本にとっての次なる段階

私たちのウェブサイトにアクセスしていただくと二八の事例研究が掲載されており、さらに多くの事例研究をご覧になることが可能である。私たちのリストサーブに登録して下さると、研究における性差分析に関する更新情報が得られる（https://mailman.stanford.edu/mailman/listinfo/genderedinnovations）。

日本にとって次なる段階は何であろう。「ジェンダーとダイバーシティ推進を通じた科学とイノベーションの向上」をテーマに掲げ、二〇一七年五月に東京で、日本はすばらしいジェンダー・サミット（ＧＳ）10を開催し、翌二〇一八年六月には日本学術会議で「学術フォーラム

――GS10フォローアップ」を開催した。日本はまさに行動を起こすべきときに来ている。

次なるステップで二つのことが重要である。第一に、日本の研究助成機関は公的基金による研究申請の募集に際し、応募者に性差分析を考慮するよう求めることである。欧州委員会は、すばらしいことに二〇一四年にこの政策を定めた。またアメリカの国立衛生研究所は二〇一六年にそれを定め、そしてドイツの研究基金は二〇一九年にガイドラインをスタートさせることになっている。これらの政策はさまざまな形態をとっているが、以下の要点を含んでいる。


*研究デザインにおいて、セックス／ジェンダーの影響を考慮する。

*セックス／ジェンダーの影響に関する文献レビューを行う。

*研究の問いを定式化するとき、セックス／ジェンダーの影響を考慮する。

*状況に応じて、男性、女性、あるいは多様なジェンダーをもつ個人を含むデータを収集する。

*セックス／ジェンダーによるデータ解析を行う。


第二に重要なステップは、性差分析に関する知識を大学のカリキュラムに組み込むことである。これは、医学、コンピュータ科学、工学等で、学部および大学院レベルの両方で、決定的に重要である。ジェンダー問題は、基礎科学教育と並行して必修課程で教えられるべきことである。

為すべきことは多々あるが、日本は重大な変化をもたらすために今こそ迅速に動くべきである。性差分析を研究にデザインすることは、世界レベルの科学と技術に貢献する決定的な要素なのだから。

（翻訳：小川眞里子）

訳注

＊1　分散表現とは単語（本例では、男性、コンピュータ・プログラマー、女性、主婦）をデジタル化する表現方法の一つであり、自然言語処理に有効であると考えられている。簡単に説明すると、分散表現では、各単語を複数次元（五〇次元から三〇〇次元くらいが多い）の要素を持つベクトルで表現する。そして、そのベクトル間の演算を行うことで、単語間の類似度を計算する。（三重大学大学院工学研究科教授　野村由司彦氏のご教示に感謝します。）

4

ジェンダード・イノベーション

——科学技術のさらなる卓越性を求めて

（『GRL Studies』二〇二一年第四号所収）

「ジェンダード・イノベーション（以下、GI）」という造語は、科学技術におけるジェンダー分析という新しいアプローチを表すために、二〇〇五年に私が作った言葉である。そして二〇〇九年から、GIの名のもとで、大規模な国際共同プロジェクトが立ち上がった。欧州委員会（EC）、米国国立科学財団（NSF）、スタンフォード大学などが参加しているこのプロジェクトは、はじめは欧米を拠点にしていたが、いまやアルゼンチン、南アフリカ、韓国にまで広がった。日本ともしっかり連携していけることをうれしく思っている。プロジェクトでは、基礎科学研究者、工学者、ジェンダー学の専門家など、二〇〇名以上の参加者がGIをテーマにした一連の共同ワークショップを開催した。これによる各種の政策はEUやカナダ、アメリカで実践されている。さらに、シリコンバレーにもGIを広げ、グーグルやフェイスブックなど業界をリードする各社を対象として一連の技術円卓会議が開かれた。

ここで、イノベーションというのは、性差分析・交差性分析[*1]を研究設計に取り入れることである。その際、実際に考えるべき質問は、「性差分析・交差性分析による創造的な力をいかに新たな発見に結び付けるか」「そうしたアプローチは研究に価値ある視点を加えるか」「研究を新たな方向へと導くものか」である。

それではまず、背景の説明をしておきたい。アメリカや西ヨーロッパの政府や大学はこれまで数十年にわたってジェンダー平等に向けて三つの戦略的アプローチを採用してきた。

一、「数の確保」は、科学と工学の分野で女性およびマイノリティの数を増やすことに注目すること。

二、「組織と制度の整備」は、研究組織の構造改革を通して、よりジェンダー平等なキャリア形成を可能にすること。

三、「知識の再検討」は、いわゆるＧＩであり、性差分析を研究に取り入れることで、科学技術のさらなる卓越した発展を追求すること。

本稿は、三つ目の戦略的アプローチである「知識の再検討」に焦点を当てている。これはもっとも新しい領域であり、科学、工学、イノベーションの将来を考える時に一番重要である。これこそが、ＧＩそのものである。

では、なぜＧＩが一人ひとりの研究と関連するのだろう。欧州委員会の研究・イノベーション支援促進プロジェクト「ホライズン・ヨーロッパ」は二〇二〇年に始まり、研究に必要なジェンダー視点の強化に取り組んできた。研究助成を受けるために申請者は、設計段階から研究に性差分析を組み込む必要がある。研究が性差分析に関連しない場合であっても、その理由の説明を求めるようになった。

この政策を推進するために、欧州委員会は二年間の専門家グループを設置し、私がそのグループのリーダーを務めた。このグループは、生物医学から海洋科学、機械学習、環境科学まで、数多くの科学分野の専門家二五人で構成された。私たちの成果は二〇二〇年一一月に欧州委員会によって公開され、ＧＩのウェブサイト上に掲載されている。

二〇一六年、米国国立衛生研究所（ＮＩＨ）は、すべての公的資金による研究に対し、「生物学的変数としての性別」に関する考察を含めるように求めた。税金を使って研究するのであれば、それは一部の人のためではなく、社会全体の人びとの利益につながるものでなければならないと考えたわけである。そして現在私たちは、「社会文化的変数としてのジェンダー」の導入をめぐって検討するようになった。

なによりも重要なことは、研究の仕方を誤ると、多額の資金と人命が失われるということだ。たとえばアメリカでは最近、一〇種類もの薬の深刻な副作用が判明して、市場から取り下げられることになった。そのうち、八種類は女性により大きな副作用が認められたという。これらの薬には何十億ドルもの開発費が投じられたにもかかわらず、ひとたび失敗すると、深刻な人的被害を引き起こしてしまう。間違った形で研究を行っている場合ではない。

一方、研究を正しく行うことは、命を救い、経費を節約することにつながる。一九九〇年、「アメリカ女性健康イニシアティブ・ホルモン療法試験」という大規模治験が政府資金によって行われた。その結果を分析したところ、このような研究に一ドルを費やすにあたり、結果として一四〇ドルの医療費を節約することができ、アメリカの納税者に還元できることがわかった。さらに、この研究は人びとの命を救った。すなわち、心血管疾患が七万六〇〇〇件減少、乳がんが一二万六〇〇〇件減少したことで、質調整生存年が一四万五〇〇〇年も延長されることになった。ただし、こうした前向きな結果を得たと同時に、二六万三〇〇〇件以上の骨粗しょう症骨折が見つかった。この結果はとても参考になるもので、工学にも役立つと思われる。

以上の事例が示しているように、正しいスタートから研究を進めることは決定的に重要である。これこそGIが目指すところである。このプロジェクトでは、⑴最先端の性差分析の手法の開発と、⑵ジェンダー分析が発見やイノベーションにつながる事例研究の収集と紹介を行っている。ここからは、こうした事例研究を紹介しながら進めていく。

私たちが「セックス」や「ジェンダー」を語る時、どういう意味で使っているだろう。セックスとは、身長、体重、遺伝子、ホルモンなど、生物学的特徴である。これに対してジェンダーとは、文化的な規範や行動に関することである。多くの人びとは、セックスとジェンダーを、男性／女性、男／女という二項対立で考えているが、実際のところ、ジェンダーはすでに男女という枠をはるかに超えている。二〇二〇年のアメリカの世論調査によると、人口の〇・六％、約二〇〇万人がトランスジェンダーであるという（「gender fluid＝性自認が流動的である」などの性自認の形については報告されていない）。また、ドイツやインドをはじめとする約一五か国では、法的文書、出生証明書、パスポートなどに第三の性別カテゴリーが認められている。これはアメリカでは、少なくとも一八州で認められている。

繰り返しになるが、ＧＩの目的は、卓越した科学技術を確保することによって「研究」に、社会のニーズに応じた研究を行うことで「社会」に、新しいアイデア・特許・技術を開発することで「ビジネス」に、それぞれ付加価値を与えることである。

それでは、性差分析・交差性分析がどのようにして新たな発見につながるのか、いくつかの例を紹介したい。まずは海洋科学の例を取り上げてセックス分析について説明する。この事例は、気候変動が海洋動物に与える影響を理解するために環境科学においてとても重要な意味を持っている。ここでは、「セックス分析」が主な方法である（巻頭の図を参照）。そして留意していただきたいのは、セックス（性別）とは生物学的特徴のことだということである。これは人間だけではなく、実験用のマウスや、これから紹介するウミガメなど、すべての生物に適用できる概念である。

地球温暖化が海洋生物に悪影響を与えている。ところが地球温暖化への反応は、性別によって異なる。たとえば、オスはメスとは異なる反応を示しうる。ロブ・エリスらは、「性別は本当に問題か」というすぐれた論文で、海洋科学におけるセックス分析の状態を再検討した。そこで明らかになったことは、性別に着目した分析は、過去一〇年間でわずか四％の研究でしか行われていないということだ。これはもったいない。

では、なぜこうした分析が重要であるのか。たとえばウミガメは、温度によって性別が決定するため、急激な地球温暖化で性比のバランスが崩れ、個体群の安定性が危険な状態に陥る。温暖な気候で孵化するとメスになり、冷涼な気候で孵化するとオスになる。重要な研究によって、ウミガメの性比は地球温暖化に劇的に対応することがわかった。たとえば、オーストラリアのグレートバリアリーフの北部の暖かい場所では、生まれたウミガメの九九％がメスである。一方、南部の涼しい場所で生まれるウミガメは六八％がメスで、比較的自然な性比が保たれている。そのような性別バランスの変化は、個体群の崩壊につながる。九九％がメスになる個体群は、繁殖が困難になるからである。気候変動に対する性別に基づく反応を分析することは、海洋生物間の個体数の変化に関してより良いモデルの構築を可能にし、その先にある人間への影響をより正確にモデル化することを可能にする。

次の例は、コンピュータ科学の分野である。これは『GI2』〈第5章を参照〉から改訂された「ジェンダー分析」の方法を強調するものである。繰り返しになるが、研究を進める際にジェンダーを考慮することはとても重要である。この事例では、自然言語処理に焦点を当てている。まずは一つのエピソードを紹介したい。数年前、マドリードに滞在したとき、私はスペインの新聞社によるインタビューを受けた。帰国後、当時の記事を読もうとグーグル翻訳にかけてみたところ、私のことが何度も「彼」と訳されていることに衝撃を受けた。ロンダ・シービンガー、「彼は言った」、「彼は書いた」、時には「それが思った」と。どうもグーグル翻訳のデフォルト〈初期値〉は男性であるようだ。

グーグルのような賢明な企業が、なぜそのような基本に関わるミスを犯してしまうのだろう。グーグル翻訳のデフォルトが男性代名詞になっているのは、ウェブ上で「彼女が言った」よりも「彼が言った」の方が一般的であるからだ。NGram〈別のグーグル製品〉によると、「彼が言った」と「彼女が言った」の比率は、一九六〇年代の四対一というピークから、二〇〇〇年以降の二対一にまで差が縮小していることがわかった。歴史的に見ると、これはアメリカの女性運動や、理工系の女性数を増やすための政府の助成と並行している。ところがグーグルは、一つのアルゴリズムによって、四〇年にもわたる言語分野における著しい変化を消し去ってしまったのである。これは無意識的なジェンダーバイアスである。

では、このバイアスは直せるものだろうか。二〇一二年、GIプロジェクトは、二人の自然言語処理の専門家を招いてワークショップを開催した。二人はそれぞれ、スタンフォード大学とグーグルの所属であった。二人は二〇分ほど私の話を聞いて了解し、「これは直せる」と言ってくれた。

もちろん直せることはすばらしい。しかし、常に女性のために後付けで補正することは最善の進め方ではない。私は、なぜグーグルの工学者が、スタンフォード大学の教育を受けていながらもこんなに簡単なミスを犯すのか、これは私たちスタンフォード大学の教育になにか誤りがあったからではないか、と自問しなければならなかった。一つ言えるのは、私たちはたしかに工学コースの基礎科目でジェンダー分析を教えていない。これこそ今すぐ直さないといけないことである。

直せるものは直す。ただし、もしアップルやグーグルなどの会社が、最初からジェンダーの視点を取り入れて製品開発をしていたらどうだろう。どのような革新的な技術、ソフトウェア、システムが開発されることだろう。私が主張したい点は、こうした過去の無意識のジェンダーバイアスが、未来のジェンダー不平等を増幅するということである。(グーグル翻訳のように)過去のデータに基づいてトレーニングされると、システムはバイアス(ジェンダーバイアスを含む)を受け継ぐことになる。翻訳プログラムで「彼が言った」がデフォルトであると、結果的にウェブ上の男性代名詞の使用頻度が高くなる。そうすると、男性を活動的な知識人とするステレオタイプが再び強化されかねない。

グーグルは翻訳プログラムを段階的に改善してきたが、問題の解決には程遠い。ベースにあるプラットフォームが一度決まってしまうと、修正することが難しくなる。そしてなにより、グーグル翻訳は未来を創造しつつある(テクノロジー、すなわち私たちの機器、プログラム、処理過程が、人間の態度、行動、文化を形成するからだ)。言いかえれば、政府や大学、企業自体は平等性を育むための政策を実施していても、過去のバイアスが未来へと永続化されることになる。つまり、自動化された過程に人間がどのように介入すれば、私たちが望む社会を作ることができるのかを考えなければならない。

グーグル翻訳のように、アルゴリズムやシステムのソフトウェアに意図せぬままバイアスが組み込まれる例は数多くある。

- グーグル検索では、高収入の管理職の求人広告に男性がアクセスする確率は女性の五倍である。

- 単語埋め込みにより、「男性」と「コンピュータ・プログラマー」、「女性」と「主婦」を結び付ける有害なステレオタイプを永続化する危険性がある。
- 『ネイチャー』のコメント欄でわれわれが紹介したコンピュータ・ビジョン〔コンピュータの視覚情報処理機能〕の例も同じである。私はこれを「二人の花嫁問題」と呼んでいる。ここには、北アメリカと北インドの二人の花嫁の画像がある（図4－1）。白い服を着た伝統的なアメリカ人花嫁の写真には、「花嫁」「ドレス」「女性」「結婚式」というラベルが正確に貼られるのに対して、北インド人の花嫁の写真では、「パフォーマンス・アート」「赤」「衣装」といったラベルが誤ってつけられる。

その原因として、バイアスのかかったデータを扱うことが取り上げられる。たとえば「二人の花嫁問題」の場合、コンピュータ・ビジョンの研究に使用されている一四〇〇万枚以上のラベル付け画像による ImageNet のデータセットが分析に使われている。ImageNet のデータの四五％以上は、世界人口のわずか四％の居住地であるアメリカのものである。一方、中国とインドのような国は、世界人口の三六％を占めているにもかかわらず、ImageNet のデータのわずか三％しか占めていない。私たちは、地理的多様性に注目してデータセットを整える必要がある。

ここまでは、セックス分析かジェンダー分析のいずれか一つに注目して検討してきた。重要なのは、人間を分析するときに、性別とジェンダーは相互作用するということだ。

次に医学の例を取り上げる。これは性別とジェンダーの相互作用を示す一例である。ヨーロッパのジェンダー医学の大御所であるベラ・レギッツ＝ツァグロセクは、性別とジェンダーが生涯にわたって相互に影響し合い、私たちを作り上げていることを示した。

図４－１　二人の花嫁：北アメリカ（右）と北インド（左）の花嫁

出典：International Design Card より許可を得て掲載。

ここで紹介したいのは、疼痛〈痛み〉に関する研究である。これは、『ＧＩ２』の新しい事例研究の一つでもある。疼痛には、生物学的な側面（電気刺激や熱、圧迫による痛み、あるいは体の一部が虚血状態になることで生じる痛み、あるいは筋肉痛などの感じ方に関する性差）と文化的な側面（人びとの疼痛の訴え方に見られる性差や、医師による患者の疼痛の理解方法や治療方法に見られる性差）に分けられる。研究者はまず、マウスが疼痛を感知する経路を説明し、そこに小膠細胞《しょうこう》〔ミクログリア〕が働いていることを明らかにした。その後、研究者たちはこうした研究結果がすべてオスのマウスを使って得たものであることに気付き、メスに替えて実験してみた。するとメスでは、小膠細胞は何の役割も果たしていないことが判明し、研究者たちは衝撃を受けた。メスの場合は、T細胞が媒介する。すなわち、オスとメスで疼痛を感知する経路が異なるのだ。しかし、結論を急いではならない。年齢やホルモンレベルなど、他の要因も疼痛を感知する経路を規定している。テストステロンが不足しているオス（つまり高齢のオス）はメスの疼痛感知経路に切り替わり、T細胞が不足しているメスや妊娠中のメスはオスの感知経路に切り替わることもある。性別がすべて二元的だというわけではないのである。

さらに、話はもっと複雑になるが、疼痛には文化的な側面もある。人びとがどのように疼痛を訴えるか、また医師が患者の疼痛をどのように理解し治療するかには、ジェンダーの影響が見られる。

- 「性自認」は、疼痛を訴える意思に影響を与える可能性がある。
- 「ジェンダー規範」は、多くの文化において男性に体の強さや意志の強さを求めている。そのため男性は女性よりも疼痛を訴えることに抵抗を感じるかもしれない。

- 「ジェンダー関係」は、患者のジェンダー化された行動に関連して、診察する医師のジェンダー期待が、どのような治療を行うかに影響を及ぼすかもしれない。

図4－2に示されたように、患者の性別によって疼痛の感じ方が決まってくる。また、患者はそれぞれ特定の文化の中で育ち、その文化におけるジェンダー規範が患者の疼痛の表し方に影響を与える。たとえば、疼痛を訴えようとする意思は、ジェンダー規範によって左右される。多くの文化におけるジェンダー・ステレオタイプは、体の強さや意志の強さを男性に求めている。これによって男性は女性より疼痛を訴えることに抵抗を感じるかもしれない。もちろん、これは民族やその他の社会的要因によっても影響される。次に、医師も同じくジェンダーの影響を受けている。ジェンダーに関する医師の思い込みが、男性と女性の治療に現れる。私の知る限り、ノンバイナリー〈性自認が男女どちらでもない〉の個人を対象とした研究はまだ行われていない。臨床医は、女性の疼痛を心理的なものだと考えがちである。その結果、女性は男性に比べて、非特異的な診断を受け、治療を受けるのにより長く待たされ、男性に比べて抗うつ剤を多く投与され、鎮痛剤の投与量が少なかったりする。こうした、患者がどのような治療を受けるかは、患者の性別や医師のジェンダーに関する先入観に左右されることがわかる。

図４－２

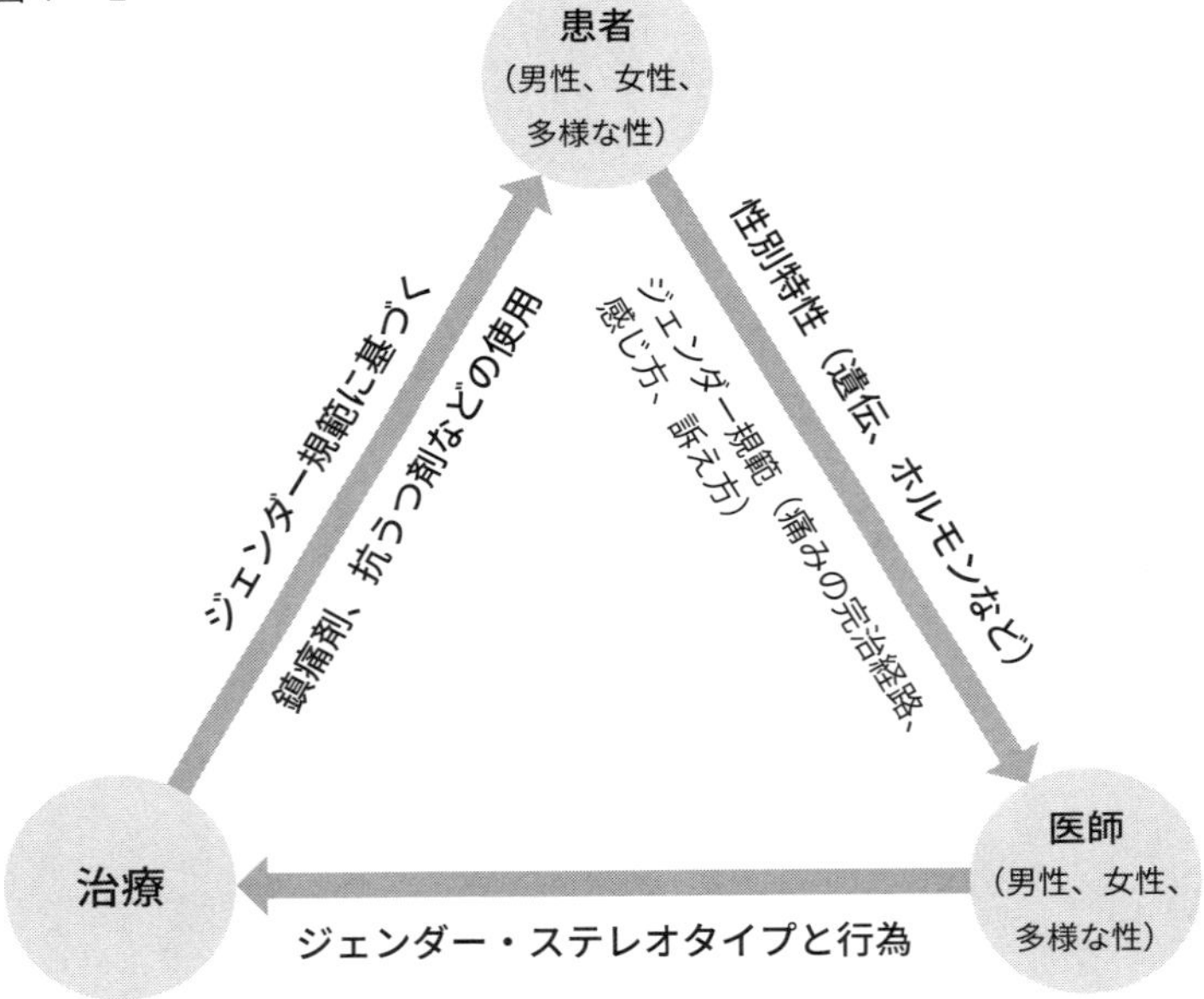

患者がどのように痛みを訴えるか、また医師が患者の痛みをどのように理解し治療するかにおいて、性別とジェンダーが相互に影響し合う。

ＣＯＶＩＤ－19についても、性別とジェンダーの相互影響が見られる。生物学的には、Ｘ染色体上の遺伝子の発現やホルモンの影響により、ウイルスの受容体、ウイルスの繁殖、抗体の作りに違いが生じる可能性があると指摘されている。一方、社会文化的な面では、喫煙率（世界的に男性の方が高い）、手洗いなどの予防策の実施（一般的に男性の方が低い）、職業（医療従事者の大半は女性）、生活環境、医療・検査・防護グッズの入手しやすさと利用状況などの要因が挙げられる。COVID−19の克服にむけてより包括的な戦略を開発するために、性別とジェンダーがどのように相互作用し、これらが年齢や社会経済的地位などの他の要因とどのように影響しあうかを理解する必要がある。

生物学的変数としての性別を生涯にわたって、その複雑さのままに研究することはきわめて重要である。『ランセット』などの生物医学雑誌では、掲載論文を選ぶ際に、精緻な性差分析を求めている。性別とジェンダーを正しく使い分けることはとても重要であるが、医学者は研究を公開する際にこの二つの言葉を混同することが多く、メタ分析を困難にしている。

では次に、医療機器の話に移りたい。ここでは、もう一つのバイアスである皮膚の色を例に、COVID−19で重要な役割を果たしたパルスオキシメーターについて説明する。パルスオキシメーターとは、一九七二年に青柳《あおやぎ》卓雄が日本で初めて特許を取得したもので、血液を採取しなくても血中酸素濃度を測定することができる〔機器である〕。これは医学の世界における偉大な前進である。

しかし、その一〇年後、パルスオキシメーターは、皮膚の色が濃い患者の酸素飽和度を正確に測定していないことが判明した。これはなぜだろうか。パルスオキシメーターは、指に赤色光・赤外光を照射して血液中の酸素飽和度を測定する仕組みだからである。問題は、デオキシヘモグロビンと皮膚の色素（皮膚中のメラニン）の両方が光を吸収することにある。一九八九年にこのことはすでに判明していたが、いまだ修正されないままである。

COVID−19のパンデミックの真っただ中、二〇二〇年に行われた四万七〇〇〇件以上の測定結果を分析したところ、皮膚の色が濃い患者に対するパルスオキシメーターの血液ガス検査誤認率は一二％である。これに対して皮膚の色が薄い患者では四％であることがわかった。これは、こうした皮膚の色の濃い患者は、心臓、脳、肺、腎臓などの重要臓器の損傷を避けるために必要な補充酸素が得られないかもしれないということを意味する。

性別はどうであろう。交差性分析は必要なのか。交差性（インターセクショナリティ）とはなんだろう。交差性とは、一九八九年のキンバリー・クレンショーによる造語で、ジェンダー、性別、民族、年齢、社会経済的地位、性的指向などと関連する差別形態の重ね合わせ、すなわち交差性を記述するための用語である。皮膚の色だけを切り離して考えることはできない。そこにはさまざまな要素が交差している。それでは、皮膚の色が濃い女性の経験はどのようなものであろうか。

パルスオキシメーターの話に戻るが、民族や皮膚の色がすべてではないかもしれない。また、パルスオキシメーターの読み取りには性別による違いもあるかもしれない。しかし、それは研究の優先課題になってきていないので、性差があるかもしれないという結論は決定的ではない。限られた研究でいうと、二〇〇七年の研究では、女性や指の小さい人にはパルスオキシメーターがうまく機能しないことが示唆されている。また、四万七〇〇〇人の患者を対象とした二〇二〇年の研究では、わずかながら性差が示されている。もし皮膚の色と性別とがいかに関連するかを分析するなら、皮膚の色が濃い女性がもっとも〔測定精度上の〕リスクが高いことがわかる。

パルスオキシメーターについて言えることは、ウェアラブル〔・デバイス：消費者が直接着装して使うハイテクの電子機器〕についても当てはまる。ここでもやはり、こうした機器は皮膚の色が濃いユーザーにはうまく機能しない。アップルウォッチやフィットビット（Fitbit）などのウェアラブルは、酸素濃度、睡眠時心拍数、不整脈など、健康に関する豊富な情報を収集している。赤外、赤色、緑色の光を使用する機器の問題点は、これらの信号が皮膚の色素沈着と相互作用し、皮膚の色によって精度が異なる可能性があるということだ。つまり、基本的なデータ収集に不具合が生じる可能性がある。

健康管理においてデジタル・バイオマーカー*2の重要性は増えている。ウェアラブルやその他の機器からのデータは、大規模なデータセットに投入され、機械学習を用いて分析されている。すべての人工知能（AI）や機械学習において、適切なデータセットを作成することが重要な第一歩である。しかし、データセットの規模は小さく、局地的である。それゆえ、それらのデータが典型的でないこともありうる。白人男性を対象とした情報収集がもっとも進んでいる。パーキンソン病のデジタル・バイオマーカー（スマートフォンから収集）の研究では、女性からのデータはわずか一八・六％であった。男性患者を多く含むデータセットでアルゴリズムに学習させると、男性に典型的な症状（硬直や眼球運動）を検出しやすくなり、女性に典型的な症状（運動障害や抑うつ症状）を検出しにくくなる可能性が考えられる。

次は顔認識の例である。ここでは再び交差性の話に戻るが、交差性の分析はとてもむずかしいものである。繰り返すが、交差性とは、社会文化的特性が重なり合う、すなわち交差し合うことを表す言葉である。ここで重要なことは、個々人は複数の特性を組み合わせて有しているることである。たとえば、私は性別（女性）だけではなく、人種的な特徴（白人）も持っている。そして学歴（高学歴）や年齢（高齢）の要素もある。私の場合はいわば高齢で高学歴の白人女性である。それぞれの研究について、研究チームは、その研究にとって重要な特性がどれであるかを決めておかねばならない。

では続いて、ジョイ・ブラムウィニとティムニット・ゲブルによってなされた顔認識に関する研究「ジェンダー・シェイズ」[*3]において、このことがいかに作用するかを示しておこう。ジェンダー・シェイズは、交差性、特にジェンダーと人種がどのように関連するかを研究し、顔認識では黒人女性の顔を認識できないことを明らかにした。ジェンダー分析は、女性の顔よりも男性の顔の方が、認識の精度が高いことを示している。一方、人種分析は、皮膚の色が濃い人よりも薄い人の方が、認識の精度あるいは実効性が高いことが示された。交差性をかけた分析では、黒人女性の場合、認識の精度がもっとも低かった。エラーの発生率は、皮膚の色が濃い女性では三五％、皮膚の色が濃い男性では一二％、皮膚の色が薄い女性では七％、皮膚の色が薄い男性では一％未満であった。

しかし、これだけではない。セクシュアリティ分析は、トランスジェンダー（特に移行期）の人の顔をシステムが「認識」できないことを示した。そして最後に、ジェンダー分析では、顔の化粧が顔認識の精度を最大七六・二一％も低下させることを示した。

データを正しく取得し、誰をも認識できる技術とすることは問題の一部である。もっと大きな問題はセキュリティにある。たとえば、トランスジェンダーの人たちは、顔認識システムによって追跡されることをまったく望まないかもしれない。顔認証が悪用される可能性もあることから、たとえば、ベルギーでは顔認証の使用を違法にしている。

ここでは列挙しないが、ＧＩは問題解決型研究である。解決事例はＧＩのウェブサイトや『ネイチャー』にまとめられている。

事例はたくさんある。ＧＩのウェブサイトには四〇の事例研究が掲載されている。性差分析を研究に組み込むことは、世界レベルの科学技術に貢献する重要な要素の一つである。ぜひ私たちのウェブサイトを利用して、皆さんの研究になにか重要な見落としがないかチェックしてみてほしい。

最後に、政策について簡単に触れたい。政策はイノベーションの原動力の一つであり、科学者や工学者が性差分析を研究に取り入れる際にも役立つものである。科学インフラの以下の三つの柱は、政策により調整する必要がある。

第一の柱――助成機関。特に公的な助成金を授与する機関は、申請者が提案する研究計画に対して、性差分析・交差性分析がどのように関連しているか、あるいは関連しないかの説明を求めることができる。欧州委員会はこの分野でのリーダー的存在で、ホライズン・ヨーロッパに応募するすべての申請者にこの説明を求めている。アメリカの場合は、国立衛生研究所がすべての申請書において、関連がある場合はセックス分析を求めている。

第二の柱――査読付きジャーナルの編集委員会。ジャーナルの水準を保つために、査読付きジャーナルの編集者は、掲載論文を選定する際に、精緻な性差分析・交差性分析を求めることができる。『ランセット』は二〇一六年にこのようなガイドラインを採用し、これに続いて国際医学雑誌編集者委員会もすぐにこれに倣った。

第三の柱――大学および研究機関の研究を支援し、次世代を育成するために、大学は性差分析・交差性分析で得た知識をカリキュラムに組み込む必要がある。これは非常に重要なことで、特に医学やコンピュータ科学の分野では重要である。私たちは、この分野でさらなる進歩を求めている。

すでに目からうろこは落ちた——もうジェンダーを無視していた世界に戻ることはできない。イノベーションは世界を動かすものである。これまで述べてきたように、GIは新たな視点を提供し、新たな疑問を投げかけ、新たな研究分野を開拓することで、創造性を刺激する。このようなチャンスを、私たちは見逃すわけにはいかない。

（翻訳：孫詩彧・小川眞里子）

訳注

＊1　交差性とは、「人種、エスニシティ、ネイション、ジェンダー、階級、セクシュアリティなど、さまざまな差別の軸が組み合わさり、相互に作用することで独特の抑圧が生じている状況」を指している。

＊2　デジタルバイオマーカー（Digital Biomarker）はスマートフォンやウェアラブル・デバイスなどから得られるデジタル情報を用いて、病気の有無や病状の変化、治療による経過を可視化する指標のこと。

＊3　ジェンダー・シェイズ（Gender Shades）は、大手のハイテク企業の商用ＡＩシステムが女性の性別を間違って認識したり、皮膚の色の濃い人を正しく認識できなかったりすることを課題にしたものである。このような課題を契機に、現在ジェンダー・シェイズの研究プロジェクトは、ＡＩ技術が進む時代に、放置すると不平等をさらに深刻化させてしまうさまざまな仕組みを予備的に発掘している。

5

ジェンダード・イノベーションの由来と世界的動向

（『ジェンダー研究』二〇二三年第二五号所収）

本日はジェンダード・イノベーション（以下、ＧＩ）についてお話しする。ＧＩは欧州委員会（ＥＣ）、米国国立科学財団（ＮＳＦ）、スタンフォード大学を巻き込む大規模な国際的協力のもとに推進されてきた。現在では韓国、南アフリカ、アルゼンチンへと拡大され、嬉しいことに日本もこれに加わった。ご存じの通り、二〇二二年四月にはお茶の水女子大学にＧＩ研究所が設立された。

ＧＩはこれまで二二〇名を超える基礎科学研究者とジェンダー研究の専門家を集めて、一連の合同ワークショップを開いてきた。ＥＵ、カナダ、アメリカでは新しい政策の実施につながった。アップルやグーグルなど産業界のリーダーに向けて、シリコンバレーにも展開してきた。

ここでイノベーションとは、研究のデザインに性差分析・交差性《インターセクショナル》〔複数の要素が重なり合ってより大きな差別を作り出すこと」分析を組み込むことを意味する。鍵となるのは次の問いである。性差分析の創造的な力を発見に活かすにはどうしたらよいか。この方法は研究に価値ある視点を付け加えるか。それは研究を新しい方向に導くか。

まずは背景からお話ししよう。過去数十年にわたり、アメリカや西ヨーロッパの政府や大学は、ジェンダー平等に向けて以下の三つの戦略的方法をとってきた。

一、「数の是正」。これは科学・工学分野における女性やマイノリティの人数を増やすことに焦点を当てる。すなわち参画であり、ジェンダー・バランスのとれた研究チームを作ったり、大学により多くの女性を雇用したりすることだ。

二、「制度の是正」。これは研究機関の構造変革を通じてキャリアにおけるジェンダー平等を促進することだ。すなわち誰もがキャリアで成功できるように大学や研究機関を改革することであり、育児休暇やワーク・ライフ・バランスなどを意味する。

三、「知識の是正」すなわち「ＧＩ」。これは研究に性差分析を組み込むことで、科学技術の卓越性を向上させることだ。性差分析の目標は、科学の卓越性、環境の持続可能性、そして社会的公正を促進することである。

本日の短い講演では、三つ目の戦略的方法、すなわち知識の是正に焦点を絞る。これは科学やイノベーションや人間の知識の未来にとって、最新かつ最重要の領域だ。それこそがＧＩに他ならない。

以上では分析のため三つの「是正」を区別したが、ジェンダー研究の専門家のために強調しておくと、それらは現実には一体となって効果を上げる。

まず数の是正、すなわち女性やマイノリティの数を増やそうとする方は多いが、同時に知識も是正していかないかぎり、数を増やすことはできない。「誰が」科学をするのかと「どんな」科学がなされるのかが密接に結びついていることの一例をお示ししよう。事例はいくらでもあるが、ここでは最新のものをご紹介する。現在、アメリカにおける特許取得者のうち女性はわずか一三％にとどまっている。ハーバード・ビジネススクールのレム・コーニングによると、一九七六年から二〇一〇年にかけて取得された生物医学系の特許がもしも男女で同数だけ生み出されていたとしたら、女性に特化した生物医学的発明が今よりも六五〇〇件ほど多くなされ、女性の役に立つ生物科学技術の開発につながっていただろうとのことだ。私は現在フェムテック系のある新規企業《スタートアップ》の顧問をしているが、これがとてもおもしろい。それについては後述する。

本日はＧＩの背景や誕生の経緯についてもお話しするよう言われている。私は研究者としてのキャリアの全体、それどころか人生の全体を、ジェンダーがいかに知識を形づくり、また知識によって形づくられるのかを理解することに捧げてきた。一九八〇年代にハーバード大学の院生だった頃、歴史学科には終身雇用《テニュア》の女性教授が一人しかいなかった。素朴に考えて、それはおかしなことだった。女性はなぜ歴史家にならないのだろうか。私はとりわけ思想史と哲学に関心があった。女性はどうして知的と見なされてこなかったのだろうか。それが一九八九年にハーバード大学出版局から出版された私の最初の本、『科学史から消された女性たち』の主題になった。

私は人間の知識がいかにジェンダー化されてきたかの歴史について、『女性を弄ぶ博物学』や『植物と帝国』など何冊もの本を出版してきた。そして一九九九年には、新しい知識の創造を導く『ジェンダーは科学を変える!?』〔原題：『フェミニズムは科学を変えたか？』〕という本を上梓《じょうし》した。しかし一九九九年当時、「フェミニズム」という言葉は――とりわけ科学者や工学者の間では――多くの賛同を得られる言葉ではないことは承知していた。当時、私のような科学におけるジェンダーの研究者は、ジェンダーバイアスを暴き出すことを仕事にしていた。つまりジェンダーに関する思い込みがいかに人間の知識――私はとりわけ科学、医学、技術に関心をもっていた――を歪めているかを明らかにしていたのだ。私は次第に科学における女性、科学におけるジェンダーについて講演を依頼されることが増えた。しかし私は五〇〇人もの基礎科学研究者を前に、あなたたちは偏見《バイアス》に満ちています、などと言うことはできなかった。そんなことを言っても仕方がないからだ。そこで二〇〇五年に私は「ＧＩ」という言葉にたどり着いた。それによって私はジェンダー研究を消極的《ネガティブ》なものから積極的《ポジティブ》なものへ、すなわちバイアスに関するものからイノベーションに関するものへと転換したのだ。今では科学者や工学者に向けて講演をするとき、私は彼らに協働を呼びかける。発見やイノベーションのために力を合わせましょう、と。

ＧＩに本格的に取り組み始めたのは二〇〇九年のことだった。ウェブサイトのデザインを決め、さまざまな分野の科学者たちのフォーカスグループ〈市場調査のための特定集団〉を設置し、ウェブサイトがそれぞれの集団にとって使いやすいかを確認した。たとえば工学者はどのように情報を得るのだろうか。わかったことは、彼らが作業工程図《フローチャート》を好むということだった。それなら作業工程図をもっと増やさねばならない。生物学者は要旨《アブストラクト》を欲しがることがわかった――私たち歴史家はそうでもないのだが。そして簡単明瞭に、ということでは皆の意見が一致した。私たちのウェブサイトをご覧いただくと、そこでは複雑な新しい考えが簡潔な言葉で表現されているのがおわかりいただけるだろう。凝った言い回しや専門的な学術用語はなく、すらすらとお読みいただけるはずだ。

二〇一一年に私は欧州委員会（ＥＣ）に招かれてＧＩの専門家委員会の委員長を務めた。

この委員会は欧米でこれまでに六回のワークショップを開き、欧州委員会が政策として研究に性差分析を組み込んでいくための知的基礎となる報告書を作成した。米国国立科学財団も二〇一二年から加わった。同財団の財政的支援とGIのワークショップ方式が、GIを軌道に乗せた。この仕事の成果は『GI――ジェンダー分析はいかに研究に寄与するか』という報告書となり、GIのウェブサイト上でも公開された。二〇一八年には欧州委員会に再び招かれて、第二次専門家委員会の委員長を務めた。報告書『GI2――包摂的《インクルーシブ》な分析はいかに研究とイノベーションに寄与するか』は二〇二〇年に出版された。いずれの報告書もインターネットで簡単にダウンロードできる。また、その内容のほとんどはGIのウェブサイトでもご覧いただける。

GIの主眼は、性差分析（そして今や交差性分析）がいかに発見やイノベーションにつながるかを具体的に示す事例を発掘することにあった。それらの事例は興味をそそり、しかも数行で伝えられる短い話でなければならない。アメリカでは、そうした話のことを「エレベーター・スピーチ」と呼ぶ。誰かとエレベーターに乗ったとき、目的の階に着くまでの短い時間で伝えられる話のことだ。本日の講演から皆さんにもそのような事例をいくつかお持ち帰りいただければ幸いだ。

ＧＩの目標は次の通りである。

・科学の卓越性を確保することで研究をより良くすること。
・研究をより社会の需要に合致させることで社会をより良くすること。
・新しい発想、特許、技術を開発することで経済をより良くすること。

以上で準備は整った。それでは研究における性差分析の具体的な事例を見ていこう。

研究の仕方を誤ると命に関わり、お金も無駄になる

もっとも有名で、ぜひ知っておいていただきたいのは次の事例だ。二〇〇〇年頃、一〇種の医薬品が命に関わる健康上のリスクがあるとして米国市場から撤収を余儀なくされた。そのうち八つは女性にとってより大きなリスクがあった。これらの医薬品は開発に何十億ドルもかかるうえ、失敗すると死亡や人びとの苦しみの原因となる。失敗は許されないのだ。

また、骨粗しょう症の事例を見てみよう。骨粗しょう症とは加齢に伴って骨が痩せ衰えていく疾患だが、主に女性の病気だと思い込まれていることから、男性に対する診断や治療が遅れ

てきた。しかし七五歳を過ぎると、骨粗しょう症に関連する骨盤骨折の三分の一近くを男性が占めるようになる。痛ましいことに、骨盤骨折を起こすと男性は死亡しがちだ。理由はわからない。骨粗しょう症研究におけるセックスとジェンダーの相互作用を分析することで、男性に対する新しい診断法が開発された。そしてよりよい治療法の探究も現在進行中だ。

研究を正しく行えば命を救い、お金も節約できる

何より重要なのは、研究を最初から正しく行うことだ。そこでＧＩの出番である。このプロジェクトでは、⑴性差分析の最先端の方法を切り拓き、⑵事例研究によってジェンダー分析がいかに発見やイノベーションにつながるかを具体的に示していく。本日の講演では、そうした事例研究のうちいくつかをご紹介する。

しかしまずは、前提となる概念を共有しておこう。「セックス」や「ジェンダー」という言葉は何を意味しているのだろうか。セックスとジェンダーは別の言葉で、正しく使い分けられなければならない。セックスとは生物学的特徴のことで、身長、体重、遺伝子、ホルモンなどを意味する。それに対してジェンダーとは、文化によって規定された態度や行動を意味する。

私たちの多くはセックスとジェンダーを男性／女性、男／女といったような二元論的な言葉

で考える。しかしジェンダーは急速に、単なる男女の話ではなくなりつつある。二〇二〇年のアメリカの世論調査では、成人の七・一%がLGBTを自認していることがわかった。さらにZ世代、すなわち一八歳から二三歳までの成人では、その割合は二一%にのぼった。ご存じのように、現在では多くの国で、出生証明書、運転免許証、パスポートなどの公文書で第三のジェンダーが認められている。そこにはアメリカの多数の州に加え、アルゼンチン、オーストラリア、カナダ、コロンビア、デンマーク、ドイツ、インド、マルタ、ネパール、ニュージーランド、パキスタンなどが含まれる。

さて、最初の詳しい事例として人型ロボットを見てみよう。いよいよロボットの時代がやってくるのだ。

スタンフォード大学のある研究室では、台所片付け用ロボットが開発されつつある。ロボットが台所を片付けてくれるなら、私もすぐにでも注文したいところだ。しかしここには多くの課題がある。ロボットが人間と協力し、何より社会の誰にとっても役に立つようにするためには、ロボットをどのように設計《デザイン》するのが一番よいのだろうか。鍵となる問いは、ロボットはどのような社会的特徴を――もしあるとすれば――体現すべきかというものだ。たとえばロボットにジェンダーは付与されるべきだろうか。看護用ロボットには、利用者の期待に応えて女性のジェンダーを付与すべきだろうか。世界の看護師の九〇%が女性であるという事実を思い出していただきたい。ロボットが利用者の期待に応えたなら、患者はより従順になるのだろうか。つまりロボットの言うことをよく聞いて、薬を飲んだり運動をしたりするのだろうか。そもそも何がロボットにジェンダーを付与するのだろうか。

忘れてはならないのは、ロボットはジェンダー規範、性自認、ジェンダー関係に満ちた世界の中で作られるということだ。ジェンダー規範とは職場や家族文化、制度の方針、国際文化などにおいて私たちの行動を左右する文化的な態度のことで、言語化されることもあればされないこともある。ロボットの設計者にせよ利用者にせよ、私たち人間は機械にジェンダーを付与したがる（なぜなら人間の文化において、ジェンダーはいまだ主要な社会的カテゴリーだからだ）。人間−ロボット関係の専門家の多くが論じるところでは、人間には人工知能（ＡＩ）にジェンダーなどの社会的手がかりを投影する傾向があり、それは利用者がロボットとより効果的に交わることを手助けするという。

しかしここには危険もある。利用者が機械にジェンダーを付与した途端、そこにはステレオタイプが生じるからだ。危険というのは、ロボットにジェンダーを付与することで現行のステレオタイプを具現化し、ジェンダー不平等を強化してしまうということだ。ロボットのようなハードウェアを現在のステレオタイプに合わせて設計すると、将来にわたってそれらのステレオタイプを増幅させかねない。

そこで設計者にとっての課題は、(1)ロボットにジェンダーがいかに体現されるかを理解し、(2)社会的平等を促進するようなロボットを設計することだ。

まず一つ目について考えよう。何がロボットにジェンダーを付与するのだろうか。

図5－1のロボットをご覧いただきたい。ペッパーは日本のソフトバンク社の製品だ。もう市場には出回っていないが、今でもご存じの方は多いだろう。

名前：ペッパーという名前は見事にノンジェンダーである。ソフトバンクはこのロボットを「彼」と呼んでいるが、名前自体は――少なくとも私たちアメリカ人にとっては――なかなかジェンダー中立的だ。そしてあらゆるロボットは、今や世界市場に向けて生産されなくてはならない。

図５－１　ペッパー

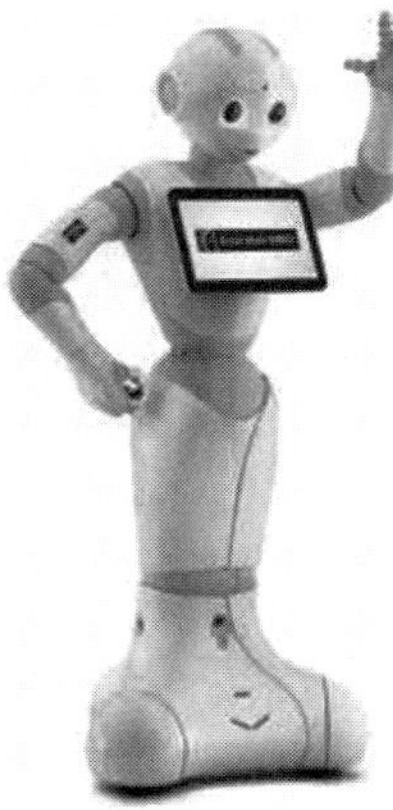

体型：ペッパーの体型は私を悩ませる。髪の毛がないので男の子にも見えるが、くびれた胴とスカートのような脚は女性を思わせもする。もっとも、日本人男性の多くは伝統的に袴《はかま》を履いていたことを想起することもできる。

声：声には文化的情報が満載だ。声の高さでその人が男性か、女性か、子どもかがわかる。ロボットの声は用途に合わせて選ばれがちだ。ある実験では、利用者は空港やショッピングモールでの警備用ロボットには男性の声を、看護・介護用ロボットには女性の声をより歓迎した。これがいかにステレオタイプを強化するものであるかは明白だ。ペッパーは多くの支援技術〔アレクサなどのＡＩ〕と同様、子どもの声をしている。子どもの声は威嚇的でないと認知されているからだ。この点で注目すべきイノベーションは、「Ｑ」という初のジェンダーレスなＡＩ用の声だ。Ｑは二〇一九年にデンマークで開発された。

色：社会評論家たちの指摘では、ほとんどのロボットが白人〔つまりプラスチック製ということだが〕であり、かなり多くのロボットが青い目をしているそうだ。これは民族の観点から問題になりうる（これらのロボットは世界中で利用されているため、この観点は重要だ）。人間の目の色にない色を選ぶことは難しくないはずだ。ペッパーの目の色は機能に応じて変化する。

興味深いことに、肌の色を選べるロボットもある。「マイロ」は自閉スペクトラム症（ＡＳＤ）の子どもの学習用に設計された明るい肌色のロボットで、「カーヴァー」は同じ機能をもつ暗い肌色のロボットだ。マイロは男の子なので、私はマイロの開発者に苦言を呈したことがあった。するとこの会社は最近、明るい肌色の女の子の「ヴェード」と、暗い肌色の女の子の「ジェミー」を新発売した。男子の方が女子より四倍も自閉症になりやすいとはいえ、この障がいに苦しむ何百万人の女の子に教育用ロボットを届けることは重要だ。

ここでもやはり、ロボット工学者の課題は、ロボットにジェンダーがいかに体現されるかを理解すること、そして何より社会的公正を促進するようなロボットを設計することだ。設計者は公正さを促進するような社会文化的な規範をロボットに体現させることで好循環を作り出す必要がある。そうすれば利用者は社会文化的な規範について再考させられ、潜在的には、文化的規範を変革することができる。目指すべきは社会的公正を促進するようなロボットの設計だ。

ここでロボット工学から機械工学へと話題を転じ、包摂的《インクルーシブ》な〈誰も取りこぼさない〉衝突実験用ダミー人形についてお話ししたい。

ご存じの通り、ダミー人形は自動車を誰にとっても安全なものにするべく、自動車の設計の過程で用いられる。自動車は世界中で販売されるので、どんな文化においても安全でなくてはならない。私は何年もトヨタのプリウスに乗っていたが、すばらしい車だった。

まず妊婦用の衝突実験用ダミー人形

図５－２
マイロ（右）とカーヴァー（左）
出典：International Design Cards より許可を得て掲載。

から見てみよう。このダミー人形は胎児の安全性をモデル化するものだ。

政府は法律で妊婦にシートベルトの着用を義務づけている。現在使われている三点固定式のシートベルトは、一九五〇年代に妊婦をまったく考慮に入れずに開発されたものだ。自動車の衝突事故は、母親の外傷による胎児死亡の主要な原因だ。時速五六キロでの比較的軽い衝突でさえ胎児は死亡しかねない。この場合シートベルトが死亡の原因となる。下腹部ベルト〔腰または脚の付け根辺りに装着するシートベルト〕が腹部を圧迫するためだ。この事例研究をしていた頃、私の事務補佐の女性が妊娠中だったので、「ジェーン、シートベルトはどうしてるの?」と尋ねてみた。彼女いわく、「手で押し下げています」とのことだった。それではかえって危険だし、運転中には無理があると思った。自動車会社は新しい解決策を提供する必要がある。

EU、アメリカ、日本〔すなわち三大自動車市場〕に限っても、毎年何百万人もの女性が妊娠する。私たちが直面しているのはかなり大きな問題なのだ。

政府や自動車会社はシートベルトやエアバッグなどの安全性をテストする。衝突実験用ダミー人形はそのために用いられる。「シエラ・サム」は一九四九年に米軍によって開発された最初のダミー人形だ。彼は男性の九五パーセンタイル(つまり大多数)を代表している。このダミー人形は軍用機の射出座席を試験するためのもので、当時は女性は軍隊に入れなかった。

それゆえサムは、軍用機の利用集団を適切にモデル化していた。

しかしそれは一九四九年のことだ。妊婦用ダミー人形は二〇〇二年になってようやく開発された。つまり半世紀の遅れがあったのだ。図５－４はＧＩの一例であるボルボ社の「リンダ」だ。リンダはコンピュータ・シミュレーションによるダミー人形だ。自動車会社は今やバーチャルの妊婦用ダミー人形を手にしたわけだが、残念なことに、米国運輸省道路交通安全局はリンダを安全性試験に用いない場合がほとんどだ。

図５－３　リンダ

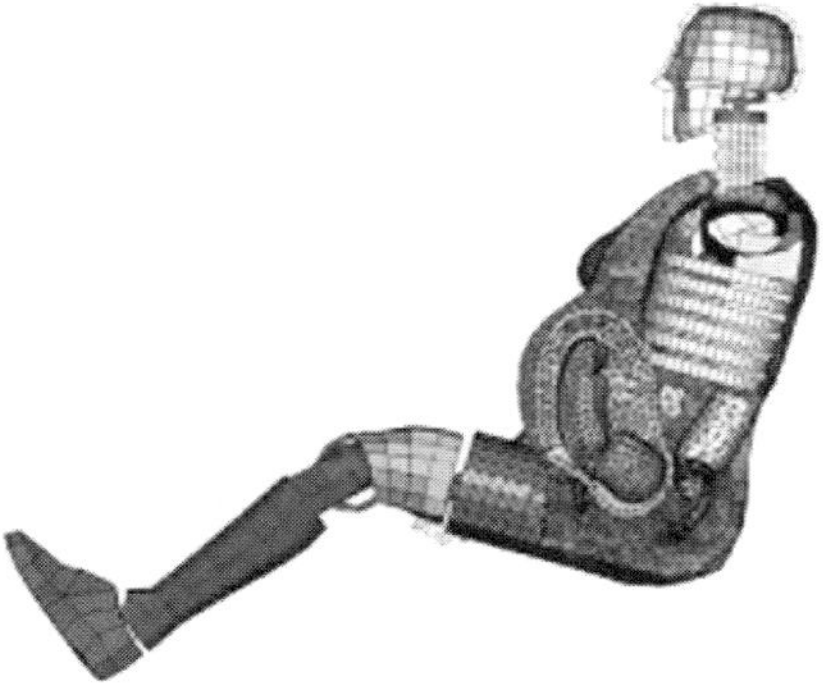

ボルボ社の「リンダ」は、2002 年にローラ・サックにより設計されたバーチャルな妊婦用衝突実験用のダミー人形である。「リンダ」は高速度〔の衝突〕の子宮・胎盤・胎児への影響をモデル化している。

安全を脅かされているのは妊婦だけではない。ここで性差分析を超えて交差性（インターセクショナリティ）へと話を進めたい。まず交差性とは何だろうか。

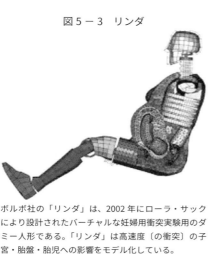

交差性とは、ジェンダー、セックス、民族、年齢、社会経済的地位、性的指向、地理的位置などに関する差別が重なり合い、交差するあり方を表す概念だ。

私たちは最近、『交差性デザインカード』を発売した。このカードは、交差性を踏まえたデザインにおいて重要となる一二の因子を定義している。嬉しいことに、このカードはイギリスのデザイン賞を受賞した。このカードは交差性デザインのために重要な、以下の一二の因子を定義する。

- 障がい
- 年齢
- 学歴
- エスニシティ（民族）
- 家族構成
- ジェンダー
- 地理的位置
- 人種
- セックス（性別）
- セクシュアリティ
- 社会経済的地位
- 持続可能性

指摘しておきたいのは、どの因子を考慮すべきかは文化によって異なるということだ。これらの一二の因子はアメリカの文化的状況では重要だが、日本の皆さんにはそのうちいくつかを取り除いたり付け足したりして、このカードを皆さんにとっていっそう有益なものにしていただきたい。因子をさらに増やすことも可能だろう。たとえば利き手――皆さんは右利きだろうか、左利きだろうか、それとも両利きだろうか。また言語や宗教文化も加味することができるだろう。今年スタンフォード・デザインスクールで担当している包摂的《インクルーシブ》デザインの授業で初めてこのカードを実際に使用してみた。このカードはデザイナーが誰にとってもよいデザインとは何かを学ぶうえで有効だった。私たちのウェブサイトでオンライン版のカードを体験していただけるが、やはり直に手に取っていただく方がよいだろう。実費で販売している。

もう一つ重要な点は、研究者はこれらの因子のすべてに目を向けることはできないということだ。そこでもっとも関連性の高い因子を選び出す必要がある。では、ダミー人形にとって重要なのはどの因子だろうか。

セックス分析はやはり重要だ。長い間、平均的な男性の身体（身長一七五センチ、体重七五・五キロ）が基準とされてきた。自動車試験で主に用いられるのは、この平均的な男性のダミー人形なのだ。女性のダミー人形もないわけではない。しかしそれは身長と体重の点で女性の五パーセンタイルしか代表しておらず、男性の身体を単に縮小したものにすぎない。機械工学者は男性のダミー人形を持ってきて、単に縮小したのだ。デザイナーが女性製品について考えるとき、製品を「小さくピンクに」しがちだという冗談がある。ここで起こったのはまさにそのようなことだ。工学者は男性のダミー人形を用いて、女性の身体に合わせるために縮小したのだから。そうして出来たダミー人形は、女性の身長と体重の値を小さい方から並べたときの上位五％——すなわちきわめて小柄な女性を代表するものだった。私たちは女性の身体の中央値となるような女性のダミー人形をいまだ手にしていない。つまり女性特有の解剖学と生理学——女性特有の傷害耐性、生体力学《バイオメカニクス》、背椎の整合、首の強さ、筋肉や靭帯の強さ、外傷への動的応答、その他の女性特有の特徴——を踏まえて作られたダミー人形はまだないのだ。その結果、同程度の衝突事故では女性は男性よりも重傷を負いやすい。

交差性を踏まえた方法はここでも、誰がもっとも危険に晒《さら》され、どうすればより安全性の高い自動車に設計し直すことができるかを理解するために有効だ。〔交差性の〕因子の一覧の中で、どの因子が重要だと思われるだろうか。ここでは性別《セックス》と年齢の交差を考察してみよう。衝突事故のデータを性別と年齢について分析すると、ここでもまた、平均的な男性という基準に一致しない人びとの負傷率が高くなることがわかる。性別について見ると、女性は衝突事故に巻き込まれると男性よりも四七％も重傷リスクが高い。年齢について見ると、年齢を重ねて骨折しやすくなった高齢者がより重傷を負いやすいことがわかる。しかし、これらの因子の複合的な交差を考えると、高齢女性がもっとも危険に晒されていることがわかる。

今度は性別と体重に目を向けてみよう。同じく衝突事故のデータを性別と体重によって分析し直してみる。体重に関しては、肥満した運転者には死亡や重症のリスクが生じる。そして男性は通常は女性よりも体重が重いので、肥満男性がとりわけ負傷するリスクが高いことになる。

私たちには新しいタイプの座席やシートベルト、その他の安全装置が必要かもしれない。工学者が問題を把握すれば、解決もそれだけ容易になる。それゆえ、自動車の設計のような基礎的な事柄においてさえも、なされるべき仕事はたくさんある。

最後の話題はフェムテックについてだ。最初の方でお話ししたように、ハーバード・ビジネススクールのレム・コーニングの推定では、一九七六年から二〇一〇年の間に取得された生物医学系の特許がもしも男女で同数だけ生み出されていたとしたら、女性に特化した生物医学系の発明が今よりも六五〇〇件ほど多くなされ、女性の役に立つ生物科学技術の開発につながっていただろうとのことだった。まさにそのような事態を、私たちは現在フェムテック革命において目の当たりにしているのだと思う。

専門的に言えば、「フェムテック」とは「女性（フェム）の健康に焦点を定めた技術（テック）を用いるソフトウェア、診断、製品、そしてサービス」を意味する。この言葉はデンマーク生まれのイダ・ティンによって二〇一六年につくられた。彼女はドイツで二〇一三年に開発された、月経と排卵を記録するアプリであるクルー（Clue）の創始者だ。フェムテックは女性に関する広範な問題を扱うが、とりわけ妊娠・出産に関する健康を扱う。多くのフェムテックが目指すのは、医療制度における女性の待遇向上とジェンダー平等の推進だ。フェムテックはいよいよ軌道に乗りつつある。『ニューヨーク・タイムズ』は二〇一九年に、この業界が世界で八億二〇〇〇万ドル以上の収益をあげ、五億九二〇〇万ドル以上のベンチャー投資を受けたことを報じた。

私自身、あるフェムテックの新規企業に関わっている。誇らしいことに、この会社を経営しているのは七年ほど前に私のＧＩの講義を受講したスタンフォード大学の卒業生だ。この会社はエヴィ（Evvy）といい、自宅でできる膣内の微生物叢の検査を取り扱っている。膣のある人びとは感染症や不快感に苦しむが、それらはしばしば誤診されたり見落とされたりする。エヴィはそうした人たちが自ら検査し、最終的には微生物叢のバランスを取り戻すことを可能にしてくれるので、感染症の防止や不快感の軽減につながる。エヴィ社にはジェンダー、医学、技術の専門家からなる顧問団もいて、頼もしいかぎりだ。

月経用品についてもお話ししたい。月経中の人は環境の持続可能性のために何ができるだろうか。

タンポンやナプキンといった月経用品は環境を汚染する。アメリカだけでも毎年五〇〇億個のタンポンや月経用ナプキン、さらにその容器や包装紙が、ゴミ埋め立て地や下水道に廃棄されている。消費者はそのうえ、世界中で年間二六〇億米ドルをこれらの使い捨て用品のために支払っている。つまりこれらの製品は、経済的にも環境的にも負荷が高いのだ。

では、月経中の人には何ができるのだろうか。月経用品に変化を起こすことで、国連の持続可能な開発目標（ＳＧＤｓ）の五番目「ジェンダー平等を実現しよう」と六番目「安全な水と

図5－4　月経用品の環境負荷

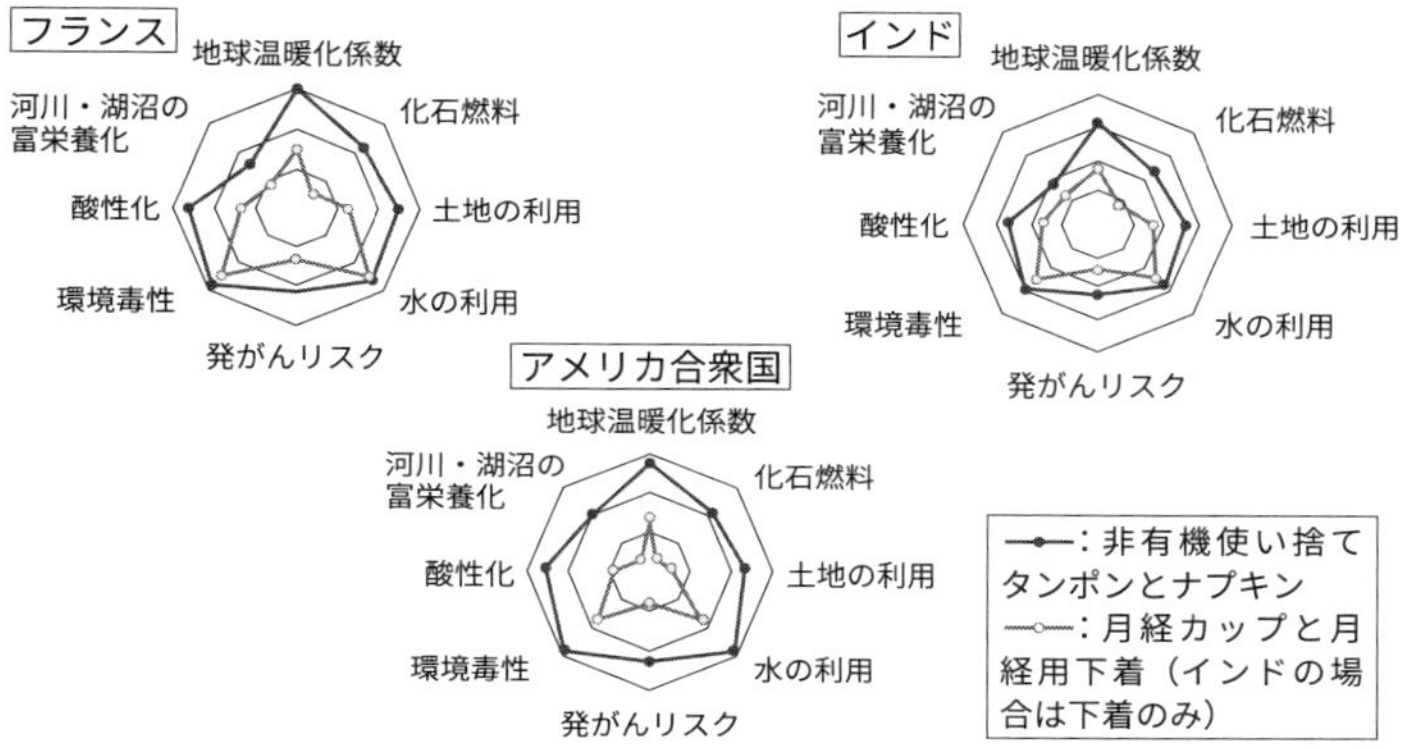

トイレを世界中に」を二〇三〇年までに達成することに貢献できるのだろうか。二つの社会的な善《ソーシャル・グッド》、すなわちジェンダー平等と環境の持続可能性を同時に促進することはできるのだろうか。

フランス人の技術系の科学者二名と、半期だけ私のもとで学んだフランス人の政治学者と私自身という学際的な研究班で、三か国における六つの月経用品の持続可能性を比較した。三か国とはアメリカ、フランス、インドである。月経用品とはナプキン（有機体由来と非有機体由来）、タンポン（有機体由来と非有機体由来）、月経カップ、月経用下着である。私たちは土地の利用、水の利用、エネルギー、発がんリスク、水の酸性化リスクなどの八つの環境要因を分析した。

結果は図5－4の通りだ。月経カップと月経用下着はいずれの国でもよい結果を出している。フランスのレーダーチャートをご覧いただきたい。濃いグレーで示されているのが使い捨てタンポンとナプキンの影響だ。これはよくない。薄いグレーで示されているのが再利用可能な月経カップと月経用下着の環境への影響だ。影響はゼロではないが、使い捨て製品よりははるかにましだ。

現在スタンフォード大学では、ジェンダー平等への一歩として学内の全トイレに月経用品を備え付ける計画をしている。月経中の人が月経用品にお金を払ったり課税されたりするべきではないという考えからだ。私は研究成果を大学に提供し、トイレにはぜひ月経カップと月経用下着を置いてほしいと言っている。学生の多くは月経用ナプキンやタンポンの環境負荷を知らないので、よい教育の機会になるだろうという考えからだ。学生たちはこの機会に再利用可能な製品を使ってみて、それが彼女たちの行動を今後二〇年にわたって変化させるかもしれない。環境を守るのにこれほどよい方法があるだろうか。私は学生寮でも教育プログラムの実施を勧めている。日本でもぜひやっていただきたい。

GIに関する最新情報を受け取りたい方は、私たちのメーリングリストにご登録いただける。月に一度ほど、この分野の新しい学術論文をお送りしている。GIのウェブサイトに新しい事例研究が公開されたときにもお知らせする。私たちは米国国立科学財団の助成を受けて、八月にスタンフォード大学でワークショップを開いた。一二月には新しい事例研究が四件公開される予定だ〔特別寄稿を参照〕。宇宙旅行、介護と家庭用ロボット、持続可能なファッション〔環境や社会的負荷に配慮した衣類〕のそれぞれについて性差および交差性分析を行ったものと、コンピュータ科学の必修科目にいかにして社会的責任を組み込むかを論じたものだ。

なすべき課題は山ほどある。研究者は交差性分析の洗練された手法を学ばなければならない。大学はそれらの手法を教育課程《カリキュラム》に組み込まなければならない。助成機関は技術的研究に社会的要素を取り入れるよう、動機づけをしなければならない。

しかし、賽《さい》は投げられた。私たちはジェンダー、民族、その他の交差する社会的要素の交差性を無視するような世界に後戻りすることはできない。イノベーションこそ世界を動かすものだ。本日その一端をご紹介したように、交差性研究は新しい視点を提供し、新しい問いを立て、新しい研究分野を切り拓くことで、創造性の火花を散らすことができる。

ぜひ力を合わせて、明日の世界を創っていこう。社会の誰にとっても役に立つ科学・技術を作り出すことは夢ではない。世界中に卓越した、包摂的な、そして持続可能な科学・技術を作り出すこと、それこそがＧＩの究極の目標だ。

（翻訳：鶴田想人・小川眞里子）

あとがき

科学技術をより開かれたものにするために

鶴田想人・弓削尚子

本書ではジェンダード・イノベーション（以下、ＧＩ）のさまざまな可能性が語られました。ＧＩはもっぱら科学技術の研究・開発の初期段階に介入して、生み出される知識や製品の公正さや持続可能性を高めようとするものです。しかし知識や製品は作られておしまいではありません。それらは社会の中に普及し、根付いていかなければなりません。国や研究者の後押しも重要ですが、民間企業や一般市民の積極的な参加もＧＩの成功には不可欠です。最後にそうしたＧＩと社会との接点について述べておきたいと思います。

序論でも述べられたように、ＧＩという言葉は二〇〇五年に誕生しましたが、日本では二〇一六年以降のシービンガー氏の来日講演（本書第Ⅲ部参照）に加え、二〇二〇年の「第六期科学技術・イノベーション基本計画」や二〇二一年五月の「女性活躍・男女共同参画の重点方針

（女性版骨太の方針）二〇二二」にこの文言が盛り込まれ、さらに二〇二二年四月にお茶の水女子大学にGI研究所ができたことで、ようやく近年、アカデミア（学術界）や政府を中心に認知が広まってきたといえます。

しかし、GIに注目してきたのはアカデミアや政府だけではありません。民間の市場調査・マーケティング会社の矢野経済研究所は、二〇二二年九月にGIを「一〇兆円の潜在市場」と見積もりました。[*1] それによりGIは産業界からの注目を急速に集めるようになり、二〇二三年二月には東京ビッグサイトで「GI EXPO」（健康博覧会主催・ウーマンズ企画）という企業向けイベントが開催されました。ヘルスケア領域を中心に七〇社ほどの企業・団体が参加し、二万人以上が来場したといいます。[*2] 同EXPOは今年（二〇二四年）二月にもさらに大規模に開催され、二〇二五年の開催も決定しています。

もちろん、このような流れは歓迎されるべきことですが、ここには注意点もあります。二〇二四年の第二回GI EXPOのテーマが「女性特有・男性特有の健康課題を解決する」であり、同EXPOの前身が「フェムテックゾーン」であったことからもうかがえるように、日本の産業界においてGIは、女性だけのニーズに特化したフェムテックから、男性をも含めたGIへ、といった市場の拡大を指し示す標語として捉えられているようにも思われます。そこにはもちろん、この概念を広めていくうえでの戦略的意図もあったでしょう。しかしフェムテックとＧＩの関係は本書（第11章など）でも触れられたように複雑ですし、ＧＩはフェムテックに男性のための「メンテック」を加えるものではなく、より多様な次元——そこには人間の多様性のみならず、生物の多様性や環境の持続可能性も含まれます——に配慮するものだということは、忘れられてはなりません。

近年、気候変動の危機が叫ばれる中、企業がうわべだけ環境問題やＳＤＧｓに取り組んで実質を伴わないことが、「グリーンウォッシュ」や「ＳＤＧｓウォッシュ」として批判されています。ＧＩをめぐるこの流れを単なる「ＧＩウォッシュ」で終わらせないためにも、ＧＩの理念自体が広く知られ、理解される必要があるでしょう。

ひるがえって、私たち消費者は、こうした企業によるイノベーションの知識を自ら修得し、その価値を見極めようとしているでしょうか。華やかな宣伝文句や流行に流されたり、利便性だけに目を奪われていないでしょうか。ジェンダーに配慮する製品が、場合によっては、ジェンダーのステレオタイプの再生産につながりうることは意識すべきでしょう。差別や偏見を助長するもの、誰かの尊厳を傷つけるものは選ばないという問題意識をもち、自分が何を求め、何を選ぶのかを主体的に考えることが重要です。それが自律した市民としての消費者の姿勢であると思います。

近年、注目されている消費者教育においては、「消費者市民社会の形成」ということが謳《うた》われています。「消費者市民社会」とは、「消費者が、個々の消費者の特性及び消費生活の多様性を相互に尊重しつつ、自らの消費生活に関する行動が現在及び将来の世代にわたって内外の社会経済情勢及び地球環境に影響を及ぼしうるものであることを自覚して、公正かつ持続可能な社会の形成に積極的に参画する社会をいう」（「消費者教育推進法」第一章第二条第二項、二〇一二年施行）と説明されます。「消費者の特性及び消費生活の多様性」とは、ジェンダーやセクシュアリティの観点からも、捉えられるべきでしょう。今後GIは消費者教育ともつながり、議論されることが期待されます。

本書を作るにあたっては、明石書店社長の大江道雅さん、編集担当者の村上浩一さんと富澤晃さんに大変お世話になりました。村上さんには本書の企画に関して何度も相談に乗っていただき、富澤さんには素早くかつ的確な編集作業により本書のスムーズな刊行を助けていただきました。心よりお礼を申し上げます。また本書は、編者三人がすべての原稿に目を通してコメントし、それを元に執筆者が加筆・修正するという共同作業を経て出来上がりました。編者と執筆者とのやり取りは数度に及ぶこともありました。編者からの注文に快く対応してくださった執筆者の皆さんに感謝いたします。

GIは、決められた目的を達成するためのマニュアルではなく、それ自体がイノベーションのプロセスであるはずです。今後、アカデミアや政府や企業をはじめ、知識生産やものづくりに携わるあらゆる人びとがＧＩの理念を取り入れ、その方法をそれぞれの現場で活かしてくださることを願っています。そして消費者であるすべての人びとに、この理念を知っていただきたいと思います。そのために本書が少しでもお役に立つならば幸いです。

注

＊1　矢野経済研究所「フェムケア&フェムテックマーケット二〇二二（消費財・サービス）～消費者調査データ編～」(https://www.yano.co.jp/market_reports/R64201001)。以下、ウェブサイトはすべて二〇二四年一月二一日に最終閲覧。

＊2　ウーマンズ「【開催レポート】東京ビッグサイトにて「ジェンダード・イノベーションＥＸＰＯ二〇二三」を開催しました」二〇二二年二月一四日 (https://prtimes.jp/main/html/rd/p/000000025.000059452.html)。

ら行

わ行

人 名

な行

は行

ま行

や行

た行

さ行

索 引

あ行

か行

ロンダ・シービンガー（Londa Schiebinger）
スタンフォード大学歴史学科ジョン・L・ハインズ科学史教授。科学、保健・医療、工学、環境科学分野でのジェンダード・イノベーション（GI）の創始者。ハーバード大学で博士号取得後、ペンシルベニア州立大学を経て、2004年より現職。科学と技術におけるジェンダー問題に関する国際的な先導的専門家であり、国連、欧州議会、多くの研究助成機関でGIをテーマに講演活動を展開。これまでに多数の賞を受賞し、スペイン、スウェーデン、ベルギーの大学から名誉博士号を授与され、アメリカ芸術科学アカデミー会員である。主要単著4冊は、工作舎から邦訳が出版されている（5冊目の邦訳も刊行予定）。

渡部麻衣子（わたなべ・まいこ）
自治医科大学医学部総合教育部門講師、東京大学大学院教育学研究科客員准教授、法政大学現代福祉学部非常勤講師、ウプサラ大学ジェンダー研究所客員研究員、カロリンスカ研究所臨床科学技術開発部門客員研究員。専門は科学技術社会論。論文に、「政策的関心の対象としての「フェムテック」とその倫理的課題」（『現代思想』2023年5月号）など。共著に『「世界」をどう問うか？――地域・紛争・科学』（分担執筆：女性は科学に向かない？）（大阪大学出版会、2024）。

第Ⅲ部　共訳者（五十音順）

孫　詩彧（そん・しいく）
国際日本文化研究センター助教。博士（教育学）。専門はジェンダー研究、家族社会学。「生理用品を必要な人に提供できる包括的な社会を目指す！」クラウドファンディング研究代表。著書に『家事育児の分担にみる夫と妻の権力関係――共働き家庭のペアデータ分析』（明石書店、2022）など。

横山美和（よこやま・みわ）
都留文科大学教養学部比較文化学科准教授。博士（学術）。専門は科学とジェンダー、科学史、科学技術社会論。論文に「月経周期研究からフェムテックへ――その歴史的展開」（『現代思想』2023年5月号）、「産児調節か生活賃金か」（『玉川大学人文科学研究センター年報 Humanitas』第15号、2024）など。

熊谷晋一郎（くまがや・しんいちろう）
東京大学先端科学技術研究センター教授、東京大学多様性包摂共創センター教授（兼任）、小児科医、博士（学術）。専門は、当事者研究、小児科学。日本学術会議会員、内閣府障害者政策委員会委員長。脳性まひにより電動車いすで生活をしている。東京大学医学部医学科を卒業後、東大病院、千葉西総合病院、埼玉医科大学病院での勤務を経て、現職に至る。主な著作に、『発達障害当事者研究』（共著、医学書院、2008）、『リハビリの夜』（医学書院、2009）、『当事者研究と専門知』（編著、金剛出版、2018）、『当事者研究』（岩波書店、2020）など。

佐々木成江（ささき・なりえ）
横浜国立大学客員教授／学長特任補佐（ジェンダード・イノベーション担当）、東京大学大学院理学系研究科特任准教授。博士（理学）。専門は、分子細胞生物学。お茶の水女子大学ジェンダード・イノベーション研究所の設立に尽力し、前職は同研究所の特任教授。共著に『ミトコンドリアダイナミクス――機能研究から疾患・老化まで』（分担執筆：ミトコンドリア母性／片親遺伝の制御機構）（エヌ・ティー・エス、2021）など。

標葉隆馬（しねは・りゅうま）
大阪大学社会技術共創研究センター准教授。専門は科学社会学・科学技術政策論。科学技術の倫理的・法的・社会的課題（ELSI）の可視化、メディア分析、コミュニケーションデザイン、政策分析などを組み合わせながら、責任ある研究・イノベーション（RRI）に関わるさまざまなプロジェクトを幅広く研究・実践中。著書に『責任ある科学技術ガバナンス概論』（2020）、編著に『災禍をめぐる「記憶」と「語り」』（2021）、『入門・科学技術と社会』（共編、2024）（いずれもナカニシヤ出版）など。

村瀬泰菜（むらせ・やすな）
東京大学大学院総合文化研究科博士後期課程在籍。日本学術振興会特別研究員DC1。修士（学術）。専門分野は歴史社会学と科学技術社会論。単著に「チェコをめぐる「国境を越えたリプロダクティブ・サービス」――生殖市場をうむ制度的要因の検討」（『科学技術社会論研究』第22号、2024）、「脳神経科学に関する国内の倫理学的議論の概観」（『ELSI NOTE』第11号、2021）、共著に「無知研究の諸相――無知学・無知の社会学・無知の認識論」（『科学史研究』第61巻303号、2022）、共訳にラールほか編『こわれた絆――代理母は語る』（柳原良江監訳、生活書院、2022）など。

著者紹介（五十音順）

綾屋紗月（あやや・さつき）
自閉スペクトラム当事者。東京大学先端科学技術研究センター特任准教授。当事者研究に長年取り組み、その歴史・理念・方法について研究している。最近は当事者とアカデミアの共同研究のための課題についても検討している。2020 年、東京大学大学院総合文化研究科博士課程修了。博士（学術）。主な著作に、『発達障害当事者研究』（共著、医学書院、2008）、『つながりの作法』（共著、NHK 出版、2010）、『ソーシャル・マジョリティ研究』（編著、金子書房、2018）、『当事者研究の誕生』（編著、東京大学出版会、2023）など。

池田美奈子（いけだ・みなこ）
編集者。IIDj 情報デザインアソシエイツ共同設立者、2024 年 3 月まで九州大学大学院芸術工学研究院准教授。主な共著書に、『カラー版 日本デザイン史』（美術出版社、2003）、『編集デザインの教科書』（日経 BP 社、1999）、『ソーシャルアートラボ――地域と社会をひらく』（水曜社、2018）、『デザインに哲学は必要か』（武蔵野美術大学出版局、2019）、*History of Design and Design Law: An International and Interdisciplinary Perspective* (Springer, 2022)、『ジェンダー研究が拓く知の地平』（明石書店、2022）など。

伊藤公雄（いとう・きみお）
文化社会学・政治社会学・ジェンダー論専攻。京都大学・大阪大学名誉教授。著書に『〈男らしさ〉のゆくえ――男性文化の文化社会学』（新曜社、1993）、『ジェンダーの社会学』（放送大学教育振興会、2008）、『「戦後」という意味空間』（インパクト出版会、2017）など、共編著に『新編 日本のフェミニズム』（岩波書店、2009 ～ 2011）、『社会学ベーシックス』（世界思想社、2008 ～ 2011）、『ジェンダー事典』（丸善出版、2024）など。

隠岐さや香（おき・さやか）
東京大学大学院教育学研究科教授。専門は科学史。著書に『科学アカデミーと「有用な科学」――フォントネルの夢からコンドルセのユートピアへ』（名古屋大学出版会、2011）、『文系と理系はなぜ分かれたか』（星海社出版、2018）、共著に『「役に立たない」研究の未来』（柏書房、2021）など。

編者紹介（五十音順）

小川眞里子（おがわ・まりこ）
（公財）東海ジェンダー研究所理事、三重大学名誉教授、博士（学術）。専門は科学史、科学とジェンダー。著書に『病原菌と国家』（名古屋大学出版会、2016）、『女性研究者支援政策の国際比較』（共編、明石書店、2021）、共訳書にシービンガー氏の4冊の単著の邦訳『科学史から消された女性たち』『女性を弄ぶ博物学』『ジェンダーは科学を変える!?』『植物と帝国』（いずれも工作舎）。現在、シービンガー氏の5冊目の単著『奴隷たちの秘密の薬』を共訳者と共に邦訳中。

鶴田想人（つるた・そうと）
大阪大学社会技術共創研究センター特任研究員。専門は科学史・科学論。東京大学大学院総合文化研究科博士後期課程単位取得退学。修士（学術）。日本学術振興会特別研究員（DC1）を経て現職。日本大学芸術学部・大正大学非常勤講師。論文に「無知学（アグノトロジー）の現在――〈作られた無知〉をめぐる知と抵抗」（『現代思想』2023年6月号）など。翻訳にロバート・N・プロクター「無知学――無知の文化的生産（とその研究）を表す新しい概念」（『思想』2023年9月号）など。

弓削尚子（ゆげ・なおこ）
早稲田大学法学学術院教授。博士（人文科学）。専門はドイツ史・ジェンダー史。著書に『はじめての西洋ジェンダー史――家族史からグローバル・ヒストリーまで』（山川出版社、2021）、『論点・ジェンダー史学』（共編、ミネルヴァ書房、2023）、『ジェンダーのとびらを開こう――自分らしく生きるために』（共著、大和書房、2022）、『岩波講座 世界歴史15　主権国家と革命　15～18世紀』（分担執筆、岩波書店、2023）など。共訳書にL・シービンガー『植物と帝国――抹殺された中絶薬とジェンダー』（工作舎、2007）。

ジェンダード・イノベーションの可能性

2024年10月10日　初　版　第1刷発行

編著者　小川眞里子
鶴田想人
弓削尚子
発行者　大江道雅
発行所　株式会社　明石書店
〒101-0021　東京都千代田区外神田6-9-5
電　話　03 (5818) 1171
FAX　03 (5818) 1174
振　替　00100-7-24505
https://www.akashi.co.jp/

組版　明石書店デザイン室
装丁　宗利淳一
印刷・製本　モリモト印刷株式会社

（定価はカバーに表示してあります）　ISBN 978-4-7503-5799-7

女性研究者支援政策の国際比較

日本の現状と課題

河野銀子、小川眞里子 編著

■A5判／並製／212頁 ◎3400円

日本の科学技術分野のジェンダー平等が進まないのは、本気度が足りないからである。本書は、日本、欧米諸国、中国における科学技術分野の女性参画拡大政策を、統計データや口述史、インタビューを通して分析。日本の現状と課題を描き出し、これからの科学技術やジェンダーを展望する。

●内容構成●

第Ⅰ部 科学技術政策とジェンダーの国際比較

科学技術・学術分野の男女共同参画——女性研究者の実態と支援政策の課題［河野銀子］／米国における女性研究者増加政策と「パイプライン理論」［横山美和］／米国国立科学財団（NSF）による女性研究者支援事業（ADVANCE）［大坪久子］／EUにおけるSTEM分野のジェンダー平等——欧州委員会の取り組みを中心に［小川眞里子］／中国の女性科学技術人材の状況と支援政策の発展［大濱慶子］／日本における女性研究者支援政策と男女共同参画学協会連絡会［大坪久子・横山美和］／第Ⅰ部のまとめ［河野銀子］

第Ⅱ部 質的調査から探る政策立案の背景

口述史から読み解く米国女性化学者の実態と支援政策——米国の科学史研究所所蔵資料の検討［財部香枝］／米国インタビューから——パイプラインから組織改革へ［横山美和］／中国のインタビューから——首都圏の工学女子の実態とキャリア形成［大濱慶子］／日本のインタビューから——政策課題化のプロセスと女性研究者たちの軌跡［河野銀子］／第Ⅱ部のまとめ［河野銀子］

ジェンダー研究が拓く知の地平

東海ジェンダー研究所記念論集編集委員会 編

■A5判／上製／352頁 ◎4000円

本書は、急速な拡大、進展を遂げるジェンダー研究によって拓かれた、知の地平を提示する。第一部ではジェンダー概念そのものをそれが帯びる多様性・多元性から捉え直し、第二部では変容を迫られている市場労働、ケア労働の考察を通じ、新たな社会像を展望する。

●内容構成●

第Ⅰ部 ジェンダー概念の諸相

〝社会的な〟性別とはいかなることか［西山真司］／近代成立期日本における「選挙権者」像と女性参政権［高島千代］／成人間の親密関係を尊重する法的仕組みの行方［松田和樹］／ジェンダーデザインの視座［池田美奈子］／〈閾〉を跨ぐこと［洲崎圭子］

第Ⅱ部 労働・ケアの諸相

プロヴィジョニングの経済学［藤原千沙］／「家事労働に賃金を！」戦略の再考［別所良美］／アメリカ北東部における初期工業化の影響と家事労働の再編をめぐって［久田由佳子］／ケアとジェンダー［新井美佐子］／自営業のジェンダー分析［宮下さおり］／地域でケアを受けながら暮らす高齢女性のライフコースとケア資源の活用［牧田幸文］

〈価格は本体価格です〉